前 言

随着中国跻身世界旅游强国之列，旅游酒店业正逐步成长为国民经济的重要支柱产业，行业蓬勃发展的同时，对专业人才的需求也呈现出日益旺盛的态势。特别是高素质的旅游酒店人才，更是行业发展的关键驱动力，其培养质量直接关系到旅游酒店业的可持续发展。旅游酒店教育作为人才培养的核心阵地，肩负着为行业输送专业人才的重任。在此背景下，出版兼具理论深度与实践价值的酒店财务管理教材，显得尤为重要。酒店财务管理教材不仅需要夯实理论根基，确保知识的科学性，更要贴近酒店运营实际，突出实用性、可操作性与创新性，让学生既能掌握财务管理的基础知识，又能紧跟行业发展趋势，在技术与创新层面满足现代酒店实践运作的需求。

本书聚焦酒店财务创新知识，以通俗易懂的语言，结合真实生动的案例与丰富翔实的数据资料，全面系统地构建了酒店财务管理知识体系。全书共分为九个项目，分别为：项目一认识酒店财务部，项目二酒店财务管理基础，项目三酒店资金筹集管理，项目四酒店资产管理及运营，项目五酒店资金投资管理，项目六酒店财务控制，项目七酒店利润分配、规划与收益管理，项目八酒店财务分析，项目九酒店合并与清算的财务管理，从资金筹集、资产运营到财务分析、合并清算，全方位覆盖酒店财务管理的各个关键环节。

本书的编写和出版，严格遵循"加强职业教育、突出实践能力培养"的教育教学改革要求，高度契合高职教育教学创新和教材建设，充分彰显了职业性、实践性与应用性，切实满足社会对酒店财务管理专业人才的需求，为国家旅游经济建设提供有力支持。

本书特色如下：

第一，内容兼具系统性、前瞻性与补缺性。本书在系统梳理酒店财务管理理论知识体系的基础上，积极探索行业发展前沿问题，同时补充了诸多在一般教材中较少涉及却极具实用价值的知识内容。

第二，可读性强、启发性强、实用性强。本书框架合理、教学资源丰富，除了理论分析外，还有学习引导、学习目标、任务实训等，有利于激发学生的学习兴趣并扩充他们的知识面。

第三，具有创新性。本书不仅将国内外对于酒店财务管理的最新理论吸收在内，同时结合时代前沿技术，详尽阐述了酒店行业的创新变革，包括“互联网+”时代下传统酒店的创新生存法则，酒店业态创新、酒店利润分配决策与收益管理以及未来经营管理的发展趋势等内容。

本书既可作为酒店财务部员工的入职培训用书，也可作为职业本科、高职高专旅游相关专业学生的必修教材，还可以作为酒店从业人员的参考用书。

本书由蔡洪胜担任主编并统稿，韩尔立、邓英担任副主编。具体编写分工如下：蔡洪胜编写项目一、项目二、项目三，张京朋编写项目四，邓英编写项目五，宋博编写项目六，韩尔立编写项目七，郝志勇编写项目八，陈纯编写项目九。中国旅游饭店业协会、世界中餐业联合会、北京长富宫饭店、民族饭店、友谊宾馆和中国大饭店的部分工作人员为本书提供了大量实训资料。

编者在编写本书的过程中参考了许多专家和学者的成果，借鉴了微信公众号、自媒体作者的部分内容，在此谨向他们表示深深的谢意！

编　者

目录

项目一 认识酒店财务部

酒店财务部是负责管理酒店财务和会计事务的部门。该部门通常负责制定预算、监督资金流动、管理账目和报告、处理税务事务、进行财务分析以及与外部财务机构和审计师合作。酒店财务部也可能负责与供应商和客户的财务交易和谈判。酒店财务部对酒店的经营和财务状况起着至关重要的作用。

大数据时代，酒店财务部从传统的附属职能部门转变为核心职能部门。大数据对酒店财务部运作的影响主要体现在：促进并加强了管理会计的职能；缩短了全面预算周期，提升了预算工作效能；大数据技术使得连续审计、全面审计成为可能，同时，大数据使得审计工作中的数据抽放方式变得更系统化、模块化，能预测数据形成规律和变化趋势，大大提高了审计人员的工作效率和工作准确性；互联网+、大数据技术也给酒店财务安全性带来了挑战。因此，酒店财务管理人员既要积极的迎接大数据时代的到来，又要做好风险防范的准备工作。

学习引导

小何是某星级酒店的收银员，平时上班认真，日常的工作很少出现失误。

某日上午9点多，小何正在睡梦中，突然一阵电话铃响，原来是主管来电："小何，昨晚娱乐部是不是有一张留单需转到中餐代结？但登记本、电脑留单报表中又无此单的记录，我在娱乐部留单夹里也没有找到账单，你仔细想一下账单放在哪了？客人正在等着结账！"

主管来电是要小何查找昨晚娱乐部转中餐代结的一张留单。小何一听账单不见了，顿时睡意全无，静下心来仔细回忆着：昨天晚上确实有一张账单，楼面经理担保留单时，还特别叮嘱财务部明天一定要转到中餐去，因为明天客人会在中餐时一起结账。"账单会不会掉到地上了，或是掉到柜子后面了？"想到此，小何火速赶往酒店。回到娱乐部收银台，小何发现账单在垃圾箱旁，他不禁捏了一把汗……所幸是找到了。

虽然账单找到了，款项也及时收回了，但小何回想起此事还会心有余悸。是啊，在日常工作中，我们应该时时提醒自己：要认真、要仔细！对于财务人员来说，不能漏过任何一张写字的纸。

【点评】

这个案例提醒我们在工作中要时刻保持警惕，细心认真地对待每一个细节。特别是对于酒店财务人员来说，更要仔细再仔细，有时可能虽然只是薄薄的一张纸，但会给酒店造成巨大的损失。案例中的收银员小何，忽略了对班后的检查工作，导致跨部门代结账单遗留在收银台，还差点因遗失造成不良后果。账单、出品单、食品卡等都是酒店的重要单据，在我们的日常工作中，应重视对单据的清点、交接、保管工作，避免单据遗失。

细节决定了工作的准确性和高效性。事实上，无论是什么岗位，在工作中都要保持细心和谨慎的态度，以确保工作的顺利进行并避免可能的失误。

学习目标

知识目标

1. 了解酒店财务部的岗位设置。
2. 了解酒店财务部各岗位的主要职责。
3. 知道酒店财务部在酒店管理中的功能和地位。

技能目标

1. 掌握基本的收银工作。
2. 掌握日审和夜审的基本流程。
3. 能胜任账单的录入、核对，报表的预览、审核等基础的财务工作。

素养目标

1. 对酒店的财务部有初步的了解，培养正确的职业观念。
2. 了解现代酒店财务部的过程中，掌握基础的财务知识，为将来的职业发展奠定基础。

任务一 认识酒店收银处

酒店收银处包含收银主管、前厅收银领班、前厅收银员、餐厅收银领班、餐厅收银员、康乐收银领班、康乐收银员、商场收银领班、商场收银员、信贷收款员等岗位，如图1-1所示。

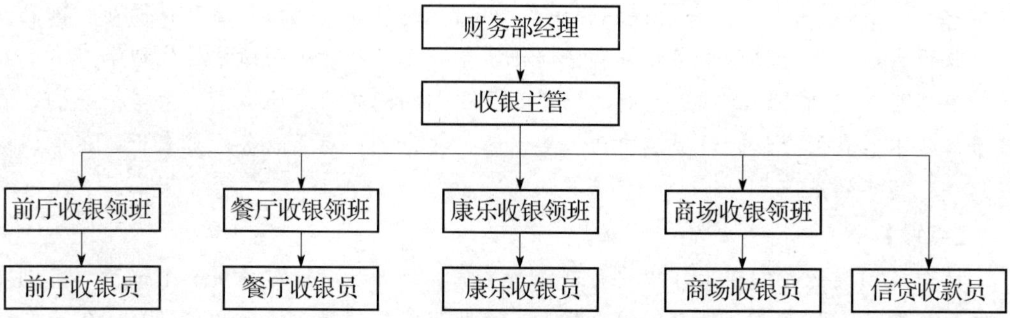

图1-1 收银处岗位设置

一、收银处岗位描述

（一）收银主管

收银主管全面负责结账收银业务、外币兑换工作，确保收银业务、外币兑换工作准确、及时完成。收银主管还需要核对并分析酒店的营业收入情况，酒店营业收入分析报表示例如图 1－2 所示。

酒店营业收入分析报表

报表数据统计到：2024-02-22

营业日期：2024-02-22 至 2024-02-22

序号	渠道	间夜	间夜%	钟点房	钟点房%	人晚数	人晚数%	房租收入	房租收入%	其他收入	消费合计	消费合计%	平均房价	房均消费	人均消费
1	携程	16	55.17%	0		18	54.54%	1529.91	53.10%	0.00	0.00		95.61	95.61	84.99
2	门店	10	34.48%	0		10	30.30%	998.00	34.64%	0.00	0.00		99.80	99.80	99.80
3	美团	1	3.44%	0		2	6.06%	112.64	3.91%	0.00	0.00		112.64	112.64	56.32
4	小程序	1	3.44%	0		1	3.03%	125.00	4.33%	0.00	0.00		125.00	125.00	125.00
5	飞猪	1	3.44%	0		2	6.06%	115.20	3.99%	0.00	0.00		115.20	115.20	57.60
6	自助机	0		0		0		0.00		0.00	0.00		0.00	0.00	0.00
7	团队	0		0		0		0.00		0.00	0.00		0.00	0.00	0.00
8	抖音	0		0		0		0.00		0.00	0.00		0.00	0.00	0.00
总计		29		0		33		2880.75		0.00	0.00				

打印时间：2024-02-23 11:51:26 打印人：辛俊桥

图 1－2 营业收入分析报表

1. 审核和检查收银业务

审核各营业场所的收银收入与报表；检查各项收费的折扣、优惠的贯彻落实情况；定期、不定期地抽查各营业点备用金的使用情况；监督酒店价格政策在收银业务开展过程中的执行情况。

2. 监督指导外币兑换工作

监督检查前厅收银处的外币兑换工作程序，杜绝违规操作；及时处理特殊兑换、客户关于外币兑换的投诉事件，指导收银人员解决突发问题；按时编制外币兑换营业日报汇总表及相关汇总报表，准确反映外币兑换额。

3. 定期工作汇总和分析

负责编制客账分析表；负责月末收银业务的对账和盘点工作；每月向财务部经理提供酒店应收账款、客账余额报告。

4. 管理收银领班和收银员

组织召开收银员会议；安排和协调员工工作班次；督促检查下属、员工执行备用金和外汇管理规定并按时上交营业款；负责下属、员工的培训、考核工作；提供下属、员工任用、晋升调动、奖励的资料和信息。

5. 其他工作

及时处理各类收银业务投诉；负责各营业点收银业务的协调工作；协助财务部经理完成其他工作。

（二）收银领班

（1）管理和监督收银员的日常工作，确保他们按照规定的程序和标准进行收银操作。

(2) 负责处理客人的账单结算和收银工作，保证账目的准确性和完整性。
(3) 确保收银点的安全和保密性，防止盗窃和欺诈行为发生。
(4) 协助财务部门进行日常的收入和支出记录，及时汇报给财务经理。
(5) 协助财务部门进行月度和年度的财务报表编制和分析。
(6) 协助收银主管、财务经理进行现金流管理和预算控制。
(7) 协助财务部门进行对账和对账调整工作。
(8) 协助财务经理进行员工的薪酬发放和考勤管理工作。
(9) 协助收银主管、财务经理进行酒店财务相关的文件和档案管理。
(10) 协助收银主管、财务经理进行其他相关的财务工作。

(三) 收银员

(1) 欢迎客人到达收银台，并提供高效的结账服务。
(2) 接受客人的付款，包括现金、信用卡、借记卡等，确保收款的准确性和完整性。
(3) 处理客人的账单，进行结算，确保账目的准确无误。
(4) 提供客人所需的发票、收据或其他相关文件。
(5) 熟悉并遵守酒店的收银程序和政策，包括退款、折扣和促销活动等。
(6) 协助客人解决与付款和账单相关的问题。
(7) 确保收银台的整洁和有序，保持收银设备的正常运作。
(8) 协助上级主管进行每日、每周、每月的收银对账和结算工作。
(9) 协助财务部门进行其他相关的工作，如记录日常收入和支出等。
(10) 遵守酒店的安全规定，确保收银点的安全性和保密性。

二、收银处工作流程

收银处主要的工作流程可以概括为以下几点。

(一) 欢迎客人

当客人到达收银处时，收银员应该友好地迎接客人，询问他们采用何种付款或结算方式。

(二) 收款

收银员应准确地接收客人的付款，包括现金、信用卡、借记卡或其他付款方式。在接收付款时，收银员需要确认付款金额的准确性，并开具收据或发票。

(三) 处理账单

如果客人需要结算账单，收银员需要准确地处理账单并进行结算。这可能包括确认客人的消费项目、应用折扣或参与促销活动、计算税费等。

(四) 提供找零

如果客人支付的金额超过了账单金额，收银员需要准确地找零并将找零金额交给客人。

(五) 对账和结算

收银员要仔细核对订单信息(见图1-3)，在结束工作日或工作班次时，收银员需要对收银记录进行对账，确保账目的准确性和完整性，并对现金或其他付款方式进行结算。

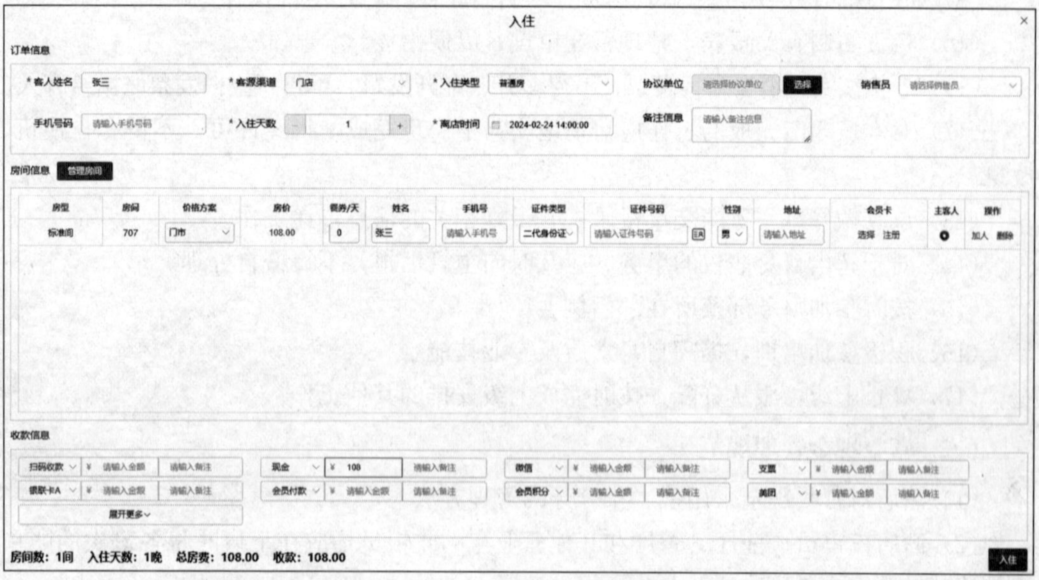

图 1-3 核对订单信息

（六）汇报和交接班

收银员需要向财务部门或主管汇报当班期间的收入情况，并进行交接班工作。

（七）清点和整理

工作结束时，收银员需要清点现金和整理收银设备，确保现金安全和设备整洁，并准备好第二天的工作。

（八）遵守安全规定

收银员需要遵守酒店的安全规定，确保收银点的安全性和保密性，防止盗窃和欺诈行为发生。

三、收银处服务标准

（一）收银服务管理规范

（1）严格遵守酒店各项财务规章制度。

1）遵守酒店货币资金管理制度。

2）遵守酒店保险室的管理规定。

（2）快速、准确地为客人提供结账服务。

（3）确保账款收取正确，不遗漏、不错算。

（4）严格按规定的收银、投币程序进行操作。

（5）严格按规定发放钥匙，并做好相应的记录。

（6）确保所收款项与开出的发票、填报的营业报表相一致。

（7）严格按规定使用收银设备设施，按正常程序操作电脑。

(8) 严禁私自兑换外币，不得挪用周转金或将周转金借给他人。

(9) 如出现假币或现金短款，由责任人自行全额赔付，不得长吞短缺。

(10) 负责填制有关报表，整理营业单据，以便稽核。

(11) 严格按实际消费开具发票，不得多开、虚开发票，不得将空白发票联撕给客人。

(12) 对本班未能完成的工作应清楚地交与下一班完成，未经许可，不得私自换班、改班。

(13) 认真做好每一班的交接记录，并做好相关的信息传递工作。

(14) 对于超出自身职权的事务，应及时向主管汇报，不得擅自处理。

(15) 按时参加财务部及所在部门例会。

(16) 积极参加培训，提高自身素质及专业技能。

(17) 尊重上级，服从分配，按时完成上级安排的其他工作。

(二) 营收现金管理规范

(1) 酒店对营收现金采用钱、账分开的管理方法。

(2) 酒店夜审员，前厅、餐厅和其他营业点的收银员均应在下班时将各班次的账单点核清楚，并完成各班次的营业收入报告。

(3) 账单和有关报告应于下班后第一时间交到各班次领班的办公室，以便在初步核查后转夜班审核组进行随后的账务工作。

1) 现金收入应由该班当值领班或前厅收银员当面见证并点算清楚后，实时在现金袋上如实填写清楚，并在该见证人的见证下封好现金袋，在袋口骑封加签，然后放入现金保险箱中。

2) 收银员和当值领班均需在投缴记录表上签字。所有封袋需使用胶水封口，不得使用透明胶或订书机封钉封口。

3) 所有收银员必须在缴纳现金收入并完成该班次的报表及账务后才可下班。

(4) 每一班次的收银员在完成账表的核查工作后，即应将其所持现金中属于零找备用金的部分划出，点核清楚后存入由其个人保管的零找现金保险库内加锁存储。

(5) 所有投缴事项必须即核、即签、实时投箱，不得以任何理由拖延。缴款人和见证人均有责任监督对方按规定完成规定的事项和核签，对不按规定操作导致的后果，双方负同等责任，受同等处分。

(6) 每班现金收入必须与该班营业报表内所统计的现金销售额相吻合，如有差异，应实时查明差异原因，不论是超出还是短缺，均应如实填报，记录在收银员报表内的“现金超短”栏内并及时上报。

(7) 现金管理检查。

1) 每一班次的领班应对各班次收银员现售所得现金的缴纳情况进行检查，保证所有现金收入款项均已缴纳入库。

2) 每一班次的领班应对收银员缴纳登记表进行检查，对不完善的情况实时查明原因并将情况通知在班的上一级主管人员；若当时直属上级主管未在，应向财务部在酒店当值的其他主管人员报告。

3）总出纳在第二天与见证人共同打开保险箱取出缴纳封袋时，根据缴纳封总包数及缴纳封是否有破损情况填写收银缴纳登记表，实际包数或封内的缴款如与登记表所载情况不一致，应请第三方（前台收银处 24 小时均有人员当值）作证，并第一时间报告上级主管处理。

4）总出纳及见证人均须在登记表上签章，任何一方漏签，而另一方未能予以提醒，均属疏忽。

5）每天应在总出纳完成缴款点核后进行收益审核，检查经总出纳和见证人签章的登记表，并与收入报告的现售总额核对，保证该天的现金收入确已无误入库。如有差异，应及时查明原因，切不可拖延，以免增加核查的难度。

6）总出纳应对各收银员的零找备用金情况进行不定期检查，每月至少检查两次。具体时间根据营业情况确定，但不得预先通知。

7）收银主管应对在岗收银员进行不定期的现金（包括备用金和当时的营业现金）检查。所有检查应根据营业情况考虑，避开高峰期，在不预先通知的情况下进行。检查次数每月不少于两次。

8）总出纳和收益审核员进行的检查均应留有记录，记录应有检查人员和收银员双方的签字，以确认当时的检查结果。为保证检查在公正和严肃的情况下进行，所有的现金检查均应有第三方作为见证人。整个检查过程应在见证人的监督下进行，并由见证人于双方人员在检查记录上签名后加签证明。

（8）总出纳在点核所有缴款后，应根据各收银员的缴款情况，如实填写每日现金日报表，并将副本抄送收银主管查对。

（9）收银缴纳登记表应至少保留 18 个月，每日现金日报表应作为辅助账表，并由总出纳加以保管。

（10）对于不按规定要求，在没有见证人的情况下独自封袋投箱者，除因此引致的后果全部由其个人承担外，还应按违反部门规章制度进行处罚；初犯者予以口头警告，蓄意再犯者予以书面警告，以致最终警告。

（11）缴纳人和见证人因没有当面点核或不认真点核造成过失的，按第（10）项规定同等处分。

（12）收银缴纳登记表的每一栏均应按规定的内容和格式填写，并在规定的栏位签名，不得有遗漏、错填。其中需要更正之处，应用横线划去，再在其上方写上正确数据，然后由缴纳人及见证人双方加签，违反本项规定者按与第（10）项相同的程度给予处分。

（三）收银业务备用金管理规范

1. 收银业务备用金的定义

收银业务备用金是酒店财务部借支给酒店各营业点收款岗的专项款项。

2. 收银业务备用金的发放

（1）财务部经理根据业务需要拟定收银业务备用金数额。

（2）经总经理审批后，由财务部发放，并挂前厅收银处往来。

3. 收银业务备用金的使用

（1）收银业务备用金只可用于收款找零、支付预收款、外币兑换等用途，不得擅自挪用。

（2）紧急情况下，收银业务备用金的使用须经财务部经理和酒店总经理审批。

4. 收银业务备用金的内部控制

（1）收银业务备用金的内部控制由财务部和各使用部门共同负责。

（2）各营业点收银岗的业务备用金日常管理由各使用部门收银员负责，财务部备案。

（3）各营业点收银岗需建立业务备用金每班交接制度，设立交接登记簿，记录每班交接情况。

（4）各部门指定专人定期检查、核对本营业点的业务备用金，每星期至少检查一次，并做好检查记录。

（5）财务部指定专人负责检查各营业点备用金，可采取定期或不定期的方式进行，每月至少检查 4 次，月末须将检查情况向财务部经理汇报。

5. 收银业务备用金的交回

（1）因业务量减少而导致业务备用金需求额降低时，经财务部经理核准后，应通知各收银点将多余的款项及时交回财务部。

（2）因业务调整或不需用备用金，收银员应及时办理相关的交接手续，交接手续办理需两名监督人在场。

任务实训

【实训项目】讨论酒店收银处的岗位职责。

【实训目标】在教师的带领下了解一家酒店的收银处岗位设置，掌握酒店收银处的功能与地位。

【实训时间】1 学时。

【实训步骤】

1. 实训开始前，由教师联系一家酒店。

2. 将学生分组，每组 4～6 人，由教师带领前往酒店财务部参观，并请收银主管介绍酒店收银处各岗位的主要任务。

3. 参观结束后，每组学生讨论并总结酒店收银处的主要工作职责。

4. 学生讨论结束后，教师需要对每组学生的发言进行总结和点评。

【实训标准】

实训形式	以学生的现场参观学习及讨论总结为主。
实训分工	每个小组的学生自行分工，确定谁做记录、谁代表小组发言。
实训重点	1. 学生在参观时仔细观察酒店收银处的工作环境和工作人员的工作情况，对于收银主管介绍的内容要仔细聆听学习。 2. 遇到不懂的地方及时询问并做好笔记。 3. 参观结束后积极与同学讨论，踊跃发言，加深自己对酒店收银处功能与地位的了解。

任务二　认识酒店会计处

酒店会计处包含会计主管、总账会计、明细账会计、工资核算会计、应收款会计、应付款会计、成本会计、总出纳、现金出纳员、银行出纳员等岗位，如图 1－4 所示。

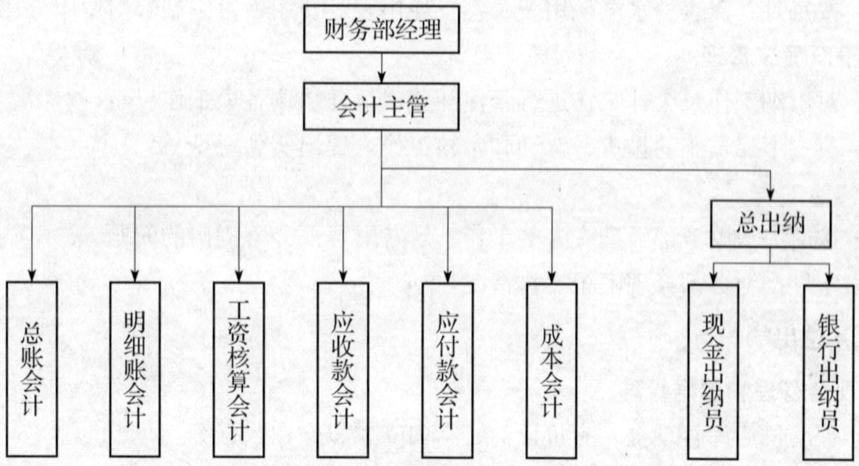

图 1－4　会计处岗位设置

一、会计处岗位描述

（一）会计主管

1. 会计制度规范制定

（1）参与制定酒店会计核算制度，并认真执行和实施。

（2）参与制订酒店各项收支计划，并认真执行和实施。

（3）负责酒店二级、三级会计科目的设置和调整工作。

2. 会计核算管理

（1）审核各项会计核算手续的完整性和列支科目的正确性。

（2）定期或不定期检查各明细账项，督促检查往来账项的核算。

（3）检查酒店所有记账凭证、原始凭证的有效性、合法性和正确性。

（4）督导薪金费用核算和成本核算工作，确保核算的准确性和及时性。

（5）参与酒店月度、年度以及不定期开展的财产盘点工作。

（6）负责专用款项的明细核算，正确反映各项专用基金运用和结余情况，以及专项工程支出和完工情况。

（7）督促检查会计档案的保管与存档情况，做到存档有记录、调档有手续。

3. 费用报销和现金管理

（1）审核总出纳的收支凭证及备用金情况，保证库存现金的安全。

（2）监督各部门费用报销业务开展情况，确保报销手续齐全、无违规行为。

（3）及时检查银行存款余额调节表的编制情况，发现问题及时纠正。

4. 会计报表和缴税管理

（1）审核总账会计编制的会计报表。

（2）按时向财务部经理呈报会计报表，包括利润表、资产负债表和现金流量表。

（3）组织开展酒店税款的计算、申报、缴纳工作，处理有关财政、工商的财务事宜，督促检查各项税金的计算与上缴情况。

（4）按每月工资表、水电耗用表、燃气耗用表等费用项目编制部门费用分摊表。

5. 下属员工管理

（1）对出纳工作及会计工作进行督促和监督，并协调各项工作。

（2）负责下属员工的排班、考勤和考核工作，提出奖惩意见。

6. 其他工作

（1）按时完成财务部经理交办的工作，解答财务部经理提出的问题。

（2）定期向财务部经理汇报工作情况。

（二）总出纳

1. 现金管理和票据管理

（1）保管酒店库存现金、有价证券、空白支票、空白收据等。

（2）采用不定期抽查的方法检查酒店库存现金情况。

（3）每日会同现金出纳员核对库存现金，做到账款相符。

（4）定期检查各部门的备用金情况，并做好检查记录。

（5）负责收银点收入现金、转账票据的汇集和送存银行工作。

（6）监督现金出纳员的酒店工资、奖金的发放工作。

（7）每日点算收存现金，做好日收入和支出项目账，并结出现金余额。

2. 报告、账目和报表管理

（1）负责编制总出纳报告和银行存款余额调节表。

（2）编制收款凭证，审核现金日记账和银行存款日记账。

（3）妥善保管各种收、付款凭证和酒店每日收入报告，并及时整理归档。

（4）负责预收定金及各部门暂支款的辅助台账管理，及时催收暂支款。

（5）检查酒店所有收付款业务凭证，做到有凭证、有审批，手续完备。

3. 下属员工管理

（1）督促、协调银行出纳员和现金出纳员之间的工作。

（2）负责下属、员工的排班、考勤和考核工作，提出对下属、员工进行奖惩的建议。

4. 其他工作

（1）积极参加培训，不断提高业务技能。

（2）按时完成会计主管分配的其他工作。

（3）保持同酒店相关部门和银行等外部机构的良好关系。

（三）总账会计

1. 总账核算

（1）负责酒店总分类账户的核算。

（2）处理应收账、应付账、总出纳、工资等账目的汇总。

（3）负责月底会计核算的转账工作。

（4）做好成本控制与营业核数的账目及报表核对工作。

（5）完成总账与明细账、一级账与二级账的核对，做好调账记录。

2. 报表编制和数据计算

（1）编制利润表、资产负债表、现金流量表等会计报表。

（2）进行酒店利润或亏损的计算。

（3）根据酒店和部门需要，提供会计核算数据。

（4）做好转账凭证的电脑输入、记账和会计账簿打印工作。

3. 税收和保险的计算、办理

（1）负责各类税收的申报及应缴款项的核算、计提，并办理结算手续。

（2）负责各类保险的续保、保费承付和索赔工作。

4. 其他工作

（1）协助会计师事务所完成酒店年度财务审计工作。

（2）做好各类账目、会计资料的存档和保管工作。

（3）与明细账会计进行工作协调，积极开展合作。

（四）成本会计

1. 成本核算

（1）负责每天登记库存商品明细账。

（2）审核成本费用支出的原始凭证。

（3）编制会计凭证，并对会计凭证进行临时保管。

（4）参与存货定期盘点工作，编制盘盈盘亏报表并及时上报。

（5）编制其他各项成本费用明细账，并按月同酒店总账进行核对。

2. 协助进行成本控制工作

（1）协助各部门核算员做好各项成本费用管理工作。

（2）协助拟定成本核算实施细则，报上级主管和财务部经理核准后执行。

（3）制定酒店各类成本定额和成本标准，会同成本管理员进行推广。

（4）编制成本费用报表，报会计主管、财务部经理及相关人员审核。

3. 其他工作

（1）定期或不定期向会计主管汇报工作。

（2）完成会计主管交办的其他临时性工作。

（3）解答与成本有关的问题。

（五）明细账会计

1. 编制记账凭证和明细账

（1）登记酒店各营业部门除成本、工资、应收应付账款以外的明细账。

（2）审核各经营科目中经营事项的内容、手续和原始单据金额等，填制相应的记账凭证。

（3）审查酒店各经营科目经营事项的收支结算情况。

（4）登记和编制各种明细账簿账目。

2. 编制报表

（1）及时结算账务余额，并进行月结，制作科目余额表。

（2）定期编制、汇总明细账的相关报表，并上报主管领导审核。

3. 其他工作

（1）参与财产清查盘点工作。

（2）同总账会计进行总账和明细账的核对，确保账账相符。

（3）完成会计主管交办的其他工作。

（六）工资核算会计

1. 工资核算和发放

（1）审核工资、奖金等费用金额。

（2）编制记账凭证和工资明细账。

（3）计提员工工资、福利费、基金和工会经费。

（4）负责到银行办理开户、清户、冻结账户等手续，并计算各种有关补发款项，经部门总监及经理审批后及时发放。

2. 工资分析和报表管理

（1）负责对行政人事部转来的各类工资表单进行登记、编号和计算。

（2）分析各个时期员工工资、福利费、津贴等的发放标准和变动情况。

（3）统计酒店各工种员工人数、工资数额、津贴项目及总额平均数。

（4）按时向上级主管部门报送有关报表，催收财政补贴。

3. 工资核算资料管理

（1）负责酒店工资核算原始凭证和记账凭证的保管。

（2）负责将每月工资、各种福利通知单及工资变动表进行分类装订。

4. 其他工作

（1）配合会计主管完成其他相关工作。

（2）同现金出纳员协调现金工资的发放。

（七）应收账款会计

1. 应收账款账单审核和汇总

（1）审核前厅收银处转来的有关转账发票是否与有关协议、合同及纪要相符。

（2）复核账单金额，并与夜审报表核对，发现问题及时处理。

（3）掌握酒店对外签订的结算协议、合同、纪要的收费标准和结账方式，并负责保管这些协议、合同及纪要。

（4）负责核算及检查酒店发生的所有应收账款账目，审核应收账款账单（见图 1－5）编制应收账款明细账，确保应收账款核算的正确性和规范性。

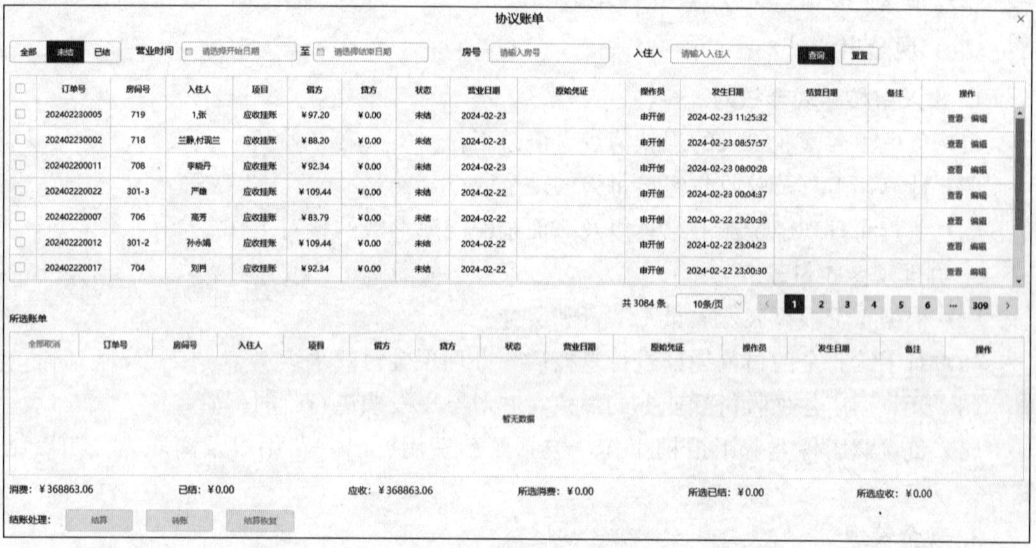

图 1－5　应收账款账单

2. 应收账催收和报表管理

（1）按合同、协议规定时间将结算清单、账单书面通知付款单位付账。

（2）及时检查收款情况，做好催收工作，防止错结、漏结、迟结。

（3）每月编制应收账款报告和账龄分析报表，总结应收账款回收情况。

3. 其他工作

（1）完成会计主管交办的其他工作。

（2）针对应收账款的管理提出合理化建议，改进应收账款回收工作。

（八）应付款会计

1. 应付账款单据审核

（1）收集采购部每天的收货记录汇总表及有关发票。

（2）检查发票及购货订单上的签名、印章、数量、单价及合计金额。

（3）检查并保证发票的数量、单价与采购申请单、仓库补货单、月结单、收货记录及其他有关凭证相符。

2. 应付账款核算

（1）根据采购部和其他部门的账款原始凭证编制记账凭证。

（2）根据原始凭证和记账凭证登记明细分类账。

（3）负责对原始凭证和记账凭证的装订和临时保管工作。

3. 应付账款报表管理

（1）每月打印应付账款明细账表。

（2）定期向会计主管提供应付账款资料。

（3）编制银行付款传票和银行汇款单，并交会计主管审核。

4. 其他工作

（1）提出应付账款管理的合理化建议。

（2）完成上级领导交办的其他工作。

（九）现金出纳员

1. 收入审核和现金核对

（1）负责酒店营业收入的现款清点、汇总工作。

（2）计算、汇总及验收收银员每天的现金收款金额。

（3）负责每日现金余额的结算以及账面余额同库存数的核对工作。

2. 办理现金收付款

（1）根据工资核算表发放员工工资和奖金。

（2）对手续齐全的付款凭证进行复核后，办理现金付款手续。

（3）开具酒店各项收付款业务的发票，并对空白发票进行临时保管。

（4）负责酒店各类费用报销工作，包括医药费用、出差费用以及离职人员工资结算等。

3. 现金管理

（1）负责库存现金的清点。

（2）负责库存现金的保管。

（3）参与库存现金的定期盘点工作。

4. 报表、报告编制

（1）编制现金出纳报告。

（2）编制现金日记账。

5. 其他工作

（1）配合总出纳编制相关报表。

（2）与银行出纳员协调工作。

（十）银行出纳员

1. 银行结算和存款余额管理

（1）负责酒店的营业收支和往来款项的银行结算业务。

（2）掌握各开户银行存款余额情况，编制银行存款余额表。

（3）调整银行未达款项，使酒店银行存款账面余额与银行对账单余额保持一致。

2. 银行票据管理

（1）负责银行空白支票管理，按照酒店支票领用规定做好支票的领用记录和核销工作。

（2）审核支票内容，确保收入支票和付出支票准确无误。

（3）负责银行信用卡业务的汇总、解交和财务处理工作，加强与银行信用卡部的联系，协调信用卡入账中出现的问题。

（4）定期编制银行出纳报告。

3. 其他工作

(1) 配合总出纳编制银行存款余额调节表。

(2) 按银行规定限额提取库存备用金。

(3) 加强与银行的沟通，与之建立良好的业务关系。

二、会计处工作流程

会计处工作流程，如图 1-6 所示。

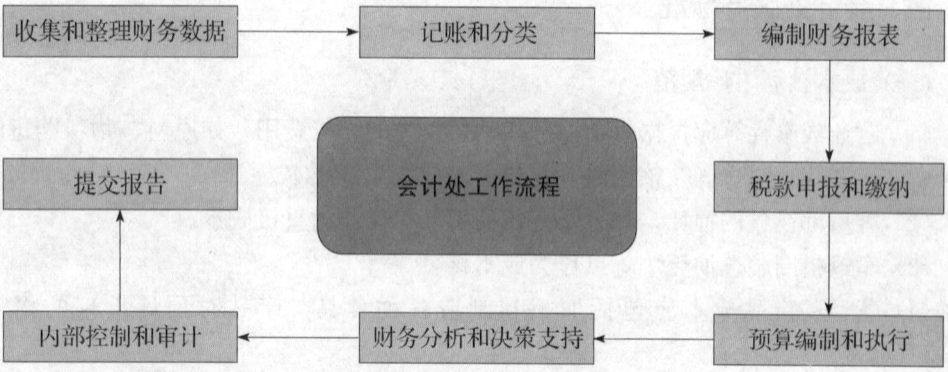

图 1-6 会计处工作流程

(一) 收集和整理财务数据

会计人员负责收集和整理酒店各部门的财务数据，包括收入、支出、成本、应收账款、应付账款等。

(二) 记账和分类

会计人员需要将收集到的财务数据进行记账和分类，确保财务数据的准确性和完整性。这可能包括录入会计凭证、分类账目和科目、编制总账和明细账等。

(三) 编制财务报表

会计人员需要根据收集到的财务数据编制财务报表，包括资产负债表、利润表和现金流量表等。这些报表可以帮助酒店管理层了解酒店的财务状况和经营业绩。

(四) 税款申报和缴纳

会计人员负责酒店的税款申报和缴纳工作，包括所得税、增值税等。

(五) 预算编制和执行

会计人员需要参与酒店的预算编制工作，并监督预算的执行情况，确保酒店的支出和收入符合预算计划。

(六) 财务分析和决策支持

会计人员需要对酒店的财务数据进行分析，为管理层提供财务决策支持，包括成本控制、投资决策、经营策略等方面的建议。

（七）内部控制和审计

会计人员需要参与酒店的内部控制工作，确保财务数据的安全性和准确性，并配合内部审计工作。

（八）提交报告

会计人员需要确保酒店的财务活动符合法律法规和会计准则的要求，并及时向相关部门和管理层提交财务报告和账务清单。

三、会计处服务标准

（一）成本核算工作规范

（1）营业成本计算应根据每项业务活动所发生的直接费用，如原料、物料购进时的包装费、运杂费、税金等在该原料、物料的进价中加计成本。

（2）客房部设备的损耗，如客用零备品消耗等应作为直接成本。

（3）车辆折旧、燃油耗用等可作为成本核算。

（4）餐厅的产品成本应包括加工和制造各种食品、产品时预计出现的损耗量价值。

（5）运动场所购进准备出售的商品所支付的运杂费和包装费均应在费用项目列支，不得摊入成本。

（6）各业务部门在经营活动中所耗用的水、电、气、热能以及员工的工资、福利费应作为销售费用处理。

（7）固定资产购入验收后直接拨给使用部门，并填制固定资产管理卡片，不需要填写入库单。

（8）保管员要对入库物品的保质期、外观、质量进行检查，如发现问题，则不得办理入库手续。

（二）会计核算工作规范

（1）采用复式记账法进行记账和核算。

（2）会计核算年度为每年公历 1 月 1 日起至 12 月 31 日止。

（3）记账用的货币单位为人民币，凭证、账簿、报表均用中文进行登记。

（4）所有收入与费用的计算需匹配，并在同一时期登记入账，不得脱节、提前或推后。

（5）根据权责发生制的原则记账。即不论款项是否收付，只要是本期已经实现的收益和付出的费用，都应作为本期的收益与费用入账。

（6）会计凭证、账簿、报表等各种会计记录都必须根据实际发生的经济业务进行登记，做到手续齐备、内容完整、准确及时。

（7）保持会计处理方法前后各期的一致性，不得随意改变。特殊情况下确需改变的，须报经领导批准。

（8）建立内部稽核制度。对款项的支付、财产物资的收发保管、债权债务的发生、清算各项经济业务都要明确经济责任，具备合法的凭证，并经授权人员审核签章。

(9) 会计核算的具体要求。

1) 会计核算的原始凭证、记账凭证应规范。

2) 会计账簿记录应完整、清晰，账账相符。

3) 票据、单据印刷应规范，管理应严格。

4) 会计核算内容须全面，数据应真实可靠。

5) 会计报表、统计报表数据出处须一致，且及时准确。

6) 各类税金、费用的计提须正确、手续齐备，且上缴及时。

任务实训

【实训项目】 讨论酒店会计处的岗位职责。

【实训目标】 根据所学知识和日常生活经验，认知酒店会计处的岗位职责，掌握酒店会计处的功能与地位。

【实训时间】 1 学时。

【实训步骤】

1. 将学生分组，每组 6～8 人。

2. 角色扮演。教师扮演财务部经理。每组学生中选出两名学生分别扮演会计主管和总出纳，其余学生分别扮演会计和出纳。

3. 情景模拟。会计和出纳分别向会计主管和总出纳汇报当日工作。

4. 会计主管和总出纳向财务部经理汇报当日会计处的工作情况。

5. 教师总结此次实训情况。

【实训标准】

实训形式	情景模拟，以学生的分享发言为主。
实训分工	每个小组的学生自行分工，确定组内每个成员的角色；教师扮演财务部经理。
实训重点	1. 学生要牢记自己的角色，进行工作汇报时可将自己代入职场情境。 2. 整个实训过程中遇到不懂的问题及时询问并做好笔记。 3. 学生要根据自己所学知识和日常经验踊跃发言，以便更好地了解酒店会计处各岗位的工作职责。

任务三 认识酒店稽核处

酒店稽核处是酒店中至关重要的部门，负责审核和监督酒店各项业务和财务活动。稽核处的职责包括审核财务记录（日审、夜审），为管理层提供数据和报告以支持决策制定等。通过严格的审核和监督，可确保酒店运营高效、符合标准。酒店稽核处包含稽核主管、核单员、日审员和夜审员等岗位，如图 1－7 所示。

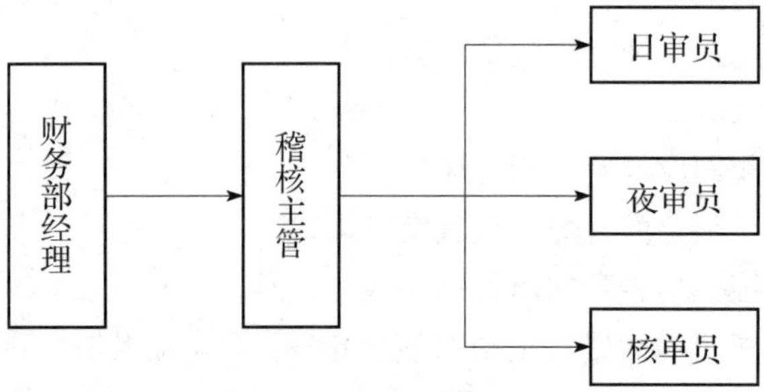

图 1－7 稽核处岗位设置

一、稽核处岗位描述

（一）稽核主管

1. 稽核规范和流程编制

（1）协助财务部经理制定酒店稽核规范。

（2）拟定酒店稽核工作流程，报上级领导审批通过后组织实施。

（3）对执行中的稽核制度、规程、流程等提出完善建议或方案。

2. 单据和凭证核查管理

（1）指导核单员对酒店各项收入的单据进行规范性、准确性审核。

（2）处理核单过程中遇到的重大问题，并及时向上级领导汇报。

（3）抽查单据、凭证的核查工作，不断改进核查方法，提高核查效率。

3. 夜间稽核工作管理

（1）复核夜审员已审核的房租报表和编制的试算平衡报告。

（2）复核夜审员编制的营业日报表，并及时将报表送总经理和财务部经理。

（3）处理夜间稽核中出现的重大遗留问题，并根据问题的严重程度向财务部经理和总经理汇报。

4. 日间稽核工作管理

（1）安排、检查日间稽核工作。

（2）对日间稽核工作进行指导。

（3）审核日审员编制的稽核报告，提出完善意见。

（4）处理日间稽核中出现的重大遗留问题，并根据问题的严重程度向财务部经理和总经理汇报。

5. 员工管理

（1）安排顶班或进行班次调整。

（2）负责夜审、日审的考勤和财经纪律维护工作。

（3）负责稽核业务培训和下属人员的绩效考核工作。

（二）核单员

1. 审核票据

（1）审核发票、账单及各类报表的连续性和合法性。

（2）核查记账凭证所附原始单据是否齐全和符合规定。

（3）协同财务不定期抽查核对发票、账单的存根。

（4）核对各班次收银员送审的账单、原始单据、收款报表及手工报表。

2. 汇总单据和处理核单中的问题

（1）编制每日各收银点的全天账单列表，以便进行审核。

（2）发现和收集酒店管理、经营中的错漏现象，并及时上报稽核主管及相关人员，以便整改。

（3）核算开房率、房租收入的平均房价，检查餐厅平均费用的计算是否准确，发现问题及时要求相关部门解决。

3. 其他工作

（1）协助稽核主管开展其他工作。

（2）协调与同部门其他人员的工作关系，确保工作顺利开展。

（三）夜审员

1. 账单、报表稽核

（1）负责每日营业点收银机的清机工作，核对各营业点收银机的清机报告。

（2）稽核酒店当日各营业点交来的各种账单、票据和每班的收款报表。

（3）对照有关报表，查验信用卡签名、授权密码、有效日期等。

（4）稽核各种签单、挂账及信用卡支付情况，并与应收账款明细账核对。

（5）会同稽核主管监督出纳员点算浮动现金。

（6）稽核当日各种消费项目明细表。

（7）稽核各种优惠折扣的手续是否完备。

（8）核查餐次数目及所有食品、饮品销售的一般账单。

2. 报表编制

（1）编制客账汇总表。

（2）编制营业收入日报表。

（3）编制优惠折扣明细统计表。

（4）完成每日现金结算情况报表，统计客人人数、平均消费、餐次、营收等情况。

（5）记录收款工作中存在的问题，对夜间未能处理事项做好交班记录。

3. 其他工作

（1）对照预期离店客人报表整理好当天离店客人的账套。

（2）完成稽核主管交办的其他工作。

（四）日审员

1. 报表和单证审核

（1）审核前厅当天未结客账的余额是否正确。

（2）审核前厅、餐厅、康乐、商场等收银处的挂账账单。

（3）审核酒店餐饮、客房等部门报送的营业收入报表和夜审员、收银员编制的收入报表。

（4）检查酒店账单签署的合规性，并依照管理部门的指示对所有未付款账单进行核准。

2. 表单传送、汇总

（1）及时了解和处理夜审员发现的尚未处理的问题，并将处理结果报财务部经理。

（2）对各旅行社、挂账单位的账目进行整理复核，并转送相关财务人员进行催收。

（3）将审核无误的营业收入日报表报送领导审阅。

（4）每日将各类报表按日期、序号存放，并在每月月底装订成册。

3. 其他工作

（1）根据夜审员的误差报告书调查账目差异。

（2）及时向稽核主管汇报工作，完成领导交办的其他工作。

二、稽核处工作流程

（一）夜审工作流程

（1）汇总收银员的相关报表和凭证。

（2）查验收银缴纳凭证。查看收银员的缴款凭证，并同电脑报表进行核对，查验两者的一致性。

（3）打印各类报表并核对。打印入住客人报告、调整账目表、非平账离店报表，并审核报表内容的完整性和规范性。

（4）审查转账情况。查询各收银点转账操作是否正确，将每一笔转账（未结账部分）账单上的客人签名同开房单上客人的签名及电脑记录进行核对，查看是否相同、是否转错房间。

（5）整理夜审资料。

（6）统计夜审数据。

（7）编制夜审报表，包括营业日报表（见图 1－8）、今日非平账离店报表、今日调整报表和夜间审计报告表。

（8）复制夜审资料。

（9）送交夜审资料。夜审员将夜审相关资料和需日审员查验核实的事项记录交到日审办公室。

（二）日审工作流程

日审的目标是确保会计信息真实、完整、及时，准确地确认收入，保证酒店利益不受损。流程如下：

（1）查阅夜审提交的资料；整理日间提交的账单、报表，核对各营业点（核对前厅结账单、餐厅结账单及其他部门的缴款凭证及收费单）的账单及报表。

（2）处理夜审未解决的遗留问题。

营业日报表

营业日期：2024-02-23 房号：全部 姓名：全部 渠道：全部 协议单位：全部

序号	订单号	房号	房型	姓名	渠道	预计夜核房费	抵店时间	离店时间	状态	协议单位	地址
1	202308140001	1705-10	欧式豪华大床房	宁丽	门店	90.00	2023-01-31 23:15:29	2024-02-23 14:00:00	在住		
2	202312010006	301-1	豪华大床房	邵玉	小程序	125.00	2023-12-01 08:04:59	2024-02-23 14:00:00	在住		
3	202402110009	721	标准间	陈永平	门店	100.00	2024-02-05 20:07:18	2024-02-23 14:00:00	在住	携程	
4	202402110009	716	普通欧式大床房	韩俊霞	门店	100.00	2024-02-11 15:18:03	2024-02-23 14:00:00	在住		
5	202402150001	703	特惠标间	高燕军	门店	90.00	2024-02-15 11:50:46	2024-02-26 14:00:00	在住	携程	
6	202402190007	709	普通欧式大床房	朱金博	携程	97.20	2024-02-19 13:03:42	2024-02-24 14:00:00	在住	携程	
7	202402200011	708	特惠大床房	李晓丹	携程	92.34	2024-02-20 16:16:59	2024-02-24 14:00:00	在住	携程	
8	202402220003	710	特惠标间	江青春	携程	83.79	2024-02-20 22:04:22	2024-02-23 14:00:00	在住	携程	
9	202402220007	706	特惠标间	高芳	携程	83.79	2024-02-22 23:12:26	2024-02-23 14:00:00	在住	携程	
10	202402220009	702	特惠标间	何秋成	携程	83.79	2024-02-22 18:50:37	2024-02-23 14:00:00	在住	携程	
11	202402220010	701	标准间	李世燕	携程	92.34	2024-02-22 19:11:26	2024-02-23 14:00:00	在住	携程	
12	202402220011	1113	豪华双床	乔守林	携程	109.44	2024-02-22 17:58:28	2024-02-24 14:00:00	在住	携程	
13	202402220012	301-2	豪华大床房	孙永娟	携程	109.44	2024-02-22 22:35:41	2024-02-23 14:00:00	在住	携程	
14	202402220016	2007	标准间	范开亮	携程	92.34	2024-02-22 21:34:52	2024-02-23 14:00:00	在住	携程	云南省曲靖市沾益区炎方乡裹地村民委员会山那边村90号
15	202402220017	704	标准间	刘芮	携程	92.34	2024-02-22 22:07:48	2024-02-23 14:00:00	在住	携程	
16	202402220019	722	标准间	翁忠强	门店	100.00	2024-02-22 21:59:08	2024-02-23 14:00:00	在住		
17	202402220019	720	标准间	陈东	门店	100.00	2024-02-22 21:59:27	2024-02-23 14:00:00	在住		
18	202402220020	713	家庭房	吕国荣	门店	100.00	2024-02-22 22:16:45	2024-02-23 14:00:00	在住		
19	202402220021	2207	豪华大床房	谢林	美团	112.64	2024-02-22 22:23:38	2024-02-23 14:00:00	在住	美团	
20	202402220022	301-3	豪华大床房	严雄	携程	109.44	2024-02-22 23:59:01	2024-02-23 14:00:00	在住	携程	
21	202402220024	2407	豪华双床	李炫东	飞猪	115.20	2024-02-22 23:32:33	2024-02-23 14:00:00	在住		
22	202402230001	711	三人间	水顺周	门店	100.00	2024-02-23 03:08:34	2024-02-23 14:00:00	在住		
23	202402230002	718	标准间	兰静	携程	88.20	2024-02-23 08:53:34	2024-02-24 14:00:00	在住	携程	
24	202402230005	719	标准间	1	携程	97.20	2024-02-23 11:21:39	2024-02-24 14:00:00	在住	携程	
总计						2364. 49					

打印时间：2024-02-23 11:47:29 打印人：李俊桥

图 1－8 营业日报表

（3）复核夜审审查的报表、账单。检查夜审员编制的各项报表的正确性，如发现数据计算有误应立即修改，并追究夜审员的责任。

（4）审查夜审员制作的夜审报表。

（5）通知相关部门及时纠正账单、报表中存在的问题。

（6）编制日审报表，包括日审调整表、收益总结表等。

（7）将审核无误的夜审账单送会计做账。

（8）将审核无误的日间报表送领导审阅。

三、稽核处服务标准

（一）夜审工作规范

夜审稽核内容包括：

（1）收银点提交的各种账单、票据、结算凭证：

1）单据、凭证是否齐全，名称、数量、金额的记录是否真实、准确。

2）单据是否连号使用，作废账单是否三联齐全。

（2）收银员报告数据与缴款表数据是否一致。

（3）消费项目明细表内容是否全面、准确。

（4）各种签单、挂账是否符合规定，并根据日审明细账报表做好相应的分单。

（5）结账收入差额表每笔冲账是否合理，是否有领导签章。

（6）客人入住及离店时间、费用、手续：

1）房价是否按规定收取，陪同房、折扣房、免费房等是否有规定的批准手续。

2）房租是否全部计入；半天房租或全天房租是否已经计收；免收半天房租或全天房租的情况是否有规定的批准手续。

（7）客房优惠、折扣、减免、赠送等项目是否符合酒店规定，相关手续是否齐全。

（8）转账结算款项和因公招待账单是否正确，是否符合制度或审批手续。

（二）日审工作规范

日审稽核内容包括：

（1）审核夜审报表。核算前一日夜审所编制的各种报表。检查夜审所编制的报表是否按收银员提供的资料完成，报表是否平衡、完整，并将各类报表核对无误后上交财务部经理。

（2）查看夜审工作记录。查看夜审工作日记并及时处理查出的问题，须在问题处注明解决办法。对超出职能范围的问题应及时向财务部经理或主管汇报。

（3）核对总台及各营业点的发票、账单、报表等有关原始凭证的内容是否完整；是否有错漏、虚假问题；是否出现账单、发票合计数与报表不符的情况。

（4）检查转外客账的各种账单是否符合手续；检查各营业点客账收入与夜审报表是否相符；检查前一日发生的营业收入调整冲账是否合理，是否已按规定流程审批。

（5）检查离店客人余额表。如有未结款项，应查明原因并及时作出处理。

（6）根据核对后的各项收入编制凭证，制作电脑汇账。

（7）将原始电脑结账单和营业点收入明细表交稽核主管。

（8）编制日审记录。对在日审过程中发现的问题进行记录，以备下一班夜审员查阅和解决。

（9）将审核过的各类原始账单和报表按日期、序号分类存放，并根据酒店规定交档案管理人员归档保存。

任务实训

【实训项目】讨论酒店夜审的流程和规范。

【实训目标】了解什么是酒店的夜审，以及夜审的工作流程和规范。

【实训时间】1学时。

【实训步骤】

1. 将学生分组，每组4～6人。

2. 教师引导每个小组根据所学知识、生活常识、网上搜索的资料等对酒店的夜审工作流程和规范进行讨论和归纳总结。

3. 各小组选一名学生代表小组进行发言，其他小组点评，最后由教师总结提升。

【实训标准】

实训形式	以学生的讨论和分享为主。
实训分工	教师作为评委，每个小组推举一名学生代表整个小组发言。
实训重点	1. 学生要积极参与讨论，加深对所学知识的理解。 2. 学生在讨论过程中要充分利用所学知识和日常生活的所见所闻，要善于观察和学以致用。

任务四 认识酒店财务处

酒店财务处是酒店管理中的关键部门，负责管理和监督酒店的财务活动和资金流动。财务处的主要职责包括制定预算、管理账目、审计财务记录、监控成本和收入、处理付款和收款等。通过有效的财务管理，可确保酒店的财务健康和稳定。酒店财务处包含财务主管、预算管理员、投融资专员等岗位，如图 1-9 所示。

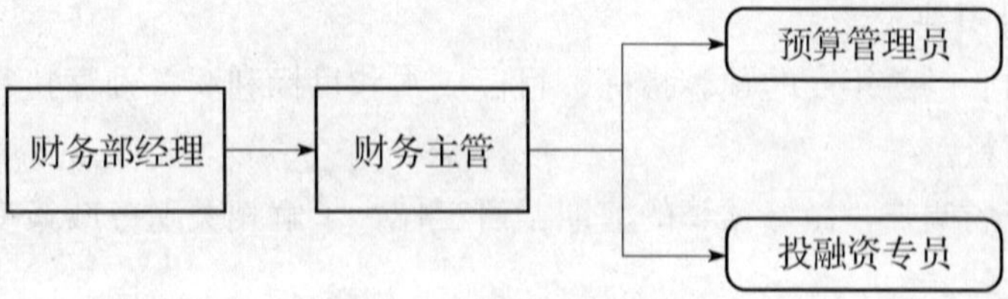

图 1-9 财务处岗位设置

一、财务处岗位描述

（一）财务主管

1. 制度建设与计划拟订

（1）协助财务部经理编制酒店财务预算、投融资规范和制度。

（2）负责拟订预算与投融资计划，报上级领导审批后组织实施。

2. 预算管理

（1）拟定酒店财务预算，并提交财务部经理审核。

（2）定期编制预算执行分析报告，并报上级审核。

（3）协助财务部经理及时对酒店财务预算进行调整。

（4）协助部门经理审查财务预算在各部门的执行情况。

（5）提出关于预算管理的可行性建议。

3. 投融资管理

（1）组织筹措资金，监督资金使用。

（2）负责酒店具体投资工作的开展。

（3）拟定投资预算与可行性方案，从经营管理的角度为领导决策提供参考数据。

（4）参与酒店基本建设投资、客房及餐厅的改造；参与经济合同的签订。

（5）负责与银行、证券等金融机构进行日常联系，保持良好的合作关系。

4. 下属员工管理

（1）参与下属员工的培训工作。

（2）负责下属员工的绩效考核工作。

(3) 负责安排和指导下属员工的日常业务。

5. 其他工作

(1) 负责审核下属员工提交的预算、投融资等方案。

(2) 负责对当期酒店的经营状况进行财务分析，并按要求提供财务分析报告，报上级领导审阅。

(二) 预算管理员

1. 执行预算制度和计划

(1) 根据酒店经营目标和预算制度开展工作。

(2) 协助财务主管编制预算计划，并按照预算计划按时完成预算工作。

2. 收集预算资料

(1) 收集酒店以前年度的预算指标、目标成本和目标利润、预算执行情况、预算变化因素分析等资料。

(2) 开展市场调查，做好预算的前期调研工作，了解相关财务政策变化情况，进行政策分析。

3. 编制预算

(1) 根据酒店经营战略目标、上年预算执行情况，拟定酒店本年度财务预算总体目标，并报上级领导审批。

(2) 汇总酒店各部门编制的预算草案，并进行试算平衡。

(3) 负责编制预算控制方案，经领导审批后与预算同时下达各部门。

4. 控制预算

(1) 负责跟踪各部门预算执行情况，并根据预算的实际执行情况编制预算调整方案，上报财务主管。

(2) 协助财务主管对酒店经营状况和预算执行情况进行分析，并形成预算执行报告。

5. 整理资料

(1) 负责将收集到的财务报表、统计表等资料归档。

(2) 负责整理财务预算及预算调整方案并归档保存。

(三) 投融资专员

1. 执行制度与拟订计划

(1) 协助财务主管制定酒店投融资等相关规章制度。

(2) 协助财务主管拟订酒店的投融资计划，经审批后执行。

2. 筹集资金

(1) 分析市场和项目的融资风险，对酒店短期、长期的资金需求进行预测，制定并实施相应的融资方案。

(2) 负责建立多元融资渠道，与各融资机构建立和保持良好的合作关系。

(3) 负责与融资对象商谈、签订融资合同等具体融资事宜。

(4) 合理进行资金分析和调配，进行内部融资安排，监督并优化内部资金的运用，合理调度资金。

3. 开展投资

（1）对投资项目进行市场调研，编写市场调查报告。

（2）对投资项目进行成本、收益、风险及敏感性分析，编制投资方案，为领导进行投资决策提供依据。

（3）为投资项目准备推荐性文件，拟订项目实施计划和行动方案供相关领导参考。

（4）按照投资项目业务分工实施项目工作。

4. 整理资料

（1）建立金融机构档案，并及时进行更新。

（2）对投融资项目的资料、决议、方案、可行性报告等文件资料进行整理、归档。

二、财务处工作流程

财务处工作流程，如图 1－10 所示。

图 1－10　财务处工作流程

（一）年度预算编制

（1）酒店总经理或预算管理委员会根据酒店的战略目标及以前的预算情况确定下一年度酒店的整体经营目标和财务目标。

（2）财务处收集现金流量、收入、成本、资产、负债等相关资料，各相关人员予以配合。

（3）酒店各部门根据预算编制要求，编制本部门的预算草案。

（4）财务处将酒店各部门交来的分预算结合其编制的预算草案，按酒店规定的预算方法进行初步审核，在整个酒店内进行平衡、协调，得出酒店预算后，提交总经理或预算管理委员会审核。

（5）根据酒店经营战略与年度经营目标，预算管理委员会在对各部门的预算进行分析、调整的基础上汇总得出酒店总预算。

（6）酒店财务总监和总经理对酒店总预算进行审核、审批，审批通过后执行。

（二）融资管理工作

（1）投融资专员进行融资成本与风险分析，如信用风险分析、市场风险分析、金融风险分析等。

（2）投融资专员在风险分析的基础上，选择合适的融资方式、融资对象等，并编制融资方案，报上级领导审批后生效。

（3）根据融资方案，与融资对象进行谈判。

(4) 签订融资合同。

1) 投融资专员与融资对象进行商谈，签订融资合同，确定融资的金额、利率、偿还时间与方式等内容。

2) 融资合同经上级领导审批通过后生效。

(5) 根据酒店资金需求状况和融资情况对筹集到的资金进行合理分配和使用。

(6) 进行融资账务处理，明确每一笔融资资金的到位情况、分配情况和收益情况。

(7) 财务部对整个融资过程进行监督和指导，收集相关信息，编制融资评价报告，提出融资管理建议并报总经理审批。

(三) 投资管理工作

(1) 根据投资目标，通过各种渠道，充分利用掌握的资源发现尽可能多的投资机会。

(2) 投融资专员根据了解到的信息对重点研究项目进行跟踪分析，并编制投资可行性分析报告上交领导审阅。

(3) 财务部经理对投资建议进行全面、客观的评估后呈交财务总监审核、总经理审批。

(4) 酒店成立投资小组，收集各方面信息，设计投资方案，确定投资方式、时间及金额等。

(5) 实施投资方案。

1) 根据投资方案开展投资，与相关单位进行谈判协商，签订相关投资合同。

2) 投资合同经总经理审批后生效。

(6) 收集投资产生的各种原始凭证，编制记账凭证，并做好相关账务处理。

(7) 汇总与投资相关的账目，核算投资收益情况，并对投资效果进行评价，编制投资效果评价报告报上级领导审阅。

三、财务处服务标准

(一) 货币资金管理规范

1. 现金管理

遵守"现金收支两条线"原则，严禁私自坐支和挪用。

(1) 现金使用范围。

1) 支付职工个人的工资、奖金及工资性津贴等。

2) 支付各种劳保、福利费等。

3) 不能转账的业务款项支出。

4) 支付出差人员必须随身携带的差旅费。

5) 支付农副产品以及在市场上采购的物品。

(2) 营业收入的现金按规定由总出纳进行清点并编制总出纳报告。

(3) 现金管理必须遵循"钱账分管、钱票分管"原则，会计管账票，出纳管钱。

(4) 认真做好库存现金保管工作。现金和有价证券必须存放在保险柜内，以确保安全。

（5）现金收支必须做到日清日结、账款相符，严禁用白条或原始凭证抵库。

（6）每项现金收入必须由会计开具票据、出纳收取，并在票上签字及盖上“现金收讫”戳记。

（7）现金收款票据必须设置多联，客户、会计、出纳、经办人各留一联，以便核对。

（8）各部门的收支款项都应通过财务处入账，任何部门和个人都不得自行保留现金，不得私设“小金库”。财务部应经常进行督促检查。

（9）财务处在收支现金时，要严格审核现金收付凭证及所附单据是否合法、数额是否准确、签字手续是否齐备等，对不符合制度规定的，应予以纠正或拒绝办理收付手续。

（10）各部门因工作需要留用一部分备用金时，应向财务处提出申请，经总出纳审核批准后按规定办理。

（11）备用金支用不得超过规定范围和业务内容，不得移作他用或私人挪用。财务处将对各部门的备用金使用情况进行经常性的抽查。

（12）一切现金收支款项均须按业务性质由经办人分别填写交款单或支款单，并要写明收付的内容、用途及有关情况、金额，由有关人员审核盖章后方能办理收支现金手续。

2. 银行存款管理

（1）超过现金收支限额以上的款项，必须通过银行结算。

（2）实行计划控制的费用或物资采购在付款的同时要核实计划，超计划的部分必须按规定办理追补手续后方能付款。

（3）财务部必须严格遵守银行有关规定，不得将银行账户借给其他单位或个人办理结算，保管好空白支票及已用支票存根。

（4）严格审核各类银行结账凭证，及时办理银行收支业务并及时核对银行往来账单。如月末有未达账项，应查明原因，编制银行存款余额调节表。

（5）经办人员因业务需要，要求财务处签发银行转账支票或支付货款时，必须按规定办理手续，待业务结束或物资入库后，应及时办理报销手续。未及时办理销账手续者，按规定予以处罚。

（6）会计人员签发转账支票后，应进行登记并将支票项目填写齐全，不得签发空头支票。当无法明确收款单位名称、金额时，也应把支款用途、签发日期以及预计资金限额填写清楚。

（二）流动资金管理规范

1. 储备资金

控制储备资金定额，核定各项原料、物资的最高、最低储存量，压缩库存，减少资金占用。

2. 应收账款

及时清理应收预付款，加强应收账款的催收，每月编制往来明细表和应收账款账表，采取措施加速资金回笼。

3. 银行存款管理

降低银行存款的沉淀资金，随时掌握资金动态。

4. 资金使用

做好资金调度和资金占用工作，分析并考核资金的使用效果。

（三）融资管理规范

（1）酒店筹集资金应该按国家法律、法规及旅游饮食服务行业的财务制度规定，一次或分期筹集。

（2）酒店资金的筹集可采用从银行或其他单位借款、酒店内部积累资金等方式。

1. 酒店负债融资方式

（1）银行借款。银行借款可分为长期借款和短期借款。长期借款主要用于满足酒店长期资产投资和永久性流动资产需要；短期借款主要用于满足酒店暂时的现金需要。

（2）发行债券。发行债券可以解决一定时期内对资金的需求，但是这种方式缺乏灵活性，具有很大的风险。在选择发行债券进行融资时，一定要认真考虑酒店的实际能力，避免陷入债务危机。

（3）融资租赁。当酒店需要购买大型设备而又缺乏资金时，可以向租赁公司租用该设备，通过融物来达到融资目的。

（4）商业信用。商业信用是指从供应商处以应付货款和应付票据的方式筹集资金。这种融资方式的偿还压力和风险较大，但成本低，有时甚至没有成本。

2. 酒店自有资金融资方式

（1）资本金。资本金的筹集主要是通过发行股票或集资的方式。酒店资本金按其投资主体不同，可以分为国家资本金、法人资本金、个人资本金和外商资本金等。

（2）资本公积金。它是酒店资金来源的一个重要途径，主要包括资本溢价、法定财产重估增值、资本折算差额和接受捐赠等。

（3）留存收益。它是酒店经营所得利润的内部积累，是通过从税后净利润中提取而形成的，主要包括盈余公积金、公益金和未分配利润。

3. 筹集资金的审批权限及规定

（1）酒店根据需要可用原有的固定资产做抵押向银行或其他单位借款，向银行借款时应经过酒店总经理批准。

（2）借款余额不得超过酒店实收资本。对于重大项目或借款余额已超过实收资本一定数额的借款，应单独作出可行性报告并经总经理审批。

（3）对筹集到的资金，应严格按借款合同规定的用途使用，不许挪作他用。

（4）资金使用应严格按审批权限及规定程序，大额开支一般要事先列入财务计划，并应附有经济效益预测资料。

任务实训

【实训项目】讨论酒店财务处的岗位职责。

【实训目标】了解酒店财务处有哪些常见岗位，知道财务处各岗位的工作职责，加深对酒店财务处的了解。

【实训时间】1 学时。

【实训步骤】

1. 将学生分组，每组 4～6 人。

2. 教师引导每个小组根据常识、网上搜索的资料等对酒店财务处的岗位、工作职责进行讨论和归纳总结。

3. 各小组选一名学生代表小组进行发言，其他小组点评，最后由教师总结提升。

【实训标准】

实训形式	以学生的讨论和分享为主。
实训分工	教师作为评委，每个小组推举一名学生代表整个小组发言。
实训重点	1. 学生要积极参与讨论，加深对所学知识的理解。 2. 学生在讨论过程中要充分利用所学知识和日常生活的所见所闻，要善于观察和学以致用。

项目二 酒店财务管理基础

酒店财务管理是指对酒店经营所涉及的财务活动进行规划、监督和控制的过程。预算编制涉及对酒店的收入和支出进行合理的估计和规划，以确保资金的有效利用。资金管理包括资金流动、资金投资和资金筹集，以确保酒店有足够的资金来支持日常的运营和发展。成本控制包括对酒店各项成本的监控和管理，以确保成本在可控范围内。财务报告是财务管理中的关键环节，需要准确记录和报告酒店的财务状况和业绩，以便管理层做出决策。税务管理涉及遵守税法规定，合理进行税务筹划，以最大限度地减少税务负担。风险管理是对酒店可能面临的各种风险进行识别、评估和应对，以保护酒店的财务利益。财务分析是对财务数据进行分析和解释，以帮助管理层做出明智的经营决策。这些方面共同构成了酒店财务管理的内容。

酒店财务管理需要与酒店业务运营、市场营销和人力资源等部门密切合作，以确保整体经营目标的实现。

学习引导

一家连锁酒店集团在全国各地拥有多家分店，涵盖城市中心、旅游景区等多种类型的酒店。然而，集团发现各个分店使用的财务系统不同，数据无法实现统一整合，造成了数据不一致的问题，导致整体财务管理困难。

于是，该酒店集团总部的财务经理联合各分店的财务主管对集团的财务管理现状进行了系统的分析，发现存在以下问题：

(1) 数据不一致。各个分店使用不同的财务系统，数据无法实现实时同步和整合，导致财务数据不一致。

(2) 缺乏整体视角。由于数据不一致，集团管理层无法获得全面的财务信息，难以进行整体财务分析和决策。

(3) 财务管理效率低下。分店之间数据不一致导致财务管理效率低下，增加了集团管理层的工作负担和风险。

为解决上述问题，酒店集团采取了一系列措施：

(1) 财务系统整合。酒店集团决定对各个分店的财务系统进行整合，选择统一的财务管理平台，确保数据实现实时同步和整合。

(2) 数据标准化。制定统一的数据标准和流程，确保各个分店的财务数据录入和报告方式一致，提高数据的准确性和一致性。

（3）培训和支持。为分店财务人员提供培训和支持，确保他们能够熟练操作新的财务系统，保证系统的有效运行和数据的准确性。

实施结果：经过财务系统整合和数据标准化的实施，酒店集团成功解决了财务数据不一致的问题。各个分店的财务数据实现统一整合，集团管理层可以获得全面的财务信息，提高了整体财务管理效率和准确性。

【点评】

这个案例告诉我们酒店财务管理的重要性。首先，确保各个分店的财务数据一致性是财务管理的基础。其次，对于连锁酒店集团而言，选择统一的财务管理平台可以实现财务数据的实时同步和整合，提高财务管理效率和准确性。

制定统一的数据标准和流程，确保各个分店的财务数据录入和报告方式一致，可以降低数据不一致性的风险，提高数据的准确性和一致性。

学习目标

知识目标

1. 了解酒店财务管理的基本概念。
2. 了解酒店财务管理的基本任务。
3. 知道酒店财务管理的目标。

技能目标

1. 知道酒店财务管理的环境及其特点。
2. 知道酒店进行财务管理的必要性。
3. 掌握酒店财务管理的价值观念。
4. 能够明确各种财务关系，会处理基本的财务关系。

素养目标

1. 对酒店财务管理有正确的认识，培养良好的职业习惯。
2. 掌握基础的酒店财务管理知识和技能，掌握酒店财务管理的目标与社会责任，养成立足当下、着眼未来、勤于思考、勇于担责的良好品质。

任务一 酒店财务管理概述

酒店财务管理是企业管理的一部分，是有关资金的获得和有效使用的一项管理活动。随着经济的发展、改革的深化和企业竞争的加剧，酒店财务管理在企业管理中的作用愈发重要。

一、酒店的资金运动

酒店为了向旅游者提供食、住、行、游、购、娱等服务，必须采用各种方式，通过不同的渠道，筹集一定数量的资金，用于必要的投资，如购入固定资产、无形资产，以及日常流动资金的准备等。在企业经营过程中，企业还需要购入原材料，支付职工工资，支付各种费用等。随着酒店的产品或服务销售出去，以货币资金或应收账款的形式取得收入，用收入补偿了酒店的各项支出后，剩余部分即是酒店的利润。将其实现的利润在国家、企业、职工、投资者之间进行合理的分配，从而使国家的财政收入、酒店的长远发展、职工的利益、投资者的合法权益得到保证。这一切构成了酒店资金的运动。

在酒店经营管理中，资金运动渗透到经营活动的每一个角落，任何一项经营活动的开展都离不开资金，企业资金总是处于不断运动中。在企业生产经营过程中，企业资金从货币资金开始，经过采购、储备、生产加工和销售，最后又回到货币资金，资金的这一运动过程，叫作资金的循环。资金周而复始的循环，叫作资金的周转。

二、酒店的财务关系

酒店资金的运动从表面上看是钱和物的流动，实质上体现了酒店在经营过程中与酒店内外部的各有关方面的经济利益关系，我们把这种经济利益关系称为财务关系。以下是酒店的几种主要的财务关系。

（一）酒店与投资者、被投资者之间的财务关系

酒店接受各种投资者投入的资金，进行生产经营活动，获得利润以后，应按各投资者的出资比例进行分配。酒店还可将自身的法人财产对外进行投资，被投资者获取利润后，也应按酒店在被投资者中所占的比例来分配投资收益。酒店与投资者、被投资者之间的关系在性质上属于所有权关系。在处理这种财务关系时，必须明确产权关系，维护各方的合法权益，明确酒店与投资者、被投资者之间各自的权利和义务。

（二）酒店与债权人、债务人之间的财务关系

当酒店资金不足时，可以采用向银行借款、发行债券、利用商业信用等方式筹集资金，酒店为此要向债权人支付用资费用和筹资费用；而债权人可以获取比较稳定的利息收入并规避投资风险。当酒店资金闲置或出于投资等考虑时，酒店还会购买其他单位的债券，以获得比较稳定的投资回报。另外，酒店在购买原材料、销售产品或提供劳务服务时，由于赊购、赊销等原因，也会发生应付、应收账款。酒店与债权人、债务人之间的关系在性质上属于债务、债权的关系。在处理这种关系时，必须按协议、合同的有关条款，认真履行酒店、债权人、债务人之间的义务和责任，并保障各方的权益。

（三）酒店与税务机关之间的财务关系

国家作为社会经济和公共事务的管理者，担负着维护社会正常秩序，保卫国家安全，组织和管理社会活动，协调国民经济平衡发展的重要职责。它必须通过税收等形式参与企业收入的分配。酒店作为营利性的经济组织，应按国家税法的有关规定缴纳各种税款，包括计入费用的税金、流转税、所得税等。在处理这种财务关系时，酒店必须依

法向税务机关按时、足额地缴纳各种税金，认真履行酒店对国家应尽的义务。

（四）酒店内部各单位之间的财务关系

在酒店内部实行经济核算制的条件下，酒店内部各部门之间，在相互提供产品、原材料或劳务时，要进行内部计价结算，以明确各自的责任。另外，酒店内部各部门与财务部门之间也会发生领款、报销、代收、代付的收支结算关系。在处理这种财务关系时，酒店要制定合理的内部核算制度和经济责任制度，同时有效地发挥激励机制和约束机制，严格区分各部门的经济责任，调动各单位的积极性，保证酒店经营目标的实现。

（五）酒店与职工之间的财务关系

酒店按照按劳分配的原则，根据社会劳动保险制度和国家的相关政策，向职工支付工资、津贴、奖金，以及职工共同享受的福利基金等。在处理这种财务关系时，要将职工的经济利益与岗位责任严格地挂钩，建立合理的分配制度，维护职工的合法权益。

三、酒店财务管理的任务

（一）依法合理筹集资金，保证企业经营需要

筹集资金是酒店财务管理工作的起点，也是保证酒店正常经营的基本条件。开办酒店应筹集国家规定的设立企业的最低资本金限额。企业在生产经营过程中，当流动资金不足或更新改造出现资金缺口时，也需要筹集资金。在筹集资金时要慎重考虑筹资的方式、资金成本、资金的时间价值、筹资风险等诸多因素，做到合理有效地筹集资金，使资金既能满足酒店正常生产经营所需，又能降低筹资成本，同时尽量规避筹资给酒店带来的风险。

（二）合理配置、使用资金，提高资金的利用效果

酒店筹集到经营所需资金以后，为了使资金充分发挥其效用，酒店应将资金合理地分配到各个部门形成各项资产。资金应根据酒店经营的特点和每个部门的具体情况合理配置。同时要使资金充分发挥其效用，努力挖掘资产的使用潜力，合理地节约资金，有计划地调度、组织资金在数量和时间上的平衡，加速资金的周转速度，提高资金的利用效果。

（三）正确组织收支，合理分配酒店财务成果

酒店在拥有了维持正常经营所需的资产以后，随着经营的进行，就形成了各种耗费。酒店应合理节约地使用人力、物力和财力，不断降低成本费用。同时根据市场情况采取灵活多样的经营方式，拓展酒店的经营渠道，不断增加酒店的收入。当酒店的收入抵补酒店的支出，并实现财务成果后，应在兼顾国家、酒店、职工、投资者利益的前提下，合法、合理地进行利润分配。要及时、足额地向国家上缴税金，要按照国家的有关规定提取公积金、公益金来确保酒店的长期发展和职工的合法权益。同时，为保护投资者的利益，在保证酒店扩大经营的资金需要后，向投资者分配利润。

（四）健全财务管理制度，实施财务控制与监督

酒店要严格按照国家的财务管理制度规定，结合本酒店的具体情况，制定内部管理制度和办法，并以此作为日常财务管理的依据。在实际财务管理中，通过日常控制和监督，可以及时发现不合理的财务行为并加以纠正，以保证财务收支的正确性，同时通过更加深入细致的财务分析，可以发现酒店实际完成预算的情况，及时地总结经验、纠正不足，促进酒店合理使用资金，努力以最小的消耗，取得最大的经济效益。

任务实训

【实训项目】讨论优秀的酒店财务经理需要具备的技能和素质。

【实训目标】了解酒店财务经理应具备的技能和素质，加深对酒店财务管理的认识和理解。

【实训时间】1学时。

【实训步骤】

1. 在教师的引导下，将学生分组，每组4～6人。

2. 每个小组的学生利用所学知识，就“酒店财务经理需要具备哪些技能和素质”展开讨论，充分发表自己的见解，并派代表发言。

3. 教师点评每个小组代表的发言，所有的代表发言完毕后由教师根据学生的发言总结酒店财务经理需要具备的技能和素质。

【实训标准】

实训形式	以学生自由讨论和教师总结为主。
实训分工	每个小组的学生自行分工，确定一名学生代表小组发言，其余学生可以就讨论的观点进行记录。
实训重点	1. 学生需根据所学知识和日常经验踊跃发表自己的见解和想法。 2. 讨论的过程就是温故知新的过程，每个学生务必认真参与。

任务二 酒店财务管理环境

酒店财务管理环境，又称理财环境，是指对酒店财务管理活动产生影响的宏观和微观因素，其中主要影响因素有酒店经营所处的外部经济环境、金融环境、法律环境和酒店内部环境。

一、经济环境

经济环境是指影响酒店财务管理的各种宏观经济因素，主要包括经济周期、通货膨胀和政府经济政策等。

（一）经济周期

经济周期对酒店理财有重大影响。在经济繁荣时期，市场需求旺盛，酒店会增加投资，扩大规模，此时期通常需要大规模地筹集资金。在经济衰退时期，酒店最重要的目标是维持生存，财务管理工作的重点是节约成本，克服资金周转困难，保障酒店正常经营。

（二）通货膨胀

通货膨胀对酒店财务管理工作也有较大的影响。大规模的通货膨胀会引起酒店资金占用的迅速增加，引起借贷资金利率的上升，增加酒店的筹资成本。为了降低通货膨胀对酒店理财造成的不利影响，财务人员应采取防范措施。为降低货币贬值的风险，酒店可以进行投资，实现资本保值；为减少物价上涨造成的损失，酒店可以与供应商签订长期购销供货合同。

（三）政府经济政策

经济政策是国家进行宏观经济调控的重要手段。国家的产业政策、金融政策、财税政策对酒店的筹资、投资和分配活动都会产生重要影响。例如，金融政策中的货币发行量、信贷规模会影响酒店的资本结构和投资项目的选择；价格政策会影响资本的投向、投资回收期及预期收益。酒店在作出财务决策时，要认真研究政府经济政策，根据当前经济政策合理进行财务管理。

二、金融环境

金融环境是酒店理财中最为主要的环境因素。影响酒店财务管理的主要金融环境因素有金融机构、金融市场和利率。

（一）金融机构

金融机构主要包括银行和非银行金融机构。银行的主要职能是充当信用中介以及企业之间的支付中介。银行通过信用中介职能实现资本盈余和短缺之间的融通。我国的银行主要包括中央银行、国有商业银行、国家政策性银行和其他股份制银行。非银行金融机构主要包括信托投资公司、租赁公司等。

（二）金融市场

金融市场是指资金供应者和资金需求者双方通过信用工具进行交易而融通资金的市场，实现货币借贷和资金融通、办理各种票据和进行有价证券交易活动的市场。金融市场主要有外汇市场、货币市场、资本市场和黄金市场。金融市场作为资金融通的渠道是酒店向社会筹集资金必不可少的条件。

（三）利率

利率，又称利息率，是资金的增值额同投入资金价值的比率，是衡量资金增值程度的量化指标。从资金的借贷关系看，利率是一定时期运用资金的交易价格，在资金分配及财务决策中起着重要作用。资金利率通常由 3 部分组成：纯利率、通货膨胀补偿和风险报酬。纯利率是指没有风险和通货膨胀情况下的资金供求均衡点利率。通货膨胀补偿是指由于持续的通货膨胀会不断降低货币的实际购买力，为补偿其购买力损失而要求提高的利率。风险报酬分为违约风险报酬、流动性风险报酬和期限风险报酬 3 种。违约风险报酬是指借款人无法按时支付利息或偿还本金会给投资人带来风险，债权人为了弥补风险带来的损失而要求提高的利率；流动性风险报酬是指债务人资产的流动性不好会给债权人带来风险，为补偿这种风险带来的损失而提高的利率；期限风险报酬是指对于一项负债，到期日越长，债权人承受的不确定性因素就越多，承担的风险也就越大，为弥补这种风险带来的损失而要求提高的利率。

三、法律环境

酒店财务管理法律环境是指酒店和外部发生经济关系时应该遵守的各种法律、法规。酒店在理财活动中应当遵守的法律、法规包括以下几个方面。

（一）企业组织法规

企业组织法规主要有《中华人民共和国公司法》《中华人民共和国合伙企业法》《中华人民共和国个人独资企业法》《中华人民共和国外商投资法》等。

（二）税法

税金是酒店的一种费用，它增加了酒店的现金流出，对酒店理财有重要影响。我国的税法分为 3 类：所得税法、流转税法和其他税法。所得税法包括《中华人民共和国企业所得税法》和《中华人民共和国个人所得税法》；流转税法主要有《中华人民共和国增值税暂行条例》和《中华人民共和国消费税暂行条例》等；其他税法包括财产税法和行为目的税法等。

（三）财务法规

财务法规是规范酒店财务行为的法律规范，包括《中华人民共和国会计法》《企业会计准则》《企业财务通则》《企业会计制度》等。

四、酒店内部环境

酒店内部环境主要指酒店自身的环境，包括酒店组织形式和酒店管理体制。

（一）酒店组织形式

酒店组织形式是指酒店资金的形成方式，通常有独资、股份制和合伙三种。独资酒店开办方便、管理自由、利润独享、限制不多，承担无限责任，风险较大。股份制酒店开办复杂，程序较多，监控严格，股东承担有限责任，并可通过发行股票或债券筹集大量资金，对酒店发展比较有利，财务管理规范、财务关系复杂。合伙酒店容易组建、开办费用低、信用较好，合伙人承担无限责任，各合伙人之间承担连带责任。

（二）酒店管理体制

酒店管理体制是指酒店管理组织体系及责权划分制度。酒店的经营规模、经营范围、人员素质及管理要求等决定着酒店管理体制。酒店管理体制对酒店财务管理组织和财务运行方式有重要影响，旅游集团总公司管理的酒店、酒店管理公司下属酒店和独立经营的酒店，其财务管理有明显的不同。

任务实训

【实训项目】说一说什么是酒店财务管理环境。

【实训目标】了解酒店财务管理环境的类型和特点，更好地掌握酒店财务管理活动的关键和技巧。

【实训时间】1 学时。

【实训步骤】

1. 将学生分组，每组 4～6 人。
2. 教师引导每个小组的学生根据常识、所学知识等进行资料收集、讨论和归纳总结。
3. 各小组选一名学生代表小组发言，其他小组点评，最后由教师总结提升。

【实训标准】

实训形式	以学生的交流讨论及教师的总结分享为主。
实训分工	教师作为评委；每个小组各推举一名学生代表整个小组发言。
实训重点	1. 学生要积极参与讨论，加深对所学知识的理解。 2. 学生在讨论过程中要充分利用所学知识，充分利用互联网资源，对酒店财务管理的环境进行交流和总结。 3. 在讨论过程中遇到不理解的地方及时询问。

任务三 酒店财务管理目标

酒店财务管理目标是指酒店财务管理工作所要达到的最终目的。明确财务管理目标，是有效组织财务管理工作的前提，同时也是合理评价财务管理工作质量的客观依据。酒店财务管理是酒店管理的一部分，因此酒店财务管理目标取决于酒店的目标。

一、酒店的目标

酒店的目标取决于酒店自身的性质和所处的特定的社会经济体制。在当前市场经济体制中，酒店是在国家宏观指导下，按照市场需求，以提供旅游产品、旅游服务为主，自主经营、自负盈亏的经济组织，其最终目标是盈利。在当前激烈的市场竞争中，酒店的盈利是以生存和发展为前提的。酒店一开始营业就会面临竞争，并在经营过程中始终处于生存或倒闭、发展或衰落的激烈抗争中。而酒店必须生存下去才有获利的可能，只有不断发展才能更好地生存。因此，酒店的目标可以概括为生存、发展和盈利目标。

（一）生存目标

酒店要想生存，就必须寻求生路，也就是要提供满足社会需求的适销对路的产品和服务，不断扩大收入，降低成本费用，实现盈利；否则收不抵支，长期亏损，酒店就会面临破产和倒闭。另外，酒店如果有大量的债务到期不能偿还，也会面临破产的风险。所以，酒店要想盈利就要首先获得生存权，也就是要具备以收抵支和到期偿还债务的能力，努力规避破产的风险，这是酒店盈利的起点。

（二）发展目标

在当前激烈的市场竞争中，酒店如果只是单纯的具备生存能力，而不能发展、壮大，最终也会被市场无情地淘汰。酒店要发展，就要根据市场不断推陈出新，推出更多、更好的产品和服务，扩大酒店的收入，使酒店在竞争中立于不败之地。这就需要筹集到足够的资金，以改善和更新酒店的硬件设施，加强员工培训，提高酒店的服务质量，同时加大宣传力度，搞好酒店的销售，增加酒店的收入，促进酒店的发展。

（三）盈利目标

任何一个酒店都是以盈利为目的的，不盈利，酒店就没有生存、发展的必要和可能。所以酒店要使资金得到合理、有效的利用，并从中获取回报。这就要求酒店加强营运资金的管理，加速货币资金的回笼；加强固定资产的管理，提高固定资产的利用率；加强成本费用的管理，降低酒店的成本费用；加强酒店收益的管理，扩大酒店的收入，使酒店获利从而实现酒店的最终目标。

二、财务管理目标的几种观点

随着我国经济体制改革的不断深化，对企业财务管理体制的完善和发展提出了新的要求。如何科学地设置财务管理最优目标，对于研究财务管理理论，确定资本的最优结构，以及有效地指导财务管理实践均具有一定的现实意义。

财务管理目标，是在特定的理财环境中，通过组织财务活动和处理财务关系所要达到的目的。关于企业的财务管理目标的综合表达，有以下三种主要观点。

（一）利润最大化

利润最大化观点认为利润代表了企业新创造的财富，利润越多说明企业的财富增加得越多，越接近企业的目标。

这种观点的缺陷是：

(1) 没有考虑利润的取得时间。不考虑货币的时间价值，就无法真正地评价企业利润是否真正达到企业目标。

(2) 没有考虑所获利润和投入资本额的关系。在实际财务管理，中若不将利润与投入的资本额联系起来，就很难对企业利润做出正确的判断，因为不同资本额形成的相同的利润对企业的意义是截然不同的。

(3) 没有考虑获取利润和所承担风险的关系。企业所形成的利润能否真正变成新的现金流而重新流入企业，以及进行再循环的过程所带来的风险对于企业来说是极其重要的。例如，同样投入 800 万元，本年获利 100 万元，一个企业获利已全部转化为现金，另一个企业获利全部是应收账款，并可能发生坏账损失，哪一种情况更符合企业的目标？若不考虑风险大小，就难以做出正确判断。

（二）每股盈余最大化

这种观点认为应当把企业的利润和股东投入的资本联系起来考虑，用每股盈余（或权益资本净利率）来概括企业的财务管理目标，以避免利润最大化目标的缺点。

这种观点仍然存在以下缺陷：

（1）仍然没有考虑每股盈余取得的时间。

（2）没有考虑每股盈余的风险。

（三）企业价值最大化

这种观点认为股东创办企业的目的是扩大财富，他们是企业的所有者，企业价值最大化就是股东财富最大化。

企业价值是指企业全部资产的市场价值，它是以一定期间企业所取得的报酬（按净现金流量表示），与取得该报酬相适应的风险报酬率作为贴现率计算的现值来表示的。企业的价值与预期报酬率成正比，与预期风险成反比。由财务管理的基本原理可知，报酬与风险是呈正比例变动的，所获得的报酬越大，所冒的风险也就越大。而风险的增加又会影响到企业的生存状况和获利能力。因此，企业的价值只有在其报酬与风险达到较好的平衡时才能达到最大。以企业价值最大化作为财务管理目标，体现了对经济效益的深层次认识，不仅考虑了风险与报酬的关系，还将影响企业财务管理活动及各利益的关系人协调起来，使企业所有者、债权人、职工和政府都能够在企业价值的增长中使自己的利益得到满足，从而使企业财务管理和经济效益均进入良性循环状态。因此，企业价值最大化应是财务管理的最优目标。

三、财务管理目标与社会责任

企业在实现股东财富或企业价值最大化的同时还要承担相应的社会责任。一般来说，由于市场机制的作用，企业一方面在追求自身的目标利益，另一方面也在增加社会利益。例如，酒店由于满足客人吃、住、娱等而获利，同样由于酒店的贡献，解决了社会上一些人的就业问题，满足了旅游市场需求。由此可以看出，酒店要承担的社会责任与企业价值最大化的财务管理目标有其利益的一致性。但在实际中也存在一定的矛盾，因为酒店承担太多的社会责任会使企业价值或财富减少。例如，酒店赞助公益事业，加强环境污染的防范和治理，改善职工劳动条件等都会增加开支。如果没有一个明确的标准和界限进行硬性约束，酒店一般不会自觉投入太多的资金以承担过多的社会责任，除非这些酒店的经济效益非常好，有着超额的利润。因此，应该由国家制定相应的法律法规来明确约定酒店应承担多少社会责任，以便使各个酒店的负担公平合理。酒店也应在遵守国家法律法规、严守社会公德、承担相应的社会责任的前提下，使酒店的价值实现最大化。

任务实训

【实训项目】就“酒店应不应该主动承担社会责任”展开辩论。

【实训目标】了解酒店财务管理的目标，清楚地认识到酒店发展的目标与社会责任之间的关系。

【实训时间】2 学时。

【实训步骤】

1. 教师按照辩论赛的规则将学生分组，并确定正反双方的辩题。

2. 教师按照辩论赛的规则引导正反方就“酒店应不应该主动承担社会责任”这个辩题进行辩论。

3. 实训结束后，教师可对整体发言情况进行归纳总结。

【实训标准】

实训形式	以辩论赛的形式进行。
实训分工	教师作为主席，对整个辩论赛的规则进行把控；根据实际情况选取 2～4 名学生作为评委；正方、反方各 4 名辩手；剩下的学生作为观众。
实训重点	1. 学生要积极参与辩论，但也要时刻注意遵守辩论规则。 2. 辩论赛是结合了理论与实践、个人表现与团队协作的综合过程，也是知识的吸收转化过程，所以作为观众的同学也要认真提问与发言。

任务四 财务管理价值观念

酒店财务管理的核心是确保财务稳健，通过有效的成本控制和投资回报率优化，管理风险，实现持续发展。结合这些核心内容，我们可以将酒店财务管理的价值观念理解为资金的时间价值和投资的风险能力。

一、资金的时间价值

我们都知道一个道理，现在的 100 元钱和一年后的 100 元钱在经济价值上是不相等的。

为什么这么说呢？

设想一下，如果我们将钱放入保险箱，不论经过多长时间，这些钱不会变多也不会变少。但是如果将其存入银行，经过一段时间之后，我们就可以在原来存款的基础上获得一定的利息。利息的多少与存款时间的长短和存款利率的高低有关，存款时间越长，存款利率越高，利息的数额也就越多。

如果我们将这笔资金用于购买国债、基金，或者进行其他投资，那么随着时间的推移，原来的资金也会增加，而且可以获得比存入银行更多的增值额。

这个现象说明，如果把资金存入银行、购买国债、购买基金等都看作投资，随着时间的推移，资金如果发生增值，我们就可以把增加值看作资金的时间价值。

（一）什么是资金的时间价值

资金在投资和再投资的过程中，随着时间的推移而产生的增值被称作资金的时间价值，又称货币的时间价值。

从这个定义可以看出，静止的、没有投入运转的资金是不会产生时间价值的。资金持有者利用所掌握的资金进行增值投资才会产生资金的时间价值。所以从这个角度来说，资金的时间价值是对资金持有者的资金使用权的一种定价，也就是资金的拥有者因放弃对资金的使用而根据放弃时间的长短所获得的报酬。这是对资金时间价值的一种直观理解，除此之外，还存在其他的表述方式。比如，有的学者认为投资者进行投资（开办企业、购买股票或债券、存入或借出款项等），就必然推迟消费，对投资者推迟消费的耐心应该给予报酬，这种报酬的量应该与推迟消费的时间长度成正比，因此货币的时间价值是对投资者推迟消费的一种报酬；还有的学者从资金的增值现象来观察，把资金的时间价值直接表述为一定量的资金在不同时点上价值量的差额。

不论从什么角度来表述资金的时间价值，需要强调的是：并非所有资金都具有时间价值，必须将资金投入业务经营过程，也就是说作为投资资本运用的资金才能产生增值，不能被当作资本利用的资金是不具备自行增值属性的。

例如，某酒店计划在该市的开发区开一家新店，在考察论证后发现，目前投资可以带来200万元的资金流入，如果一年后再投资，由于该地区的发展更加成熟，可以获得230万元的资金流入。如果不考虑资金的时间价值，那么一年后投资可以比现在立即投资获得更多的资金流入，但是考虑了资金的时间价值后就可以发现，如果将200万元进行再投资，投资报酬率为20%，一年后200万元就变为240［200×(1+20%)］万元，表明现在立即投资比一年后投资更有利。再比如，某酒店打算支付10万元购置一套设备，预期该设备在今后五年内每年带来2万元的资金流入，是否应该投资于这套设备呢？以上两个例子都需要考虑资金的时间价值，并对其进行衡量，才能做出正确决策。

（二）资金的时间价值的衡量

资金的时间价值可以用利息和利率来衡量。

资金的时间价值是资金随时间推移而产生的增值额，因此可以用利息来衡量资金的时间价值。将100元存入银行，假设存款年利率为10%，那么一年后，银行存款的数额将变为110元，增加的10元就是资金的时间价值。而这10元是以100元存款存一年的利息的形式表现出来的。由于利息的多少与时间有关，因此这种以绝对数表示的资金的时间价值缺乏可比性，在经济生活中，更多的是以利率的形式表示资金的时间价值，即以增加值占投入资金的百分比来表示，如前述存款利率为10%。

是不是所有的利率都是时间价值呢？让我们来看下面这个例子：

100元资金可以进行三种投资：(1) 存入银行，存款年利率为5%；(2) 购买企业债券，年利率为8%；(3) 购买股票，预期收益率为10%。一年之后，这100元的投资增值额分别是5元、8元和10元。相等的100元，相同的时间间隔，得到的增值额和增值幅度却不相等。哪一种是资金的时间价值呢？还是三个都是资金的时间价值？或者都不是？

如果不考虑通货膨胀，而且遭遇银行破产的风险非常低，我们可以得出这样的结论：将100元资金存入银行，一年后可以稳拿5元的增值额；而购买企业债券和股票，都不同程度承担了风险，随着风险的增加，投资增值额也在增加。这也就说明了，当存在风险的时候，资金所有者由于承担了风险，因此会获得超过资金时间价值的额外报酬，作为对风险的补偿。其实这一部分超过资金时间价值的部分应该是风险价值。从理论上讲，资金的时间价值相当于在没有风险、没有通货膨胀的条件下的社会平均资金利润率。或者说，资金的时间价值在量上等于市场利率剔除通货膨胀附加率和风险附加率后的纯粹利率。现实经济生活中，通常将不考虑通货膨胀条件下的国债利率或银行存款利率视为资金的时间价值。

（三）在酒店财务管理中树立资金的时间价值观念的意义

1. 使酒店的财务决策建立在客观、可比的基础上

由于资金的时间价值，相等金额的资金在不同的时点上具有不同的经济价值，不能直接进行比较。比如，当酒店进行长期投资项目决策时，由于项目时间跨度很长，资金的流入流出在各个不同时点上发生，因此在决策分析的过程中，必须将不同时点上的现金流入量和现金流出量都折算为同一时点的数值，这样才能使投资项目的经济决策建立在客观和可比的基础上。由此可以看出，资金时间价值正确地揭示了不同时点上资金之间的换算关系，是酒店进行财务决策的重要依据。

2. 突出了资金成本的概念，有利于酒店树立提高资金使用效率的紧迫感

资金具有时间价值，所以使用资金不可能是无偿的，必须付出代价。今天的 1 元钱与明天的 1 元钱的价值是不一样的，在没有通货膨胀和风险的情况下，今天的 1 元钱比明天的 1 元钱更有价值。在酒店的经营管理过程中，需要注重资金的时间价值，在资金筹集、运用和分配等各环节要充分考虑这一因素，做到及时筹集所需资金、有效管理资金运营、充分利用现有资金、合理进行长短期决策。

二、投资的风险能力

（一）风险的含义

在现实的经济生活中，酒店在做任何一项经济决策的时候都不能忽略的一个财务管理基本观念就是风险观念。风险是客观存在的，是现代企业财务管理的一个重要特征，酒店在财务管理的每一个环节都不可避免地要面对风险。

风险是在一定条件和一定时期内可能发生的各种结果的变动程度，也可以说是未来收益与预期收益的偏离程度。人们通常认为风险就是不好的，总是带来损失，这是对风险的片面理解。实际上，这种偏离可能是未来收益高于预期收益，能够获利；也可能是未来收益低于预期收益，带来损失。因此，风险有可能是危险，也有可能是机会，危险与机会并存。在竞争激烈的市场经济中，酒店的各项财务活动由于难以预料或无法控制的因素作用，实际收益与预计收益会发生背离，从而使酒店蒙受经济损失。为此，酒店财务部门不能厌恶、躲避风险，而应充分估计酒店可能发生的风险，运用科学的手段衡量和分析风险，采用科学的决策组合尽量规避风险。

（二）风险的类别

从个别投资主体的角度看，风险可分为市场风险和企业特有风险。

1. 市场风险

市场风险又称为系统风险或不可分散风险，是指那些影响所有企业的因素引起的风险，如国家宏观经济政策的变动、经济波动、通货膨胀、发生战争等产生的风险。这类风险会影响所有的投资对象，不能够通过多角化投资来分散。

2. 企业特有风险

企业特有风险又称为非系统风险或可分散风险，是指那些发生于个别企业的特有事件造成的风险，如产品研发失败、投资失败、无力偿还债务、发生诉讼、工人罢工等造成的风险。这些风险可以通过多角化投资来分散。

从企业本身来看，可以将企业特有风险分为经营风险和财务风险。

(1) 经营风险。

经营风险是指因业务经营活动中的不确定性因素引起的风险，是任何商业活动都可能存在的风险，如竞争激烈、原材料价格上升、市场饱和、设备出现事故等都会给企业经营带来一定的风险。这些风险使得企业的盈利变得不确定。

(2) 财务风险。

财务风险又称筹资风险、融资风险，是指负债筹资带来的风险。企业由于举债筹资，需要按照约定支付利息和偿还本金，从而产生了还债压力，一旦企业不能按期支付利息或无法偿还本金，不仅信誉受损，还有可能面临诉讼或破产的危险。

(三) 风险与报酬的关系

既然风险是客观存在的，任何一个财务环节、任何一项活动都存在风险，为什么还有人愿意冒风险呢？那是为了获取因承担风险而额外得到的报酬，即风险价值，也可以说是风险报酬。

投资的风险价值是指投资者因冒风险进行投资而获得的超过时间价值的那部分额外收益，也称风险报酬。通常风险越高，投资者要求的风险报酬也就越大，这样才能激励投资者甘愿冒风险进行投资；风险越低，风险报酬相应也就越低。假设有需要投资 100 万元的项目 A 和 B，项目 A 没有风险，可获得报酬 20 万元；项目 B 存在着无法规避的风险，成功和失败的可能性分别为 50%，成功后的报酬是 50 万元，而失败的结果是损失 10 万元。投资者应选择哪个项目？这就涉及风险和报酬的计量与权衡。由于 B 项目的投资者承担了 50%的风险，因此他必然要求获得一定的风险补偿，这部分补偿就是获得 30 万元的风险报酬。再比如，某人投资于国债，由于国债可视为无风险或风险很低，因此平均报酬率为 6%；如果投资于股票，因为股票投资风险较高，其平均报酬率或要求的报酬率可能为 12%。两项投资报酬率之间的差距为 6%（12%－6%），这就是由于投资于股票需要承担超过投资于国债的风险而要求获得的额外补偿，即风险报酬。

在财务管理中，风险报酬通常采用相对数，即风险报酬率来加以计量。风险报酬率是投资者因承担风险而获得的超过资金时间价值率的那部分额外报酬率，即风险报酬与原投资额的比率。风险报酬率是投资项目报酬率的一个重要组成部分，如果不考虑通货膨胀因素，投资报酬率就是资金时间价值率与风险报酬率之和。因此，风险报酬率和期望投资报酬率之间的关系可以表示为：

期望投资报酬率＝无风险报酬率＋风险报酬率(风险价值)

式中，无风险报酬率是最低的社会平均报酬率，也就是资金时间价值率，可以用银行存款的利率、国家发行的政府债券的利率来表示；风险报酬率是风险的函数。

假设风险报酬率与风险的大小成正比，风险报酬率可以表示为：

风险报酬率＝风险报酬斜率×风险程度

风险报酬斜率的大小取决于全体投资者对待风险的态度。若大家愿意冒风险，风险报酬斜率就小，风险报酬率就低；若大家都不愿意冒风险，厌恶风险，风险报酬斜率就大，风险报酬率就高。

（四）风险报酬的衡量

由于风险客观存在，酒店在进行财务管理活动的时候，就需要认识风险，掌握风险与报酬之间的关系，要对风险价值有所了解。以此来把握风险，有效地采取降低风险的措施。

未来收益的不确定性程度越高，或者说未来收益与预期收益的偏离程度越高，说明风险越大。因此，可以使用概率和统计的方法，根据未来收益的各种可能结果及其概率分布大小，估计预期收益，以此确定投资项目风险报酬的大小，或者说风险价值的高低。

任务实训

【实训项目】说一说酒店应该如何正确处理财务关系。

【实训目标】了解酒店财务管理的功能和价值。

【实训时间】1 学时。

【实训步骤】

1. 在教师的引导下，将学生分组，每组 4～6 人。

2. 每个小组的学生利用所学知识，就“酒店应该如何正确处理财务关系”展开讨论，充分发表自己的见解，并派代表发言。

3. 教师点评每个小组代表的发言，所有的小组代表发言完毕后，由教师根据学生的发言总结酒店处理财务关系的常见措施。

【实训标准】

实训形式	以学生自由讨论和教师总结为主。
实训分工	每个小组的学生自行分工，确定一名学生代表小组发言，其余学生可以就讨论的观点进行记录。
实训重点	1. 学生需根据所学知识和查阅的资料踊跃发表自己的见解与想法。 2. 讨论的过程就是温故知新的过程，每个学生务必认真参与。

项目三 酒店资金筹集管理

酒店资金筹集管理是指酒店管理团队为支持酒店运营和发展，制订和执行筹资计划的过程。具体包括评估资金需求，选择合适的筹资方式，与金融机构和投资者进行谈判，管理融资所涉及的风险和成本，以及监督资金的利用情况等。

资金需求评估即酒店管理团队需要评估酒店的资金需求，包括日常运营资金、扩张和改善项目的资金需求等。

筹资方式选择即酒店根据资金需求的不同，选择不同的筹资方式，包括银行贷款、发行债券、股权融资、租赁和担保融资等。

融资谈判指的是酒店管理团队与金融机构和投资者进行谈判，以获得最有利的融资条件，包括利率、期限和还款方式等。

风险和成本管理指在筹资过程中，酒店管理与融资相关的风险，包括利率风险、汇率风险等，在这个过程中酒店也需要考虑融资的成本，以确保融资的可持续性和盈利性。

资金利用监督指酒店对资金的使用进行监督和管理，确保资金用于支持酒店的经营和发展，并最大化资金的效益。

学习引导

"比特城邦"是一家以众筹方式发起、运营特色客栈和酒店式公寓的公司，曾获得《创业英雄汇》500万元融资，7次发起众筹项目。

有人士透露，比特城邦峨眉店已于2023年7月13日停业。据了解，峨眉店是一家青年旅舍，于2015年5月31日正式营业。

停业之后，峨眉店欠下的近26万元的费用究竟由谁来承担?

投资人之一王勇（化名）认为，"现在的众筹投资协议还是有效的，这个店也还是众筹店。所以这笔钱应该由发起团队来承担，因为租赁协议的签署方是他们。"

投资人似乎对这个项目有了"根深蒂固"的看法。据王勇介绍，峨眉店的入住率长期徘徊在个位数，经营管理也存在诸多问题——他认为这是致使其长期亏损的重要原因。

据另一位爆料人赵军（化名）讲，峨眉店众筹项目的小股东有90余人，众筹的资金总额为370多万元。不过，在峨眉店开业前这笔资金就已经支出了342万元，其中仅装修一项的花费就有192万元。

"所有的装修投资都没提供合同，也没有正常的开支流水账目。投资人们多次要求公开财务状况，但负责人总是找各种理由来搪塞。"

“众筹成功后，管理团队便从营业额中提成7%，还收取了众筹佣金的4%。与此同时，还以技术、品牌、资金入股的方式占股30%。”事后想想，赵军认为发起团队是在“空手套白狼”。

事实上，众筹项目中出现种种纠纷并不足为奇——但王勇认为，发起人对峨眉店“从开始不承认亏损，到现在的关门停业，一直都没有进行过积极的沟通，更没告诉投资者未来的退路在哪儿。”

【点评】

我们发现，大多数酒店发展受限的关键问题都是管理出现了漏洞。要做好众筹和酒店运营，管理团队应该保持透明度，及时沟通，并遵守合同和承诺。投资人应该对项目的经营状况进行审慎评估，确保自己的权益得到保障。

学习目标

知识目标

1. 了解酒店资金筹集的概念。
2. 了解酒店资金筹集的原则和分类。
3. 知道酒店财务风险的影响因素。

技能目标

1. 掌握酒店资金筹集的方式和渠道。
2. 知道各筹资渠道的特点。
3. 掌握酒店的财务结构和资本结构。
4. 知道如何优化酒店资本结构。

素养目标

1. 了解常见的资金筹集渠道和方式，培养财务思维。
2. 了解酒店进行资金筹集的风险，养成小心谨慎、防患于未然的好习惯。

任务一 酒店资金筹集概述

酒店在新建、运营、投资以及利润分配过程中都需要有一定量的资金，筹集资金是酒店各项财务工作的基础。酒店在筹集资金过程中需要合理预测资金需要量、选择适当的筹资方式、计算资金成本、分析筹资风险，据此作出合理的资金筹集决策。

酒店筹资是酒店根据经营需要，通过金融市场，采用合理的融资方式，获得酒店经营所需资金的一种财务活动。筹集适当的资金是酒店生存和发展的基础。对于新建酒店来说，需要筹集一定量的资金用于购建客房、餐厅等建筑物，需要购买机器设备以及原材料、商品等物资，需要垫付员工薪金，并支付酒店创建期的各种创办费用。对于现存酒店维持正常经营来说，需要筹集一定量的资金用于不断购置固定资产，从而维持或扩大酒店经营能力，储备足够的原材料、商品并支付员工薪金，为客户提供服务，及时清偿债务，维持酒店的信誉等。

一、酒店筹资的动机

资金是酒店发展的根本。如果没有资金的支持，酒店就无法生存与发展。酒店筹集资金的动机很多，如维持酒店日常经营需要、增添新的设备、更新改造、调整资本结构、对外投资等。酒店筹资动机有时候是单一的，有时候是几种动机的结合，归纳起来一般分为三种。

（一）扩展性动机

扩展性动机是指酒店为了扩大经营规模或追加对外投资而产生的筹集资金的动机。酒店要扩大规模，需要购置更多的设备，开发新的服务和产品，建设更强大的管理团队。为了满足扩张的需要，酒店必须筹集资金。一般而言，有良好发展前景又正处于成长期的酒店都会产生这种筹资动机，其主要需要的是长期资金。扩展性动机会使酒店资产和负债的规模都有所增加，给酒店带来增长收益机会的同时，也会给酒店带来风险。

（二）偿债性动机

偿债性动机是指酒店为了偿还债务或调整资本结构而筹集资金的动机。偿债性动机可分为两种情况：一是调整性偿债筹资，即酒店虽有能力支付到期的旧债，但为了调整原有的资本结构，通过增加负债比重，从而使资本结构更加合理化；二是恶化性偿债筹资，酒店无力偿还到期债务，被迫重新举债偿还。偿债性动机的直接后果并没有扩大酒店资产的总体规模，只是改变了酒店原有的资本结构。

（三）混合性动机

混合性动机是指酒店因同时需要长期资金和现金而形成的筹资动机。酒店在生产经营过程中，可能因扩大经营规模需要资金，同时又因为现金短缺而无法偿还到期债务，从而需要筹集资金。通过混合性筹资，酒店同时满足了扩大经营规模和及时偿还债务的需求。

二、酒店筹资的原则

酒店筹资需要根据酒店经营管理需要，遵循下列基本原则。

（一）适度原则

酒店筹资需要根据酒店经营需要合理预测、确定资金需要量。资金不足，将会影响酒店正常经营；资金过剩，闲置不用，又会影响资金的使用效率。所以，适度筹资既能满足酒店经营需要，又能提高资金使用效率。

（二）及时原则

酒店是季节性经营的企业。在旅游旺季，酒店对资金的需要量较大，而在旅游淡季，酒店对资金的需要量可能相对较小。为此，酒店在筹资过程中，需要对资金供求现状进行深入细致的调查，合理预测酒店的资金需要量，及时筹措所需资金，以满足酒店经营所需。

（三）效益原则

酒店筹资必须讲求效益，以尽可能小的成本，取得尽可能大的收益。酒店一方面要尽量选择资金成本低的筹资渠道和筹资方式，降低资金综合成本；另一方面要合理确定资金投资方向，用有限的资金获取最大的投资收益。

（四）结构合理原则

酒店筹资必须考虑各种筹资渠道和筹资方式的合理比例结构，注意举债规模与资本结构和偿债能力相适应，避免不应有的财务风险。为此，酒店需要从全局出发、从长远出发，合理安排资本结构，既充分利用现有资金，又尽可能在合理的范围内利用社会资金，扩大酒店经营规模。

（五）合法原则

酒店筹资要遵循国家法律法规，尤其是向社会筹资时，要严格遵守国家的相关规定，严格申报程序和操作规程，严禁违法筹资，保障国家金融秩序的稳定。

（六）计划原则

酒店筹资必须实行计划管理。首先要制订周密详细的计划，预测所筹资金的未来经济效益，确定所筹资金数额、使用方向、使用时间、使用预计收益、还本付息时间等，以保证所需资金的顺利获得。

三、酒店筹资的分类

（一）按筹资的使用时间分类，可以分为短期筹资和长期筹资

短期筹资是酒店为了满足经营过程中临时资金需要而筹集的资金，筹资期限较短，一般在一年以内。长期筹资是酒店为了长期发展所需筹集的、使用期限较长（一般在一年以上）的资金。将酒店资金筹集划分为短期筹资和长期筹资，有利于酒店从经营周转和长期发展需要出发，决定所筹资金的使用和偿还，并制定相应的财务政策。

（二）按筹资对象的范围分类，可以分为内部筹资和外部筹资

内部筹资又称权益筹资，是酒店向有关投资者筹集的资金。外部筹资，又称债务筹资，是酒店向外部有关金融和非金融机构、个人等筹集的资金。划分权益筹资和债务筹资，目的在于合理安排资金使用，债务筹资需要酒店到期偿还，权益筹资酒店不需要偿还。

（三）按筹资的形态分类，可以分为实物筹资、货币筹资和无形资产筹资

实物筹资是酒店筹集的、以实物形式投入酒店的资产，主要有固定资产和存货。货币筹资是酒店筹集的、以货币形式投入酒店的资产，包括本币和外币。无形资产筹资是酒店筹集的、以无形资产形式投入酒店的资产。划分实物筹资、货币筹资和无形资产筹资，有利于酒店在筹资决策上选择最适合的资金形态。

任务实训

【实训项目】说一说酒店筹资时需要考虑的因素。

【实训目标】掌握酒店筹资的概念，对酒店的资产结构以及酒店的运营和管理有初步的认识。

【实训时间】1学时。

【实训步骤】

1. 将学生分组，每组4～6人。

2. 教师引导每个小组的学生根据常识、所学知识等进行资料收集、讨论和归纳总结。

3. 各小组选一名学生代表小组发言，其他小组点评，最后由教师总结提升。

【实训标准】

实训形式	以学生的交流讨论及教师的总结分享为主。
实训分工	教师作为评委；每个小组各推举一名学生代表整个小组发言。
实训重点	1. 学生要积极参与讨论，加深对所学知识的理解。 2. 学生在讨论过程中要充分利用所学知识和互联网资源，对酒店筹资时需要考虑的各种因素进行仔细分析和讨论。 3. 在讨论过程中遇到不理解的地方及时询问。

任务二 酒店筹资的方式和渠道

酒店筹资的方式有很多种，采用什么样的筹资方式，取决于酒店筹资的目的。酒店在正常经营过程中，由于原材料供应、偿还债务、缴纳税款等原因，会出现临时性资金不足。尤其是酒店经营的季节性很强，在旅游旺季，原材料消耗急剧增加，期间费用耗费量大，都会增加酒店临时资金需要量。为此，酒店可以采用商业信用筹资、银行信用筹资等短期资金筹集方式。为扩大经营规模或对酒店大型设备进行更新改造，酒店可能需要大量、长期使用资金，为此，酒店可以采用留存收益、吸收直接投资、发行股票或债券、融资租赁等方式筹集长期资金。

一、留存收益

留存收益是酒店的自有资金，它是酒店在经营过程中通过积累形成的。酒店经营中通过给客人提供服务而取得收入，扣除为获得收入而发生的各项支出后的余额，一部分以股利分配形式支付给股东，其余部分构成酒店的留存收益，供酒店扩大再生产和经营周转使用。在酒店留存收益中，一部分是依照可供分配的利润的一定比例提取的盈余公积金，另一部分是酒店利润分配后剩余的未分配利润。酒店留存收益的形成与酒店股利分配政策有关。

二、吸收直接投资

吸收直接投资是我国大多数酒店筹集资金的主要方式。酒店采用吸收直接投资的方式筹集资金，按照不同的分类标准可以有不同的分类。

（一）按投资主体分类

1. 国家投资

国家投资是指有权代表国家投资的政府部门或机构以国有资产投入酒店，这是我国国有酒店和部分合资酒店筹集资金的主要方式。在我国，酒店业是国家实行对外开放较早的行业，随着经济体制改革进一步深化、国有资本逐步退出竞争性行业措施的实行，酒店吸收国有资本投资的比重会逐步减少。

2. 法人投资

法人投资是指法人单位以其依法可以支配的资产直接投入酒店。

3. 个人投资

个人投资是指社会个人或本酒店内部职工以个人合法财产直接投入酒店。

（二）按出资方式分类

1. 现金投资

现金投资是指以货币资金的方式对酒店进行的投资。现金投资是吸收直接投资筹资方式中最重要、最常用的方式。只有筹集一定量的现金，酒店才可能用于购买或租赁财产物资，雇用人力资源，开展住宿、餐饮及其他服务项目，创造酒店价值。

2. 实物投资

实物投资是指以房屋及建筑物、设备等固定资产或以酒店经营过程中所需的原材料、商品等流动资产对酒店进行的投资。

3. 无形资产投资

无形资产投资是指以专利权、商标权、土地使用权、商誉等无形资产对酒店进行的投资。

三、发行股票

股票是股份有限公司为筹集资金而发行的有价证券，是公司股东持有公司股份的入股凭证。发行股票是酒店筹集大量资金非常有效的形式，是酒店得以迅速扩张的“催化剂”。发行股票可以通过公开募集、配股、职工持股等方式进行。

（一）股票的种类

股份有限公司为筹集资金发行的股票，按不同的分类标准可以划分为不同的种类。

1. 按股东的权利不同分为普通股和优先股

普通股是股份有限公司发行的无特别权利的股票。酒店的普通股股东享有表决权、选举权、优先认股权、股份转让权、盈余分配请求权，对酒店账目和股东大会决议的审查权，对酒店事务的质询权，剩余财产分配权等。

优先股是股份有限公司在筹集资金时给予投资者某些优惠特权的股票。优先股含有债券的某些特征，如定期支付固定股利、剩余财产优先清偿、在规定条件下可以赎回、股东无权参与公司决策等。优先股又可以分为累积优先股、非累积优先股、参与优先股、非参与优先股、可转换优先股、累积可转换优先股、可收回优先股等。

2. 按股票有无记名分为记名股票和不记名股票

记名股票是在股票票面上记载股东姓名或名称的股票。这类股票除了股票上记载的股东外，其他人不得行使其股权，且股份的转让有严格的法律程序与手续，需办理过户。我国《公司法》规定，向发起人，国家授权投资的机构、法人发行的股票，应为记名股票。

不记名股票是票面上不记载股东姓名或名称的股票。这类股票的持有人即股份的所有者，具有股东资格，股票的转让比较自由、方便，无须办理过户手续。

3. 按投资主体不同分为国家股、法人股和个人股

国家股是有权代表国家投资的部门或机构以国有资产向酒店投资而形成的股份。

法人股是企业法人依法以其可支配的财产向酒店投资而形成的股份，或具有法人资格的事业单位和社会团体以国家允许用于经营的资产向酒店投资而形成的股份。

个人股是社会个人或酒店内部职工以个人合法财产投入酒店而形成的股份。

4. 按发行对象和上市地区不同分为 A 股、B 股、H 股、N 股

A 股是供我国内地个人或法人买卖的，以人民币标明票面金额并以人民币认购和交易的股票。B 股、H 股、N 股是专供外国和我国港澳台地区投资者买卖的，以人民币标明票面金额但以外币认购和交易的股票。其中 B 股在上海、深圳上市，H 股在中国香港上市，N 股在纽约上市。

（二）股票的发行

我国《公司法》规定，公司发行股票必须接受国务院证券监督管理机构的管理和监督。股票发行实行公开、公平、公正的原则，必须同股同权、同股同利。

1. 股票发行的规定与条件

我国《公司法》规定，股份有限公司发行股票，应符合以下规定与条件：

（1）每股金额相等。同次发行的股票，每股的发行条件和价格应当相等。

（2）股票发行价格可以按照票面金额，也可以超过票面金额，但不得低于票面金额。

（3）股票应该载明公司名称、公司登记日期、股票种类、票面金额及代表的股份数、股票编号等主要事项。

（4）向发起人，国家授权投资机构、法人发行的股票，应当为记名股票；对社会公众发行的股票，既可以为记名股票，也可以为不记名股票。

（5）公司发行记名股票，应当置备股东名册，记载股东的姓名或名称、住所、各股东所持股份、各股东所持股票编号、各股东取得其股份的日期；发行无记名股票，公司应当记载其股票数量、编号及发行日期。

（6）公司发行新股，必须具备下列条件：前一次发行的股份已募足，并间隔一年以上；公司在最近三年内连续盈利，并可向股东支付股利；在三年内公司财务会计文件无虚假记载；公司预期利润率可达同期银行存款利率。

（7）公司发行新股，应由股东大会作出有关下列事项的决议：新股种类及数额；新股发行价格；新股发行的起止日期；向原有股东发行新股的种类及数额。

2. 股票发行的程序

我国股票发行由审批制改为核准制。股票发行核准程序如下：

（1）受理申请文件。发行人按照中国证监会颁布的《公开发行证券的公司信息披露内容与格式准则第 9 号——首次公开发行股票并上市申请文件》的规定制作申请文件，经省级人民政府或国务院有关部门同意后，由主承销商推荐并向中国证监会申报。中国证监会收到申请文件后在 5 个工作日内做出是否受理的决定。未按规定要求制作申请文件的，不予受理。同意受理的，根据国家有关规定收取审核费人民币 3 万元。为不断提高股票发行工作水平，主承销商在报送申请文件前，应对发行人辅导 1 年，并出具承诺函。在辅导期间，主承销商应对发行人的董事、监事和高级管理人员进行《公司法》《证券法》等法律法规考试。如发行人属 1997 年股票发行计划指标内的企业，在提交发行审核委员会审核前，中国证监会对发行人的董事、监事和高级管理人员进行《公司法》《证券法》等法律法规考试。应考人员必须 80%以上考试合格。如发行人申请作为高新技术企业公开发行股票，由主承销商向中国证监会报送推荐材料。中国证监会收到推荐材料后，在 5 个工作日内委托科学技术部和中国科学院对企业进行论证，科学技术部和中国科学院收到材料后在 40 个工作日内将论证结果函告中国证监会。经确认的高新技术企业，中国证监会将通知该企业及其主承销商按照申请文件标准格式制作申请文件，并予以优先审核。

（2）初审。中国证监会受理申请文件后，对发行人申请文件的合规性进行初审，并在 30 日内将初审意见函告发行人及其主承销商。主承销商自收到初审意见之日起 10 日内将补充完善的申请文件报至中国证监会。

（3）发行审核委员会审核。中国证监会对按初审意见补充完善的申请文件进一步审核，并在受理申请文件后 60 日内，将初审报告和申请文件提交发行审核委员会审核。发行审核委员会按照国务院批准的工作程序开展审核工作。委员会进行充分讨论后，以投票方式对股票发行申请进行表决，提出审核意见。

（4）核准发行。依据发行审核委员会的审核意见，中国证监会对发行人的发行申请作出核准或不予核准的决定。予以核准的，出具核准公开发行的文件。不予核准的，出具书面意见，说明不予核准的理由。中国证监会自受理申请文件到作出决定的期限为 3 个月。

（5）复议。发行申请未被核准的企业，接到中国证监会书面决定之日起 60 日内，可提出复议申请。中国证监会收到复议申请后 60 日内，对复议申请作出决定。股份有限公司在设立时发行股票与增资发行新股，程序上有所不同。

3. 股票发行方式

股票发行方式是指公司通过何种途径发行股票。股票发行方式一般有两类：

（1）公开间接发行。公开间接发行是指通过中介机构，公开向社会公众发行股票。我国股份有限公司采用募集设立方式向社会公开发行新股时，由证券经营机构承销的做法就是属于股票的间接发行。这种发行方式的优点在于发行范围广，发行对象多，易于足额募集资本；股票的变现性强，流通性好；股票的公开发行有助于提高发行公司的知名度、扩大公司的影响力。但这种发行方式的发行手续繁杂、发行成本高。

（2）不公开直接发行。不公开直接发行是指不公开对外发行股票，不需经中介机构承销，只向少数特定的对象直接发行。我国股份有限公司采用发起设立方式和以不向社会公开募集的方式发行新股的做法，就属于股票的不公开直接发行。这种发行方式的优点在于弹性大、发行成本低。但这种发行方式的发行范围小、股票变现性差。

4. 股票销售方式

股票销售方式是指股份有限公司向社会公开发行股票时所采取的股票销售方法。股票销售方式一般有两类：

（1）自销方式。自销方式是指发行公司自己直接将股票销售给认购者。这种销售方式可由发行公司直接控制发行过程，实现发行意图，并可以节省发行费用；但往往筹资时间长，发行公司要承担全部发行风险，并需要发行公司有较高的知名度、信誉和实力。

（2）承销方式。承销方式是指发行公司将股票销售业务委托给证券经营机构代理，这种销售方式是发行股票所常用的方式。股份有限公司向社会公开发行股票，必须与依法设立的证券经营机构签订承销协议，由证券经营机构承销。股票承销又分为包销和代销两种。包销是指根据承销协议商定的价格，证券经营机构一次性全部购进发行公司公开募集的全部股份，然后以较高的价格出售给社会上的认购者。对发行公司来说，包销可以及时筹足资金，不承担未募足股款的风险，但会使发行公司损失部分股票溢价。代销是指证券经营机构替发行公司代售股票，并收取一定的佣金，但不承担未募足股款的风险。

（三）股票上市

股票上市是指股份有限公司公开发行的股票经批准在证券交易所进行挂牌交易。股东转让其股份，即股票进入流通，必须在依法设立的证券交易场所或者按照国务院规定的其他方式进行。

1. 股票上市的目的

股份有限公司申请股票上市，其目的一般有以下几点：

（1）资本大众化，分散风险。股票上市后，会有更多的投资者认购公司股份，公司则可将部分股份转售给这些投资者，再将得到的资金用于其他方面，以分散公司的风险。

（2）提高股票的变现力。股票上市后便于投资者购买，自然提高了股票的流动性和变现力。

（3）便于筹集新的资本金。股票上市必须经过有关机构的审查批准并接受相应的管理，执行各种信息披露和股票上市的规定，这大大增强了社会公众对公司的信赖，使之乐于购买公司的股票。同时，由于一般人认为上市公司实力雄厚，因此也便于公司采用其他方式（如负债）筹措资金。

（4）提高公司知名度，吸引更多顾客。股票上市后公司为社会所知，并被认为经营优良，会带来良好声誉，吸引更多的顾客，从而扩大销售量。

（5）便于确定公司价值。股票上市后，公司股价有市价可循，便于确定公司的价值，有利于促进公司财富的最大化。但股票上市对公司也有不利的方面：上市公司将负担较高的信息披露成本；各种信息公开的要求可能会暴露公司的商业秘密；股价有时会歪曲公司的实际状况，丑化公司声誉；可能会分散公司的控制权，造成管理上的困难。

2. 股票上市的条件

根据相关规定，股份有限公司申请股票上市，必须符合下列条件：

（1）股票经国务院证券管理部门批准可向社会公开发行。

（2）公司股本总额不少于人民币 5 000 万元。

（3）开业时间在三年以上，最近 3 年连续盈利；属国有企业依法改建而设立股份有限公司的，或者在《公司法》实施后新组建成立，其主要发起人为国有大中型企业的股份有限公司，可连续计算。

（4）持有股票面值人民币 1 000 元以上的股东不少于 1 000 人，向社会公开发行的股份不少于公司股份总数的 25%；如果公司股本总额超过人民币 4 亿元，其向社会公开发行股份的比例不少于 15%。

（5）公司在最近 3 年内无重大违法行为，财务会计报告无虚假记载。

（6）国家法律、法规、规章及交易所规定的其他条件。

具备以上条件的股份有限公司经申请，由国务院或国务院授权的证券管理部门批准其股票方可上市。股票上市公司必须公告其上市报告，并将其申请文件存放在指定的地点供公众查阅。股票上市公司还必须定期公布其财务状况和经营情况，每一会计年度内半年公布一次财务会计报告。

3. 股票上市的暂停

对于已上市公司，国务院证券管理部门有权决定暂停或终止其股票上市资格。当上市公司出现下列情况之一时，其股票上市即面临被暂停的危险：

（1）公司的股本总额、股权分布等发生变化，不再具备上市条件。

（2）公司不按规定公布其财务状况，或者对财务会计报告做虚假记载。

（3）公司有重大违法行为。

（4）公司最近 3 年连续亏损。

4. 股票上市的终止

当上市公司出现下列情况之一时，其股票上市可被终止：

（1）上述暂停情况的（2）、（3）项出现时，经查实后果严重。

（2）上述暂停情况的（1）、（4）项出现时，经查实后果严重，不具备上市条件，在证券管理部门限定的时间内未能消除暂停上市原因。

（3）公司决议解散、被行政主管部门依法责令关闭或者宣告破产。

（四）股票筹资方式评价

利用股票筹资方式筹集资金，对上市公司来说有一定的优点，但也有一些不利的影响。

1. 股票筹资的优点

（1）通过发行股票筹资，可以获得长期使用的资金。通过发行普通股筹集的资金具有永久性，在公司的存续期内不许归还。通过发行优先股筹集的资金，在发行条件中规定不还本的，公司可以永久使用该笔资金；在发行条件中规定了还本期的，还本期通常都较长，在还本期之前，公司可在较长时间内使用发行优先股筹集的资金，以保障公司长期稳定发展。

（2）增强了公司的偿债能力，分散了公司的经营风险。公司通过发行股票筹集资金是公司的基本资金来源，反映了公司的实力，可为公司按期偿还债务提供保障；公司一旦出现经营风险，风险的承担者实际上是股东，尤其是普通股股东。

2. 股票筹资的缺点

（1）资金成本高。股票发行过程中的手续繁杂，费用较高；股东需分担公司的经营风险，要求的投资报酬率也相对较高。另外，股利是从公司税后利润中发放的，不具有抵税的作用。

（2）以普通股筹资，可能会分散公司的控制权。普通股股东按其所持公司股份享有所有权、经营决策权，占有公司控股地位的股东可以决定公司的经营发展方向。

四、发行债券

债券是以公司为发行主体，向社会募集资金而发行的一种标明票面金额、利率、偿还期限等事项，明确发行主体与投资者之间债权债务关系的凭证。

（一）债券发行的资格与条件

1. 债券发行的资格

股份有限公司、国有独资公司和两个以上的国有企业或者其他两个以上的国有投资主体投资设立的有限责任公司，有资格发行公司债券。

2. 债券发行的条件

有资格发行公司债券的公司，必须具备以下条件：

（1）股份有限公司的净资产不低于人民币 3 000 万元，有限责任公司的净资产不低于人民币 6 000 万元。

（2）累计债券总额不超过公司净资产额的 40%。

（3）最近 3 年平均可分配利润足以支付公司债券 1 年的利息。

（4）所筹集资金的投向符合国家产业政策。

（5）债券的利率不得超过国务院限定的利率水平。

（6）国务院规定的其他条件。

另外，公司发行债券所筹集的资金，必须符合审批机关审批的用途，不得用于弥补亏损和非生产性支出，否则会损害债权人的利益。

3. 继续发行的限制条件

公司凡有下列情形之一的，不得再次发行公司债券：

（1）前一次公开发行的公司债券尚未募足。

（2）对已发行的公司债券或者其债务有违约或延迟支付本息的事实，且仍处于持续状态的。

（3）违反《证券法》规定，改变公开发行公司债券所募资金的用途。

（二）债券发行的程序

（1）公司最高机构对发行公司债券作出决议。

（2）欲发行债券的公司向国务院证券管理机构提出申请，提交公司登记证明、公司章程、债券募集办法、资产评估报告、验资报告等文件。国务院证券管理机构对公司申请进行审批。

（3）公司发行债券的申请被批准后，发行公司须制定债券募集办法，并采用合理的方法向社会公告。

（4）在公告所定的期限内募集借款。

（三）债券的发行价格

债券的发行价格是指债券发行时使用的价格，也是债券投资者购买债券时所支付的价格。公司债券的发行价格有平价、溢价、折价三种。债券发行价格受多种因素的影响，主要是债券的票面利率与市场利率的一致程度。当债券的票面利率高于市场利率时，债券的发行价格应大于债券的票面金额，为溢价发行债券；当债券的票面利率等于市场利率时，债券的发行价格等于债券的票面金额，为平价发行债券；当债券的票面利率低于市场利率时，债券的发行价格小于债券的票面金额，为折价发行债券。

（四）债券的信用等级

公司公开发行债券通常需要由信用评级机构评定等级。国际上流行的债券等级是三等九级。

AAA级，又称最高级，表示债券发行公司资信极高，偿债能力和获利能力很强，基本不存在投资风险，安全性极好。

AA级，又称高级，表示债券发行公司有较强的偿债能力、获利能力和较高的资信，投资风险很低，安全性较好。

A级，又称中上级，表示债券发行公司的偿债能力与资信基本与AA级相同，但存在将来对偿债能力产生怀疑的因素，投资风险略大于AA级，安全性尚可。

BBB级，又称中级，表示债券发行公司有足够的偿债能力和较好的资信，但存在一定程度的投资风险，安全性中等。

BB级，又称中下级，表示债券发行公司有偿债能力，但同时存在许多不稳定因素，对投资者的本息保护有限，不能保障将来能完全取得足额的收益，投资风险较大，安全性中下。

B级，又称投机级，表示债券发行公司有一定的偿债能力，但收益能力低，无法判断所发行债券的安全性，投资风险大于BB级。

CCC级，又称完全投机级，表示债券发行公司债务过多，可能危及投资者本金安全，有不履行偿债义务的可能，偿债能力欠佳，投资风险很大。

CC级，又称最大投机级，表示债券发行公司偿债能力明显不足，到期支付本息有较大困难，投资风险相当大。

C级，又称最低级，表示债券发行公司基本没有偿债能力，不能还本付息的可能性极大，投资风险极大。

我国目前尚无统一的债券等级标准和系统评级制度。根据中国人民银行的有关规定，凡向社会公开发行的公司债券，需由中国人民银行及其授权的分行指定资信评级机构或公正机构进行评信。这些机构对发行债券的公司资质、财务质量、项目状况、项目前景和偿债能力进行评分，以此评定信用级别。为保障证券市场、金融市场运作的稳定，我国对公司发行债券筹资的条件限制较多，使得通过债券筹集资金的公司数量非常少。随着我国证券市场的不断完善，以及债券评级制度的不断完善，通过公开发行债券筹集资金将成为旅游企业及其他企业筹集资金的一种重要方式。

（五）债券筹资方式评价

债券筹资作为公司筹集资金的一种重要方式，有一定的优缺点。

1. 债券筹资的优点

（1）不会分散公司的控制权。筹资公司与投资企业之间是债权债务关系，投资企业无权干预筹资公司的经营决策。

（2）资金成本固定并相对较低。债券规定有固定的利率，不与公司的经营状况发生直接联系，而且债券利息在税前支付，资金成本相对较低。

2. 债券筹资的缺点

（1）不能永久使用所筹集的资金。债券规定有还本期，债券到期时筹资公司必须从公司经营资金中退出相当于所筹集的资金本金及相关利息的金额用于偿还。

（2）财务风险由公司独自承担，不能分散经营风险。无论经营状况如何，公司必须足额支付债券利息，债券到期时公司还必须按期偿还本金。

五、银行借款

银行借款，又称银行信用筹资，是借款公司向商业银行提出借款申请，经商业银行审核后，取得贷款金额的行为。银行信用筹资期在一年以内的是银行短期信用筹资，也称短期贷款或短期借款；银行信用筹资期在一年以上的是银行长期信用筹资，也称长期贷款或长期借款。通过借款筹资是我国目前市场上公司筹集资金最常用的方式之一。

（一）银行借款的一般内容

1. 申请并取得银行借款的一般程序

向银行申请并获取借款需要履行以下程序：

（1）提出借款申请书，说明借款原因、用途、金额、使用时间、归还期限，提供借款项目的经济效益预测报告等。

（2）商业银行进行贷前调查，根据调查结果和贷款能力，核定贷款额度和借款进度。

（3）签订贷款合同，明确双方权利和义务，明确有关保证条款。

（4）使用借款。

（5）归还借款。

2. 申请银行借款的条件

凡向银行申请借款的企业都必须具备以下条件：

（1）借款单位必须独立核算、自负盈亏，具有法人资格，有健全的内部管理制度。

（2）合法经营，所借款项的用途符合经营方向。

（3）具有中国人民银行规定的一定比例的自有资金，有相应的物资和财产保证，具有偿还借款本息的能力。

（4）内部管理制度健全，财务管理和经济核算制度规范，资金使用效率及企业经济效益良好。

（5）在银行开立账户，办理结算。

3. 银行借款的评审标准

银行在将款项贷放出去之前，必须对借款方进行严格的评审。评审的标准主要有：

（1）借款企业的资信水平，包括借款企业的经济实力、经济效益、偿债能力等。

（2）借款安全性标准，对借款项目进行可行性研究和评估。

（3）借款物资保证性标准，借款企业需以财产物资作抵押。

（4）按期偿还本息标准，商业银行借款是有偿的，必须按期偿还本息。

（5）借款合法标准，向银行申请贷款必须符合法律法规和信贷制度规定。

4. 借款方对银行的选择

随着我国金融业的发展，尤其是我国金融市场已经开始逐步向外资银行开放，我国金融市场的竞争开始加剧，银行及其他金融机构纷纷增加服务项目，拓展服务范围，以提高经济效益。随着银行及其他金融机构的增多，借款方决定借款时也可能需要选择金融机构，以对自身业务最为有利。借款方选择银行，首先需要结合合适的借款种类，考虑最有利的借款条件，选择借款成本低、专业化程度高、承担风险能力强、稳定性好的银行服务。另外，有些银行根据借款公司提供的资料，依据特定的评价体系，能分析借款公司潜在的财务问题，发现借款方可能存在的管理漏洞，为借款方提供咨询服务，提出管理建议。通常而言，能为借款方提供较好服务的银行也日益成为借款方选择银行所考虑的因素之一。

（二）银行借款利息的支付方法

1. 收款法

收款法，即酒店在借款到期时向银行支付利息的方法，其名义利率等于其实际利率。

2. 贴现法

贴现法，即银行向酒店发放借款时，先从本金中扣除利息，到期时酒店则要偿还贷款全部本金的一种计算方法。

3. 加息法

加息法，即在发放分期偿还贷款的情况下，银行根据名义利率计算的利息加借款本金，计算偿还借款的本息和，要求酒店在借款期内分期偿还本息和的一种计算方法。

六、商业信用

商业信用筹资是酒店凭借商业信用，在商品交易、劳务供应、债权债务结算时发生的资金筹集行为。商业信用筹资一般都以商品或服务为载体，筹资规模的大小取决于商品或服务量的大小。

（一）商业信用筹资的种类

1. 商业票据筹资

商业票据是由收款人或付款人（或承兑申请人）签发，由承兑人承兑，并于到期日向收款人或被背书人支付款项的一种票据。商业票据按承兑人不同分为商业承兑汇票和银行承兑汇票。商业票据一律记名，允许背书转让，承兑期最长不超过9个月。

2. 预收账款筹资

预收账款是酒店按照合同规定向接受劳务方预收的款项，酒店预收账款后，必须依据合同承诺在一定时期提供劳务。酒店通常在向散客提供服务或在与团队、常驻公司进行长期合作的前期采用预收账款的方式。

3. 赊购商品筹资

赊购商品是酒店根据合同规定，在购进商品的一定时期后，才向供应方付款的购货方式。

（二）商业信用筹资的成本

酒店利用商业信用筹资，采取应付账款或应付票据形式。若销货单位不提供现金折扣或销货单位提供现金折扣而酒店按期付款已享受全部现金折扣的，就不会产生商业信用筹资成本。若销货单位提供现金折扣，酒店未在折扣期限内付款，就要付出丧失现金折扣的筹资成本。

按照惯例，卖方往往会规定一些信用条件，以促使买方按期付款或提前付款。信用条件包括信用期限以及给买方的折扣与折扣期。例如："2/10、N/30"表示买方如果在10天内支付款项，可享受2%的折扣；如果10天后付款，则不享受折扣优惠；商业信用期限最长不超过30天。

（三）商业信用筹资的优点

1. 解决了酒店与供货方各自的问题

对于酒店来说，可以解决资金不足问题，缓解资金需求压力；对于供货方来说，可以扩大商品销售，增加市场占有率。

2. 方式灵活

商业信用筹资方式不需要通过银行中介，减少了中间环节。

3. 筹资成本较低

商业信用筹资成本可在税前支付，成本相对较低。

（四）商业信用筹资的缺点

1. 筹资行为容易受商品流通方向、供货企业产品经营范围的制约

酒店利用商业信用筹资，目的是购进原材料、商品或其他物资。若供货单位不急于销售或扩大市场占有份额，酒店就不容易筹集到资金。

2. 筹资金额受制于供货企业的资金实力

供货企业如果资金实力较弱，急于收回资金用于周转，酒店就不容易从它们那里筹集到大量资金。

3. 筹资行为有一定的风险

酒店不能以牺牲所购物资质量来获取商业信用。

七、租赁筹资

租赁是指出租人和承租人之间签订的一种契约或合同，出租人在契约合同规定的期限内，以收取一定租金为代价，将租赁物转让给承租人使用，而租赁物的所有权仍属出租人。契约期满后承租人可以将租赁物退还给出租人，也可以以一定的价格买下该租赁物。

（一）租赁的分类

租赁分为经营租赁和融资租赁。

1. 经营租赁及其特点

经营租赁是指为解决临时需要而以支付租金方式取得租赁物使用权为主要目的的一种短期融资行为。

经营租赁具有以下特点：

（1）出租资产的所有权不发生转移，承租人只拥有出租人资产的使用权。租赁期满，租赁资产需要归还出租人。

（2）租赁期较短，只占租赁物使用寿命的一小部分。

（3）承租人负有按期支付租金的义务。承租人可随时向出租人提出租赁要求，在合理的条件下，承租人可提前解除租约或更改租约。

（4）由租赁物所有权引起的成本和风险全部由出租人承担。

2. 融资租赁及其特点

融资租赁是由租赁公司按承租方要求，出资购买设备，在契约或合同期内，提供给承租人使用的一种长期租赁行为。

融资租赁具有以下特点：

（1）租赁期较长，一般为租赁物使用寿命一半以上，有些甚至是租赁物的全部有效经济寿命。

（2）租赁合同一经成立就不可撤销，在租期内一方撤销就构成违约。

（3）在租赁期内，承租人负责租赁物的保养、维修和维护。

（4）租赁期满，承租人以较低的价格将租赁物购买下来，或以极低的价格继续租用租赁物，或以出租人的名义将资产转卖出去，所得收益由出租人和承租人协商分配。

（二）租赁成本

1. 租金的计算

酒店依据租赁合同租赁使用租赁物，通常需要按期向出租人支付一定量的租金。租金支付可以在合同生效时即支付首期租金，也可以在合同生效一定期限后才支付首期租金。

2. 租赁的融资成本

经营租赁的融资成本包括：实际负担的租入固定资产使用前的费用，如运杂费、保险费等，需扣减因此少缴的所得税；实际负担的租金支出，需扣减因此少缴的所得税；未提折旧多缴的所得税支出。

任务实训

【实训项目】讨论酒店如何申请银行借款。

【实训目标】掌握酒店筹资的方式和渠道，掌握酒店申请银行借款的条件和方法。

【实训时间】2 学时。

【实训步骤】

1. 将学生分组，每组 4～6 人。

2. 教师引导每个小组的学生根据常识、所学知识等进行资料收集、讨论和归纳记录。

3. 各小组选一名学生代表小组发言，其他小组点评，最后由教师总结提升。

【实训标准】

实训形式	以学生的交流讨论及教师的总结分享为主。
实训分工	教师作为评委；每个小组各推举一名学生代表整个小组发言。
实训重点	1. 学生要积极参与讨论，加深对所学知识的理解。 2. 学生在讨论过程中要充分利用所学知识和互联网资源，对酒店申请银行借款的准备工作和具体操作方式进行仔细分析和讨论。 3. 在讨论过程中遇到不理解的地方及时询问。

任务三 酒店筹资风险规避

财务风险是指酒店在经营过程中由于负债可能会丧失偿债能力，并最终导致破产或所有者权益发生较大变动等的风险。

一、酒店财务风险的影响因素

（一）资本供求的变动

在资本市场上，资本的供求状况决定酒店的筹资成本。当资本供大于求时，筹资成本会下降，酒店财务风险也会下降；当资本供不应求时，筹资成本会增加，就会相应增加酒店的财务风险。

（二）利率水平的变动

利率水平高，酒店筹资所需支付的利息就多，酒店承担的财务风险相对就大；利率水平低，酒店筹资所需支付的利息就少，酒店承担的财务风险相对就小。

（三）获利能力的变动

酒店发展状况良好，获利水平高，酒店抵御风险的能力就强，财务风险就小；酒店发展状况不好，利润低甚至出现亏损，酒店偿还利息及到期债务的可能就小，财务风险就大。

（四）资本结构的变动

酒店在经营过程中需适度举债。酒店筹集的债务资金多，需要偿还的利息及到期债务就多，酒店财务风险就大；但如果酒店筹集的所有者权益资本过大，酒店就容易发生所有权的变更。

二、酒店财务结构与财务杠杆

（一）财务结构和资本结构

财务结构是指酒店资产的筹资方式。从资产负债表的结构可以知道，资产的筹集方式有负债筹资和权益筹资。资本结构是指酒店长期筹资项目的构成及其比例关系，包括长期负债、优先股股本、普通股等。

（二）财务杠杆和财务杠杆系数

1. 财务杠杆

负债经营是酒店普遍采用的一种方式。酒店筹集一定的资金后，借入资金和支出就相对固定，酒店息税前利润的变动将引起权益资本收益更大幅度的变动。即当息税前利润增长时，自有资金收益率将有更大的增长；当息税前利润下降时，自有资金收益率下降幅度更大。这种现象称为财务杠杆作用。财务杠杆有正面作用和负面作用。财务杠杆的正面作用是当全部资金的息税前投资利润率大于借入资金成本时，可为酒店带来收益，而且负债比率越高，财务杠杆收益就越大；负债比率越低，财务杠杆收益就越小；如果没有负债，就没有财务杠杆收益。财务杠杆的负面作用则是当全部资金的息税前投资利润率小于借入资金成本时，就会给酒店带来损失，而且负债比率越高，财务杠杆损失就越大；负债比率越低，财务杠杆损失就越小；如果没有负债，就没有财务杠杆损失。

2. 财务杠杆系数

财务杠杆系数（DFL）是指运用具有固定财务费用的负债及优先股筹资时对每股收益（EPS）的影响，也是息税前利润的变动引起普通股股东每股盈余变动的百分数。

财务杠杆系数是和利息费用同方向变动的。在酒店盈利的情况下，只要酒店对外支付的利息不超过息税前利润，利息费用越多，财务杠杆作用越大。这表明在酒店经营状况良好的情况下，负债越高，财务杠杆系数就越大，财务杠杆作用也越大，酒店能获得更多的收益；当酒店经营状况不佳时，酒店经营收益不足以支付利息费用，酒店将承受更大的财务风险。

（三）运用财务杠杆分析负债经营决策

负债经营对酒店有利也有弊。运用财务杠杆分析酒店负债经营决策，需要综合考虑以下因素。

1. 酒店财务管理目标

酒店在进行负债经营决策前，首先需要明确财务管理目标，即财务管理目标是提高自有资金利润率还是提高税后利润。如果是提高自有资金利润率，当酒店资本成本率小于息税前利润率时，就可以利用财务杠杆的作用；如果是提高税后利润，酒店就应放弃负债筹资，尽量采用权益资本筹资。

2. 借入资金的成本

从财务杠杆分析可以看到，在酒店盈利的情况下，只要酒店对外支付的利息不超过息税前利润，利息费用越多，财务杠杆作用越大。但这并不表示酒店负债比率越高越好。酒店负债比率提高，财务风险会加大，债权人要求的报酬和权益资本要求的报酬中就会增加风险补偿部分，使酒店筹资成本大大提高，从而减少酒店的收益。

3. 抵税因素

负债筹资的利息支付是在缴纳所得税之前，可以起到税收挡板的作用。当所得税税率较高时，酒店可以考虑增加负债筹资，但需要考虑风险问题。

4. 酒店筹资决策者的风险偏好

酒店负债经营决策，在一定程度上取决于酒店筹资决策者的风险偏好。当酒店筹资决策者风险承受能力强时，可能愿意选择风险和收益都较高的方案；反之，安全起见，可能宁愿选择风险和收益偏低的方案。

三、酒店资本结构分析

为有效保障酒店经营过程中所需资金，酒店需要进行科学的筹资决策。决策内容包括：是负债筹资还是权益筹资，以何种具体方式进行筹资。

（一）筹资决策的步骤

酒店在进行筹资决策的过程中，需要执行以下步骤：

（1）确定需要筹集的资金数额。

（2）依据酒店经营现状和资本市场形势，确定是负债筹资还是权益筹资。

（3）确定筹资的具体方式，如普通股、优先股、负债等。

（4）对各种筹资方案进行评价。

（5）以加权平均资本成本最低为标准，确定最佳资本结构方案。

（二）资本结构分析

酒店筹资的结构一般有以下三种形式，各种不同的组合形式各有利弊。

1. 仅有普通股的资本结构

（1）优点：因为没有优先股和负债，所以没有固定支付利息、股利等的义务，对酒店现金流量的冲击较小；没有负债，所以没有财务风险；没有优先股和负债契约的约束，股利政策比较自由；负债率低，偿债能力强，酒店如果需要资金可以很容易通过其他方式取得。

（2）缺点：普通股成本一般较高，不能充分利用财务杠杆作用提高酒店价值；发行普通股过多，容易丧失对酒店的控制权和管理权；筹资方式单一，可能会丧失良好的筹资机会。

2. 兼有普通股和优先股的资本结构

（1）优点：与仅用普通股筹资相比，扩大了筹资范围；优先股成本一般较普通股低，可以节约资本成本；优先股一般没有选举权和表决权，所以采用优先股筹资可以不分散酒店的控制权和管理权；普通股和优先股均属于所有者权益，可以优化酒店财务状况，提高酒店信用；普通股和优先股股利支付没有强制性，也不需要还本，所以财务风险较低。

（2）缺点：普通股和优先股股利一般较负债成本高；股利支付是在缴纳所得税之后进行的，不能起到税收挡板的作用；优先股契约中多有限制普通股股利分派规定，使公司股利政策的灵活性受到影响。

3. 兼有普通股、优先股和负债的资本结构

（1）优点：负债成本一般较普通股和优先股股利低，有助于充分利用财务杠杆作用提高酒店价值；负债利息在税前支付，可以发挥税收挡板作用；债权人不能参与酒店决策，不会影响酒店的控制权和管理权；随着我国金融市场的完善，酒店负债筹资范围越来越广泛。

（2）缺点：负债须按期还本付息，会对酒店现金流量产生压力；负债的限制条款较多，易对酒店经营产生约束，从而影响酒店经营效率；负债筹资具有财务杠杆作用，如果酒店经营不利，则会产生副作用；负债规模过大，偿债能力减弱，易影响酒店信用。

四、酒店筹资组合分析

酒店经营所需资金，包括短期资金和长期资金。短期资金是指酒店的流动负债，长期资金是指酒店的长期负债和所有者权益。酒店经营所需资金，可以通过短期资金筹措和长期资金筹措取得。在酒店所筹集的资金中，短期资金和长期资金在资金总额中所占比例，称为筹资组合。一般企业的筹资组合是采用短期资金筹集短期资产，长期资金筹集长期资产。

（一）高风险筹资组合及其对酒店风险和收益的影响

在这种筹资组合中，酒店采用长期资金筹集部分长期性流动资产和全部固定资产，采用短期资金筹集另一部分长期性流动资产和短期流动资产。高风险筹资组合具有财务风险大、筹资成本不确定、资金成本较低、筹资速度快、弹性好等特点。较多采用资金成本相对低的短期资金，会导致酒店利润的增加，但也会加大财务风险。在实际工作中可供选择的组合模式有：

（1）以应付未付款融通部分长期性流动资产。

（2）以银行短期借款融通部分长期性流动资产。

（3）以商业信用融通部分长期性流动资产等。

（二）低风险筹资组合及其对酒店风险和收益的影响

在这种筹资组合中，酒店不仅用长期资金筹集长久性资产，而且筹集长期资金用于满足由于季节性或循环性波动而产生的部分或全部临时性资金需求。采用低风险筹资组合的酒店可以在淡季将暂时闲置的资金用于投资短期有价证券，到旺季时出售有价证券并使用短期信用筹集足够的资金。这种筹资组合安全性高、筹资风险低，但筹资成本高。在实际工作中，可选择以下组合模式：采用权益资本筹资，采用长期负债和权益资本筹资组合，采用不同到期日的长期负债筹资组合，兼并筹资组合等。

（三）中和资产筹资组合及其对酒店风险和收益的影响

在这种筹资组合中，酒店对波动性资产，采用短期筹资方式筹集资金；对长期性资产，如长期性流动资产和固定资产，则采用长期筹资方式筹集资金。由于这种筹资组合方式较多地使用了短期资金，酒店收益会增加。但如果酒店资金总额不变，流动资产也不变，流动负债的增加会降低流动比率，增加酒店筹资风险。

五、酒店资本结构优化

酒店在筹资过程中，需要综合考虑各种筹资方式的成本以及筹资组合，尽量减少筹资成本，降低筹资风险，实现酒店筹资结构的最优和酒店价值最大化。

（一）资本结构优化的标准

评价酒店资本结构是否优化，标准不一样，评价的结果也不尽相同。资本结构到底何为最好，没有统一的数量界限，需要考虑成本、风险、收益等因素。而且判断资本结构是否优化，需考虑资产结构、偿债能力、资本市场环境、风险偏好等因素。

1. 资本结构标准

合理的资本结构是各种筹资方式在时间和空间上相互搭配组合使筹资成本降低、筹资风险减少，以实现酒店整体筹资目标。

2. 资本成本标准

资本结构的合理性在于判断资本结构及其变动是否有利于资本成本的降低。

3. 资本收益率标准

资本收益率是指酒店净利润与所有者权益之间的比率。采用此标准判断资本结构的合理性，就是判断资本结构呈现什么组合时酒店的资本收益率最大。

（二）优化资本结构的有效途径

酒店优化资本结构可以从调整资本存量和资本增量两个方面进行。

1. 调整资本存量

资本存量是指酒店已投入的各类资产的总称，包括正参与再生产的资产存量和处于闲置状态的资产存量。调整资本存量，是通过对酒店资本存量的重新配置，提高资本运营效率。其主要方法是：

（1）对酒店各部门经营结构进行调整。随着市场经济的发展，人们生活水平的提高，人们的旅游消费模式也发生了相应变化，对酒店各项服务的需求会随之发生变动。人们对酒店某些服务项目需求的改变会造成酒店部分服务能力不足，而另一部分服务能力可能相对过剩，尤其是固定资产以及人才的闲置，会形成资本沉淀和利用效率低下。为此，酒店需根据市场的变动，在保障酒店经营的前提下，将资产存量在不同部门之间进行转移，以提高资产使用效率。

（2）通过出售、拍卖、产权转让等形式对酒店内部沉淀资本以及利用效率低下的资产进行调整。对酒店永久性沉淀资本，即使其回收价值远低于成本价值，酒店也应及时转让出售，以便加速资金周转；对酒店暂时性沉淀资本，酒店需要综合考虑这部分资产的现金净流量，并结合对市场变动的合理预测和科技的进步，慎重选择出售、转让或是进行更新改造。

2. 调整资本增量

调整资本增量就是通过新增投资的方式，对存量资产的重组实现资本优化。调整资本增量不能盲目乐观进行，需要综合考虑市场需求的变化、酒店经济效益的增长以及规避风险的需要等因素，带动酒店现有资产的重组，以提高资产的使用效率。

任务实训

【实训项目】向你的朋友们介绍酒店筹资存在的风险。

【实训目标】了解酒店筹资的风险，以及如何应对酒店融资过程中的财务风险。

【实训时间】2学时。

【实训步骤】

1. 将学生分组，每组4～6人。

2. 教师引导每个小组的学生根据常识、所学知识等进行资料收集、讨论和归纳记录。

3. 各小组选一名学生代表小组发言，其他小组点评，最后由教师总结提升。

【实训标准】

实训形式	以学生的交流讨论及教师的总结分享为主。
实训分工	教师作为评委；每个小组各推举一名学生代表整个小组发言。
实训重点	1. 学生要积极参与讨论，加深对所学知识的理解。 2. 学生在讨论过程中要充分利用所学知识和互联网资源，对酒店筹资过程中可能存在的风险以及该如何应对进行仔细分析和讨论。 3. 在讨论过程中遇到不理解的地方及时询问。

项目四 酒店资产管理及运营

酒店资产管理及运营是指对酒店的资产进行有效管理和运营，以实现最大化的利润和效益。这包括对酒店的房间、设施、设备、人力资源等进行有效的管理和维护，以确保酒店的运营顺利、高效和盈利。

酒店资产管理包括对酒店资产的规划、采购、维护、更新和处置，以确保资产的价值得到最大化的发挥。这需要对酒店的资产进行全面的管理和监控，包括对酒店的货币资产、固定资产、无形资产等进行有效的管理和监控。比如对酒店房间的出租、设施的维护、设备的更新等方面进行有效的管理。

酒店运营则是指对酒店的日常经营活动进行有效的组织和管理，以确保酒店的顾客服务质量和盈利能力。

酒店资产管理及运营是酒店经营中非常重要的环节，它直接影响着酒店的盈利能力和竞争力。

学习引导

B酒店是一家四星级酒店，该酒店虽位于黄金地段，但收益情况一直不太理想。2024年6月，B酒店的管理团队发生了变动，经理及以上岗位的人员发生了变动，且“空降”了一位新的财务经理。“新官上任三把火”，该酒店管理层迅速收集酒店营业数据，采取一系列措施，重新分析B酒店收益不理想的原因。

B酒店财务部迅速进行了固定资产盘点，资产盘点完之后，发现一批高价值的家具和装饰品不翼而飞，造成了数十万元的资产损失。

在此之前，B酒店还曾遭遇过重复购买相同类型的家具或装饰品的尴尬事情。究其原因，是因为缺乏有效的资产管理制度，工作人员难以知晓已有的资产情况，导致了资源的浪费和管理的混乱。

另外，由于缺乏定期的资产维护和保养，一些设备和家具长时间处于闲置状态，导致故障和损坏的发生。这影响了酒店的服务质量和客户体验。

在编制年度财务报表时，B酒店也遇到了困难。由于缺乏准确的资产管理记录和资产折旧情况说明，资产的价值评估变得困难，影响了财务报表的准确性，也给财务决策带来了挑战。

【点评】

这个案例反映了建立完善的固定资产管理制度的重要性。通过规范的盘点流程、定期的维护保养和准确的资产记录，可以帮助酒店更有效地管理和利用固定资产，提升服务品质，降低成本，增加经营效益。固定资产管理不仅是企业财务管理的一部分，也是企业管理的基础，需要得到企业高层的重视和支持。通过建立健全的固定资产管理制度，可以有效规避潜在的风险，提升企业的竞争力和可持续发展能力。

学习目标

知识目标

1. 了解酒店存货管理。
2. 知道酒店的货币资产种类。
3. 了解酒店结算资金的主要内容。
4. 了解酒店固定资产的概念和特点。
5. 了解酒店无形资产的概念和特点。

技能目标

1. 能进行酒店存货的日常管理。
2. 掌握酒店货币资产管理的基本方法。
3. 能进行酒店结算资金的管理。
4. 能进行酒店固定资产的日常管理。
5. 掌握酒店无形资产管理的基本方法。

素养目标

1. 通过酒店资产管理的学习，培养财务管理思维与能力。
2. 掌握资产管理及运营的相关知识，为日后职业发展奠定基础。

任务一 酒店存货管理

存货是指企业在经营过程中，为销售或耗用而储备的资产。为销售而储备的资产主要指各种可直接对外销售的商品库存；为消耗用耗材而储备的资产主要指经各种对外销售或酒店经营管理过程中耗费掉的物品或燃料等库存。酒店的存货在流动资产中占有很大比例，在流动资产管理中占有重要位置。由于存货经常处于不断销售、耗用和重置之中，流动性很强，因此加强存货管理是酒店提高资金使用效率的关键所在。

一、存货的分类

酒店的存货可以分为以下五大类。

(一) 原材料

原材料主要指酒店的食品原材料、调料、配料以及月末盘存未售出的有关半成品、成品等。

（二）燃料

燃料主要指酒店所储备的各种固体、液体、气体燃料。

（三）低值易耗品

低值易耗品是指酒店不作为固定资产核算的各种用具和家具。

（四）物料用品

物料用品是指除原材料、燃料、低值易耗品以外的经营管理用品，主要包括：

（1）旅游用品，指为客人备用的物品，如茶叶、小食品、纪念品等。

（2）日常用品，指酒店经营管理备用的日常用品，包括清洁用品、纸制品、塑料制品、瓷器、玻璃器皿和银器等。

（3）办公用品，指为客人备用的各种纸张、笔墨、文具等。

（4）针棉织品，指各种床单、被罩、台布、窗帘、毛巾、浴巾等针棉织品和统一制作的制服。

（5）包装用品，指各种桶、箱、瓶、坛、袋等包装物品。

（6）其他物品，指除上述物品以外的各种零星物料用品。

（五）商品

商品主要指酒店商品部、餐饮部门对外直接转手出售的各种商品。

二、存货范围的确定

加强酒店存货的管理，首先要确定存货范围。在实际工作中，存货范围确认的规定是：凡在盘存日期内，法定所有权属于酒店的所有一切存货，不论其存放地点如何，均视为本酒店的存货，包括存放在本酒店仓库、存放在本酒店门市部门，用于陈列展览，以及已经发售但未办理结算手续、购入后不经本酒店仓库直接发交购买单位的物品，委托其他单位加工或代销的、已购入但尚未入库的在途物品等。酒店销售的商品、产品等凡是所有权已经转移给购买方，不管物品是否发出，都不应包括在本酒店的存货之内。

三、存货的成本及其控制

酒店要对存货项目进行管理，必须首先确定存货的成本构成，具体包括以下四项。

（一）存货买价

存货买价是指所购存货的发票价格，如进口货物，其买价应是离岸价加上海上运费、保险费、进口关税等。

（二）订货成本

订货成本是指订购存货而发生的直接和间接的支出，如运杂费、途中损耗（合理部分）、保险费和税金、挑选整理费用等。另外，采购机构经费、采购人员差旅费、市内运杂费也包括在订货成本中。订货成本可分为订货固定成本（与订货次数无关，如采购机构经费）和订货变动成本（与订货次数有关，如差旅费、运杂费等）两部分。

（三）储存成本

储存成本是指存货从进入仓库到领出仓库整个储存过程中所发生的一切费用，包括仓库的各项费用开支，如仓库管理人员的工资、维修、折旧等费用，以及存货的搬运费，挑选整理费用，变质、被盗、损耗等费用，还包括因存货太多，导致积压而占用资金的机会成本。储存成本中，仓库的折旧费、维修费、管理人员的工资属于固定成本，而存货的挑选整理费、搬运费等属于变动成本。

（四）缺货成本

缺货成本是指因缺货而给酒店造成的损失。例如，因缺货而给酒店造成的停工损失和为及时获得货物而多支付的采购成本；不能按期交货或提供劳务而需缴纳的罚款损失；因缺货无法与其他企业交易而失去的本应获得的盈利，以及由此给酒店带来的一系列损失。这些统称酒店的缺货成本。缺货成本的数额很难准确计算，但它对于酒店正常业务经营活动的开展却有着很大影响。

四、存货成本项目的管理

掌握了存货成本的构成，是为了更好地进行成本项目管理，具体要点如下：

（1）由于存货买价取决于购入存货的数量和存货的价格，因此在管理时应注意存货购入的数量不能过多，应合理确定购入量，以避免占用过多资金。另外，购入存货时应货比三家，选择价格合理又符合本酒店所需档次的存货，以降低采购成本。

（2）订货成本中的差旅费、运杂费多属可控成本，因此在订货时，同一种存货价格，若其质量、品种、规格、型号大致相同，要选择离本酒店较近的供应商供应，以降低差旅费、运杂费、途中损耗等多项开支。

（3）储存成本中仓库的折旧费、维修费、管理人员的工资属于不可控成本，而存货的挑选整理费、搬运费、变质、被盗、损耗等项费用是可控的，所以对这些费用的管理应有所区别，可以采用提高工作效率、加强经济责任制、实施存货科学管理等方法来降低其开支。

（4）酒店应尽量避免缺货成本的出现，以减少酒店不必要的费用开支，保证酒店正常经营活动的开展。

五、存货数额水平的管理

存货数额水平的管理是关于存货数量和成本总额的管理，也就是通过存货数额水平的管理来达到酒店的最佳存货水平，即存货既能保证酒店业务经营的需要，又能使存货成本最低。经济订货量法是确定最佳存货水平的一种较为简便的方法。

经济订货量法是指在一定时期内，通过进货批量与进货时间的合理安排，达到存货成本最低的采购批量。存货总成本的计算公式为：

存货总成本＝存货买价＋订货成本＋储存成本＋缺货成本

假设市场货源充足，不会买不到存货，则缺货成本为零。所以，存货总成本的计算公式为：

$$存货总成本=存货年需要量\times单价+[订货固定成本+订货变动成本\times(存货年需要量/每次进货批量)]+[存储固定成本+每件储存变动成本\times(每次进货批量/2)]$$

如果不考虑单价变动等因素，则只有每次进货批量为变量，对上面公式进行求导，就可得出存货总成本最小值，即经济订货量，用公式可表示为：

$$经济订货量(最佳订货量)=\sqrt{\frac{2\times存货年需要量\times每次订货成本}{单位储存变动成本}}$$

$$订货次数=存货年需要量/经济订货量$$

【例 4-1】 某酒店每年耗用甲种原材料 3 000 千克，该种原材料每次订货成本为 30 元，单位储存变动成本为 2 元，则：

$$经济订货量=\sqrt{\frac{2\times3\,000\times30}{2}}=300(千克)$$

$$订货次数=\frac{3\,000}{300}=10(次)$$

通过以上计算可以看出，该公式的优点在于它较为直观地反映了最佳订货量与全年订货量、每次订货成本、单位储存变动成本之间的关系。这样有助于酒店管理人员了解各变量对最佳订货量的影响，从而在管理上有所侧重，以保证酒店存货管理水平达到最佳状态。

六、存货定额的确定

由于存货是流动资产中的主要项目，在流动资产中占有很大比例，因此加强存货管理，制定先进合理的存货定额，对于减少酒店资金占用，保证酒店经营活动正常开展具有重要作用。存货定额确定的基本方法如下所述。

（一）因素测算法

因素测算法是以上一年度存货实际平均占用额为基础，根据对测算年度各项变动因素的分析，并剔除不合理占用部分，从而确定存货定额水平的方法。计算公式如下：

$$存货定额=\left(上年度存货实际平均占用额-不合理占用额\right)\times\left(1\pm预算年度接待量变动量\right)\times\left(1-预算年度资金周转加速率\right)$$

这种计算方法简便，不仅可以用来核定个别存货项目，也可以用来核算部门或整个酒店的存货定额。

（二）比例计算法

比例计算法是根据资金占用量及有关因素之间的比例关系来制定存货定额的方法。比例计算法所采用的比例很多，主要有营业额资金率、成本资金率和利润资金率等。计算公式如下：

$$存货定额=\frac{预算年度}{某项指标}\times\frac{上年度该项}{指标资金率}\times\left(1-\frac{预算年度资金}{周转加速率}\right)$$

需要指出的是，在采用比例计算法时，也应将上年度实际资金占用中的不合理部分予以剔除。下面以利润资金率为例，来计算存货定额。其方法如下：

存货定额=预算年度利润总额×预算利润存货率

其中，

$$预算利润存货率=\frac{上年存货平均余额-不合理占用额}{上年度实际利润总额}\times\left(1-\frac{预算年度资金}{周转加速率}\right)$$

则存货定额的完整计算公式如下：

$$存货定额=\frac{预算年度}{利润总额}\times\frac{上年存货平均余额-不合理占用额}{上年度实际利润总额}\times\left(1-\frac{预算年度资金}{周转加速率}\right)$$

这种方法计算比较简便，适用于燃料、低值易耗品等项目的核定。

（三）余额计算法

余额计算法是以上年末结转的余额为基础，根据预算年度发生额、摊销额来计算定额的一种方法。计算公式如下：

$$\frac{预算年度期末}{存货定额}=\frac{预算年度期初}{存货结余额}+\frac{预算年度}{存货发生额}-\frac{预算年度}{存货摊销额}$$

这种方法适用于低值易耗品等占用额比较稳定的存货项目。

（四）定额日数法（周转期计算法）

定额日数法是根据存货平均每日消耗额和定额日数来计算定额的一种方法。计算公式如下：

存货定额=日平均消耗额×定额日数

其中，

日平均消耗额=日平均消耗量×单价

【例4-2】某酒店有200间客房，平均出租率为80%，每间客房每天茶叶配备量为4包，每包茶叶0.25元，根据供货情况，需储备30天用量，则茶叶的定额为：

茶叶的定额=200×80%×4×0.25×30=4 800(元)

用于计算存货定额的定额日数是指从付款开始到存货领用日为止，即存货周转一次所需的时间。它包括在途日数、验收整理日数、供应间隔日数、保险日数。

（1）在途日数，是指由于结算方式所引起的资金占用，即从付出货款到收到存货的间隔日数。

（2）验收整理日数，是指存货运到后开箱验收、计量点数、卫生检验以及存货被领取使用之前，进行加工整理所需的时间。

（3）供应间隔日数，是指两次供货之间的间隔天数。为了保证酒店业务经营正常进行，仓库储备量必须能满足下次到货之前营业活动所需的存货。供应间隔时间的长短，直接影响着存货定额的高低。

（4）保险日数，是指为了防止发生意外情况，导致货物不能按期到达，因此而中断营业用物资供应，酒店特意多储备一些材料而增加的天数。

综上所述，就可得到存货定额日数的计算公式：

存货定额日数＝在途日数＋验收整理日数＋供应间隔日数＋保险日数

（五）酒店餐饮部存货定额的核定方法

下面以餐饮部门为例，说明存货定额的核定方法。

1. 餐厅用品资金定额的核定

餐厅用品按其周转使用次数不同，可分为一次性消耗用品和多次性消耗用品两大类。餐厅用品除少量的属于一次性消耗用品外（如餐巾纸、牙签等），其他大部分均属于多次性消耗用品（如台布、餐具、餐巾等）。因此，在核定餐厅用品资金定额时，其计算方法也就分为两种：

$$\text{一次性消耗用品日平均消耗量}=\text{餐位数量}\times\text{餐位平均利用率}\times\text{每餐位配备量}$$

$$\text{多次性消耗用品日平均消耗量}=\left(\text{餐位数量}\times\text{餐位平均利用率}\times\text{每餐位配备量}\right)\Big/\text{每种用品平均使用日数}$$

餐厅用品资金定额＝某种用品日平均消耗量×单价×定额日数

2. 食品原材料资金定额的核定

餐厅食品原材料主要指大米、面粉、油、肉、菜及各种调料、配料等。餐厅食品原材料资金定额取决于餐厅的日平均消耗额和定额日数。影响日平均消耗额的主要因素除了餐位数量、餐位平均利用率、餐次外，客人的人均消费水平也是重要因素，因为它直接关系着所用食品原材料成本的大小，所以可以用食品成本率或经营毛利率进行计算：

$$\text{食品原材料日均消耗额}=\text{餐位数量}\times\text{餐位平均利用率}\times\text{餐次}\times\text{每餐人均消费水平}\times(1-\text{经营毛利率})$$

食品原材料资金定额＝食品原材料日均消耗额×定额日数

【例4-3】某餐厅有餐位180个，餐位平均利用率是65%，该餐厅一日开两餐，每餐人均消费水平50元，餐厅的平均毛利率为55%，食品原材料的定额日数是7天，则：

食品原材料资金定额＝180×65%×2×50×(1－55%)×7＝36 855(元)

除餐饮部门外，客房部、商场以及其他酒店部门均可采用定额日数法来确定存货定额。

七、存货的日常管理

存货管理必须严格执行国家有关物资供应的方针、政策和法令，做到“预算有依据，供应有预算，消耗有定额，管理有制度”，具体内容如下所述。

（一）做好存货采购预算的编制

根据市场经济环境及酒店业务经营活动的要求，并结合酒店综合经营预算及订货合同、存货的收发结存等情况，做好存货采购预算的编制。存货采购预算编制的目的是使酒店的存货管理能够按照计划进行，而非盲目行事。同时，既要努力减少存货所占用的资金，又要保证酒店正常业务经营活动的开展。

（二）做好存货收、发、结存的日常管理

要严格按照酒店的采购预算进行存货的采购。酒店各部门，特别是计财部门要加强与采购部门的工作联系，监督控制外购物资的采购成本。

（1）认真做好存货的检验、入库工作。存货到达酒店后应及时进行验收，尽量缩短入库时间。鲜活食品、贵重物品、易燃易爆物品应随到随检，以免食品腐烂变质及意外情况的发生，同时也便于及时发现差错及质量问题。发现差错及质量问题时，采购部应及时向对方索赔或进行其他相关处理，以避免酒店不必要的资金浪费。

（2）存货验收入库后，仓库保管员应熟悉并了解各类物资的保管要求。做到“二有”（有岗位责任、有存货定额）、“三化”（仓库环境整洁化、材料堆放系统化、材料收发制度化）、“三相符”（账、卡、物相符）、“统一编号定位”（按统一的编号，分架、分层，依次对号入座）、“五五堆放”（五个一组、五个一组地进行堆放）、“五防”（防火、防盗、防霉、防潮、防过期变质）。

（3）严格执行存货的领发制度，选择恰当的存货发出方式，以确定存货的实际成本。仓库发出的各种材料物资应以消耗定额和酒店存货预算为依据。无特殊原因，预算外用料应拒绝发出，防止可能发生的浪费。

（4）仓库每月自行盘点一次，冷库应当定期冲洗，食品二、三级仓库应逐日盘点，而且要采用不定期抽查、每年仓库全面盘点等多种方法加强存货盘点的管理，做到账卡、账物相符。对于盘盈、盘亏的存货，应查明原因，分清责任，及时处理解决。

（三）对于重点存货实行重点管理

解决问题要抓主要矛盾，主要矛盾解决了，次要矛盾也就迎刃而解了。同样，对于不同的存货也应实行不同的管理，这样便于抓住重点、照顾一般，提高管理工作的效率和质量。重点存货管理常用的方法是 ABC 分类法。ABC 分类法是将酒店品种繁多的各项存货按其重要程度、消耗数量、采购难易等情况划分为 A、B、C 三类，对不同类别的存货采用不同控制的一种管理方法。

（1）A 类存货在数量上占酒店存货总量较小的比例，一般为 10%左右，但由于其单价较高，因而占酒店存货资金总额较大的比例，一般为 60%左右，因此对 A 类存货应实行重点控制和管理。

（2）B 类存货在数量上和资金上所占比例一般都在 20%左右，属于次要存货，因此对于 B 类存货应实行次要控制和管理。

（3）C 类存货在数量上占酒店存货总量较大的比例，一般为 60%左右，但由于其单价较低，因而占酒店存货资金总额较小的比例，一般为10%左右，因此对C类存货应实行一般控制和管理。

任务实训

【实训项目】说一说酒店的存货有哪些，该怎么管理。

【实训目标】了解酒店存货的种类，掌握酒店存货的日常管理方法。

【实训时间】2学时。

【实训步骤】

1. 在教师的引导下，将学生分组，每组4～6人。

2. 每个小组的学生利用所学知识，就“酒店存货的种类及如何管理”展开讨论，充分发表自己的见解，并派代表进行发言。

3. 教师点评每个小组代表的发言，每个小组的同学也可以进行互评，所有的小组发言完毕后教师进行总结。

【实训标准】

实训形式	以学生自由讨论和教师总结为主。
实训分工	每个小组的学生自行进行分工，确定一名学生代表小组发言，其余学生可以就讨论的观点进行记录。
实训重点	1. 学生需根据所学知识和日常经验踊跃发表自己的见解和想法。 2. 讨论的过程就是温故知新的过程，每个学生务必认真参与。

任务二 酒店货币资产管理

酒店的货币资产包括现金、银行存款和其他货币资金。现金指库存现金，包括人民币和各种外币。银行存款指酒店存放在银行及其他金融机构的存款，包括人民币及各种外币存款。其他货币资金指酒店的外埠存款、银行汇票存款、银行本票存款等其他各种货币资金。有境外往来结算业务的酒店发生的信用证存款也包括在此范围内。外埠存款是指酒店到外地进行临时或零星采购时汇往采购地银行开立采购专户的款项。银行汇票存款是指酒店为取得银行汇票，按照规定存入银行的款项。银行本票存款是酒店为取得银行本票按照规定存入银行的款项。

货币资产的管理在酒店的经营管理中具有重要作用。货币资产可以满足酒店正常业务经营的需要，随时用来购买各项物资、支付工资、偿还债务等。酒店持有一定的货币资产还能够支付一些临时性或意外开支，做到防患于未然。同时，酒店拥有一定的货币资产还能够在恰当的时机满足酒店投资的需要，以获得投资收益。

一、现金的管理

现金具有流动性强、偿付速度快、普遍可接受的特点。酒店大量经济业务的开展都与现金的收支有着密切关系，因此酒店拥有足够的现金，对降低财务风险，增加资金的流动性都是十分必要的。但是如果酒店有过量的现金，就会造成闲置和浪费，甚至给他人以可乘之机，造成贪污、盗窃、挪用等现象的发生。因此，为用好现金，酒店应建立健全现金管理的各项规章制度，使现金既能满足酒店业务经营的需要，又能够把现金持有量控制在最佳水平，从而提高酒店营运资金的盈利能力。

（一）现金管理制度

根据规定，一个单位在几家银行开户的，只能在一家银行开设现金结算账户，支取现金，并由该家银行负责核定现金库存限额和进行现金管理。其具体内容如下所述。

1. 现金的使用范围

职工工资、各种工资性津贴；个人劳务报酬，包括讲课费和稿费及其他专门工作报酬；支付给个人的各种奖金，包括根据国家规定发给个人的各种科学技术、文化艺术、体育等各种奖金；各种劳保、福利费用以及国家规定的对个人的其他现金支出；收购单位向个人收购农副产品和其他物资支付的款项；出差人员必须随身携带的差旅费；结算起点以下的零星支出；确定需要现金支付的其他支出。

2. 库存现金限额管理

凡在银行开户的企业、事业、机关和团体等单位，按规定必须核定库存现金的限额。根据企业规模大小、现金收支业务的多少和距离银行远近等条件，经与银行协商确定，原则上以开户单位 3～5 天的日常零星开支所需核定库存现金限额。边远地区和交通不发达地区的开户单位的库存现金限额，可以适当放宽，但最多不超过 15 天的日常零星开支。企业找零备用现金根据营业额核定限额，但不包括在开户单位的库存现金限额之内。库存现金限额一般由开户单位提出计划，报开户银行审批。经核定的库存现金限额，开户单位必须严格遵守。库存现金限额的计算公式如下：

库存现金现额＝(预算期营业收入/预算期天数)×限额天数

3. 现金收支的有关规定

开户单位收入现金应于当日送存开户银行，当日送存确有困难的，由开户单位确定送存时间：开户单位支付现金可从本单位现金库存中支付或从开户银行提取，不得从本单位的现金收入中直接支付（即坐支现金）；因特殊情况需要坐支现金的单位，要事先报经开户银行审查批准，由开户银行核定坐支范围和限额，坐支单位必须在现金日记账上如实反映坐支金额，并按月向开户银行报送坐支现金额和使用情况；开户单位从开户银行提取现金时，应当如实写明用途，由本单位财会部门负责人签字盖章，并经开户银行审查批准，予以支付。如因特殊情况，办理转账结算不够方便，必须使用现金的开户单位，要向开户银行提出书面申请，由本单位财会部门负责人签字盖章，开户银行审查批准后，予以支付现金。

（二）现金的收支管理

现金的收支管理主要是对现金的收入、支出进行控制，具体内容如下所述。

1. 完善酒店内部现金收支管理的各项规章制度

要做好本酒店现金的收支管理，必须完善自身管理制度和内容。

（1）建立健全内部制约制度。酒店的现金出纳业务应当由专职或兼职的出纳员负责。出纳员与会计人员必须有明确的分工，即管账的不能管钱，管钱的不能管账，不得由一人兼办。这样便于相互牵制，及时发现问题，防止在现金收支中发生意外和损失。

（2）严格现金收支的审批制度和管理。在收支现金时，要严格审核现金收付凭证所列单据是否合法，数额是否准确，签字手续是否齐全等，对凡不符合制度规定的，应予以纠正或拒绝办理收付，发现的问题应及时向有关领导汇报，并进行严肃处理。现金收支业务必须于当日登记现金日记账，做到日清月结、账实相符，杜绝用白条或原始凭证抵存。现金收付凭证和收支结存单，按规定送审核员审核。

（3）加强内部稽核工作。酒店各部门的收付款项都应通过部门财务入账后上交财务部，任何部门和个人都不得自行保留现金，禁止私设“小金库”，计财部应经常督促检查。对库存现金的收支凭证、记账，要由内部人员实行定期和不定期的检查。出纳员工作调离时，必须严格办理交接手续。

2. 编制现金收支预算，合理安排现金收支

（1）确定预算期现金的期初余额。

（2）预测预算期的营业收入情况，并明确哪些是现销收入、哪些是赊销收入，以便掌握酒店可以真正动用的现金。

（3）预测预算期酒店的各项支出，如工资、原材料、燃料、物料用品等项的支出，并明确哪些是现购、哪些是赊购，以便了解酒店预算期现金的实际支出额。

（4）确定预算期末现金的余额，其计算公式为：

预算期末现金余额＝预算期初现金余额＋可动用现金合计－现金实际支出额

酒店在经营上由于季节性较强，现金支出的多少也会有所变化，通过现金预算的编制，可以根据酒店业务经营的特点，更加有计划地安排酒店现金收支，保证酒店业务经营活动科学、有序地进行。

3. 现金收支管理效果的考核

酒店的现金收支管理究竟应该如何运作？要解决这一问题，就要进行现金收支管理效果的考核。具体来说，可通过现金周转率这一指标进行反映，计算公式如下：

现金周转率＝计算期营业收入实际收到数额/现金平均占用额

【例 4－4】某酒店 2024 年年初现金占用额为 60 万元，年末现金占用额为 90 万元，本年度实际收入为 4 300 万元，其中现销收入为 3 100 万元，赊销收入为 1 200 万元，当年可收回 400 万元，求该酒店的现金周转率。

$$现金平均占用额=\frac{60+90}{2}=75(万元)$$

$$现金周转率=\frac{3\,100+400}{75}\approx 46.67(次)$$

(三) 提高现金使用效率的其他方法

如前所述，完善现金管理制度、加强现金收支的管理都是提高现金使用效率的重要内容，除此之外，酒店还可以通过以下方法，提高现金的使用效率。

1. 尽可能使现金收入和支出时间一致

如果酒店现金收入和支出时间一致，即现金流量同步，那么酒店可以减少现金的储备量，减少因现金不足而向银行申请的贷款，使其所持的交易性现金余额降到最低水平。

2. 利用资金时间差

资金时间差是指从购买者购货到销售者实际收到付款之间的时间差。从酒店现金流向的角度看，时间差可能是正时差，也可能是负时差。正时差是指酒店作为购货方，从购货到实际付款前的时间。负时差是指酒店作为销售方，从售出产品或提供劳务后直至收到款项的时间。资金的多少意味着酒店财力的大小，代表着酒店盈利的机会，因此利用资金时间差，对酒店资金管理有着重要作用。

(1) 利用正时间差——推迟付款。在不影响酒店信誉的前提下，推迟付款时间，在信用期限到期的前一天付款。购货方可以利用本属于销货方的资金，来满足酒店的资金需要，有利于酒店资金周转。

(2) 利用负时间差——加速收款。酒店在客人能接受并且不影响客源的前提下，应尽早把账单转给付款单位，加强过期客账的催收，加速应收账款的收款时间。这样做一方面可以避免坏账损失，另一方面有利于酒店使用资金。

3. 不要保存过多的库存现金

根据现金管理制度的要求，酒店应严格遵守库存现金限额管理的有关规定，只保存日常业务经营所需的现金。闲置现金、盈余现金应存入银行获取稳定的利息收入，或进行投资，以取得更高的投资回报。

二、银行存款的管理

银行存款是企业存放在银行或其他金融机构的货币资金。酒店银行存款包括人民币存款和外币存款两种。按照有关规定，凡是独立核算的企业都必须在当地银行开设账户。酒店在与其他单位的经济往来中，除规定的范围可以使用现金外，其他应通过开户银行进行转账结算。酒店在银行开设账户以后，除按核定的限额来保留库存现金外，超过限额的现金必须存入银行。

(一) 银行存款管理制度

1. 开立银行存款账户

(1) 酒店应向当地银行或金融机构申请开立账户，填制“开户申请书”，并按申请书所列内容如实填写，然后加盖单位公章。

（2）将“开户申请书”送交有关部门审查，审核无误后，出具证明。

（3）酒店将所填“开户申请书”和有关部门审查证明及其他相关资料送交当地开户银行审核，审核批准后，银行可登记开户，并确定账号，通知酒店开始存取款。

2. 银行存款账户的种类

根据《人民币银行结算账户管理办法》的各项规定，银行账户分为基本存款账户、一般存款账户、临时存款账户和专用存款账户。

（1）基本存款账户。基本存款账户是存款人因办理日常转账结算和现金收付需要开立的银行结算账户。基本存款账户是存款人的主办账户。存款人日常经营活动的资金收付及工资、奖金和现金的支取，应通过该账户办理。

（2）一般存款账户。一般存款账户是存款人因借款或其他结算需要，在基本存款账户开户银行以外的银行营业机构开立的银行结算账户。一般存款账户用于办理存款人借款转存、借款归还和其他结算的资金收付。该账户可以办理现金缴存，但不得办理现金支取。

（3）临时存款账户。临时存款账户是存款人因临时需要并在规定期限内使用而开立的银行结算账户。临时存款账户应根据有关开户证明文件确定的期限或存款人的需要确定其有效期限。存款人在账户的使用中需要延长期限的，应在有效期限内向开户银行提出申请，并由开户银行报中国人民银行当地分支行核准后办理展期。临时存款账户的有效期最长不得超过 2 年。

（4）专用存款账户。专用存款账户是存款人按照法律、行政法规和规章，对其特定用途资金进行专项管理和使用而开立的银行结算账户。专用存款账户用于办理各项专用资金的收付。

根据国家有关规定，酒店只能在一家银行的一个营业机构开立一个基本存款账户；不得在多家银行机构开立多个基本存款账户，不得在同一家银行的几个分支机构开立一般存款账户。

3. 银行存款结算方式

酒店的结算方式有以下几种。

（1）支票结算。

支票结算方式是指存款人签发给收款人办理结算或委托开户银行从存款账户中支付给收款人的一种结算方式。支票结算方式是同城结算中使用最为广泛的一种方法。

（2）汇兑结算。

汇兑结算方式是指汇款单位或个人委托银行将款项汇给异地收款单位或个人的一种结算方式。汇兑分为电汇和信汇两种。电汇是指汇款人委托银行通过电报将款项划转给收款人。信汇是指汇款人委托银行通过邮寄方式将款项划转给收款人。汇兑方式手续简单，适用范围较为广泛，是异地结算较好的方式。

（3）信用证结算。

信用证结算方式是指银行专营机构签发给信用良好的持有人，在指定的部门（如银行、酒店、商场、机场等）支取现金、购买货物、支付劳务报酬的信用凭证的结算方式。

（4）银行本票结算。

银行本票结算方式是指申请人将款项交存银行，由银行签发给酒店的一种票据，借以办理转账结算或支取现金的一种结算方式。银行本票分为不定额和定额两种。不定额本票起点为 100 元，定额本票面额有 500 元、1 000 元、5 000 元和 10 000 元等。同城的商品交易、劳务供应和其他款项的结算均可采用该种结算方式。

（5）委托收款结算。

委托收款结算方式是指收款人委托银行向付款人收取款项的一种结算方式，委托收款按款项划回方式的不同分为邮寄划回和电报划回两种，酒店可根据所收款项的快慢要求选择采用。同城、异地都可采用该种结算方式。

（6）银行汇票结算。

银行汇票结算是指汇款人将款项交存当地银行，由银行签发给汇票人持往异地办理转账结算或支取现金的一种结算方式。单位或个人向异地支付各种款项都可以采用该种结算方式。

（7）商业汇票结算。

商业汇票是指由收款人或付款人签发票据，由承兑人承兑并于到期日向收款人或背书人支付款项的一种结算方式。这种结算方式同城、异地都可采用。商业汇票按承兑人不同分为商业承兑汇票和银行承兑汇票两种。商业承兑汇票结算方式是指商品交易的购销双方，根据购销合同，延期付款而开具的反映债权、债务关系的一种票据结算方式。银行承兑汇票结算方式是指收款单位或承兑人申请签发，并由承兑申请人向开户银行申请，经银行审查同意承兑的一种结算方式。

（8）异地托收承付结算。

异地托收承付结算是指根据购销合同由收款单位发货后委托银行向异地付款单位收取款项，由付款单位向银行承认付款的结算方式。

（二）银行存款管理

1. 完善酒店内部有关银行存款管理的各项规章制度

具体包括以下几项内容：

（1）对超过现金收付限额以上的款项，必须通过银行进行转账结算。

（2）酒店内部有关部门因业务需要，需支付货款或要求计财部签发转账支票时，必须按事先规定的相关手续办理。当物资验收入库或经济业务结束时，必须及时办理报销销账手续，不得拖延，未办理销账手续的，由有关经办人负责。

（3）计财部签发转账支票时，应当进行登记，并填写支票项目，确保准确无误，不准签发空头支票和远期支票。当有特殊情况，如无法明确收款单位名称、金额时，也要把支款用途、签发日期填写清楚。

（4）严格遵守国家有关银行结算制度的规定，不得将银行账户出租、出借给其他单位或个人办理结算，不能利用账户替其他单位或个人套取现金。要保管好空白支票及支票存根，防止意外情况发生。

（5）正确使用和审核各种银行结算凭证，及时办理银行存款的收付业务，并及时审核银行往来对账单。月末如有未达账项，应查明原因，编制银行存款余额调节表。

（6）加强对商品控制及计划控制的费用的管理，如对未经上级批准或超过计划的费用开支，计财部有权拒付款。

2. 银行存款最佳持有量的确定

对于一个酒店来说，银行存款数额很大，在一定程度上可以说明该酒店有较多的资金可自行支配，资金实力较强，但是过多的资金放置在银行也会使酒店失去很多赚取更高盈利的投资机会。因此，酒店需要确定银行存款的最佳持有量。银行存款的最佳持有量的确定，取决于酒店银行存款的收入额和支出额两个因素。通常在酒店最佳经营状态下，银行存款最佳持有量的确定公式为：

$$银行存款最佳持有量=(银行存款收入额-银行存款支出额)\times(1+安全系数)$$

式中，银行存款收入额指计算期酒店取得的营业收入存放在银行的数额、计算期企业收回的应收账款存放在银行的收入数额及其他银行存款收入。银行存款支出额指计算期酒店需要支付的购买存货、工资、劳务费用及其他各项费用的开支。安全系数通常为10%～15%。

在实际工作中，也可以利用银行存款率测定银行存款最佳持有量。银行存款率的计算公式如下：

$$银行存款率=\frac{计算期银行存款平均余额}{计算期营业收入额}\times 100\%$$

该公式表明：每取得100元的营业收入，应该持有多少数额的银行存款。作为酒店，根据基期实际测算出来的银行存款率以及报告期预算营业收入额，就可测算出报告期银行存款最佳持有量。计算公式如下：

$$报告期银行存款最佳持有量=报告期预算营业收入额\times基期银行存款率$$

若要准确测算银行存款最佳持有量，基期银行存款率的选择和确定非常重要。通常，应选择酒店经营状况较好，酒店资金周转特别是货币资金周转较快且获利能力较强的时期为基期。

三、货币资金利用效果考核分析

货币资金的管理对于酒店正常的业务经营活动开展以及偿债能力都有着重要的影响。因此，要管好、用好货币资金还必须在经营期末对货币资金的利用效果进行考核分析，以便酒店及时发现问题、解决问题，使酒店更加有效地发挥货币资金在经营管理中的作用。考核货币资金利用效果的指标有许多，常用的是货币资金周转率指标。货币资金周转率和货币资金周转天数的计算公式如下：

$$货币资金周转率=\frac{计算期营业收入中的现销收入}{计算期货币资金平均占用额}$$

$$货币资金周转天数=\frac{计算期天数}{货币资金周转率}$$

在酒店业务经营活动正常开展的情况下，同一时间内货币资金周转率越快、货币资金周转天数越短，说明酒店投入的货币资金能及时收回，货币资金利用效果较好。为了提高货币资金周转率，可以从增加酒店现销收入、减少货币资金平均占用额两方面进行。增加现销收入不是说酒店的营业收入全部采用此种结算方式，而是指在采用多种经营方式，不断降低成本费用，提高服务质量，不断扩大客源的前提下，增加现销收入。减少货币资金平均占用额是指力求使货币资金的持有量既能满足酒店业务经营活动的正常开展，又要实现其最佳使用效果，即确定货币资金的最佳持有量。

任务实训

【实训项目】说一说酒店如何提高现金的使用效率。

【实训目标】了解酒店现金的管理方法，掌握提高酒店货币资金使用效率的方法。

【实训时间】2 学时。

【实训步骤】

1. 在教师的引导下，将学生分组，每组 4～6 人。

2. 每个小组的学生利用所学知识，就“酒店如何提高现金的使用效率”展开讨论，充分发表自己的见解，并派代表进行发言。

3. 教师点评每个小组代表的发言，每个小组的同学也可以进行互评，所有的小组发言完毕后教师进行总结。

【实训标准】

实训形式	以学生自由讨论和教师总结为主。
实训分工	每个小组的学生自行分工，确定一名学生代表小组发言，其余学生可以就讨论的观点进行记录。
实训重点	1. 学生需根据所学知识和日常经验踊跃发表自己的见解和想法。 2. 讨论的过程就是温故知新的过程，每个学生务必认真参与。

任务三 酒店结算资金管理

酒店结算资金管理涉及酒店日常经营中的资金流动和结算过程，涵盖酒店收入的管理、支出的控制、账户的核对、资金的调配等方面。有效的酒店结算资金管理可以帮助酒店实现资金的合理运用、提高资金利用效率、降低风险和成本。

一、结算资金的主要内容

结算是指酒店在业务经营过程中与外部单位之间经济往来所引起的货币收付业务。

结算资金是指酒店在结算过程中发生的各种应收及预付款项，主要包括应收票据、应收账款、预付账款、其他应收款等。

（一）应收票据

应收票据是指酒店在业务经营过程中因销售商品或提供劳务而发生的有正式书面文件证明的应收款项。

（二）应收账款

应收账款是指酒店因销售商品、提供劳务等业务经营活动而应向付款单位收取的各种款项。应收票据与应收账款有较明显的区别，即应收票据有正式的书面证明，同时它一般有较明确的收款期限。

（三）预付账款

预付账款是指酒店按照购销合同预付给供货单位的款项。

（四）其他应收款

其他应收款是指酒店除应收账款、预付账款以外的其他各种应收、暂付账款，包括各种赔款、罚款、支出保证金、应向职工收取的各种垫付款等。

加强结算资金的管理，要严格执行应收票据的专管制度，有关票据的结算方式和程序须按银行规定办理；对预付账款的数量和占用时间要严格加以控制；要尽量减少资金占用，努力降低非经营费用支出，控制其他应收款数额。

在结算资金中，由于应收账款所占比例最大，因此对酒店流动资金的周转速度也有着重要影响。下面着重论述有关应收账款的管理。

二、应收账款的管理

随着酒店之间竞争的加剧，许多酒店为了招揽更多的客户、扩大营业额、增加盈利，除了依靠广告、价格、服务质量等以外，在结算上还采用了赊销的方式，由此就产生了应收账款。另外，销售和收款的时间不一致也会产生应收账款。这里所论述的应收账款的管理主要是对因赊销方式而产生的应收账款的管理。

应收账款的管理对于酒店来说非常重要，具体表现在以下几个方面：

（1）如果应收账款不能及时收回，容易发生差错甚至遗忘，从而给结算工作带来很多麻烦。

（2）如果酒店不能及时收回应收账款，对方企业可能会为生息等其他原因长期占用这部分款项，而酒店正常的业务经营活动开展就会受到影响，同时也会产生因失去参加其他投资而获利的机会成本。

（3）酒店不能及时收回应收账款，按照权责发生制原则，这部分应收账款要依法缴纳税金及附加，对于酒店来说收入并没有真正到手，反而先要垫支一部分钱缴纳税金。

（4）应收账款如果根本不可能收回，就会造成酒店的坏账损失，从而影响酒店的流动资金正常周转。

酒店要进行应收账款的管理，需要通过信用政策的变化加以控制和调节。信用政策是指酒店对应收账款容许的最大风险程度、信用期限的长短和折扣率等所制定的政策。它包含了信用期限、信用标准、现金折扣和收款方针等内容。通常，松弛的信用政策会刺激销售，但会增加应收账款数额；紧缩的信用政策会减少坏账损失和应收账款的数额，但会影响销售。所以酒店信用政策制定得成功与否，关键在于信用政策实施后，收入与费用相比较，酒店的利润究竟是增加了还是减少了。酒店信用政策通常由总经理、总会计师、专门的信用经理及相关的赊销部门经理讨论制定。信用政策内容具体如下所述。

（一）信用期限

信用期限是指酒店允许客户推迟付款的时间。通常在信用期限上的变化，无非延长信用期限或缩短信用期限。延长信用期限通常会给客户以很大的方便，因而可以刺激销售，但也会使酒店的平均收款期延长，应收账款数额增加，不利于酒店及时收回资金进行再投入。这在一定程度上有可能使酒店另外筹资以弥补流动资金的不足，这样会增加酒店的筹资费用。同时，对于一些信誉不够好的客户，酒店还有可能出现应收账款收不回来的情况，发生坏账损失。缩短信用期限会使酒店的应收账款及时收回，减少坏账损失的发生，但对于客户来说会缺乏一定的吸引力，不利于销售和酒店的竞争。酒店应根据外部竞争环境、自身管理及资金等方面的要求，选择最佳的信用期限，使收支相抵后能产生利润。

（二）信用标准

信用标准是指酒店允许赊欠的客户所必须拥有的偿付能力，即酒店向客户提供信用的最低标准。如果不能达到这个标准，将不能享受（或只能部分享受）酒店提供的信用优惠。酒店如果只允许信用非常好又很熟悉的客户赊欠，那么就可以避免坏账损失，这有利于酒店资金的及时收回。但过于苛刻的信用标准也会使酒店丧失一些客户，影响销售，使酒店失去一定的竞争机会，有可能失去的利润比避免的费用还要多。因此，酒店制定合理的信用标准，可对不同的客户进行分析归类，予以它们不同的信用期限或规定不同的最高信用限额。超过信用期限或最高信用限额，原则上要求客户必须及时结清。通常，酒店在考虑信用标准时，很重要的一点就是要对客户的信用进行评估，一般从以下几方面进行考虑。

1. 客户的信誉

客户的信誉是指债务到期前客户愿意履行其偿债义务的可能性。信誉是评估客户的最主要因素。

2. 客户的偿债能力

分析客户的流动比率、速动比率、资产负债率等偿债能力指标，以判断客户有无偿债能力。

3. 客户的资本总额、盈利能力

主要判断客户的资金实力如何。

4. 客户的抵押品

客户的抵押品指客户为获得商业信用优惠提供的担保财产。对一些不很了解的客户，只要它们能够提供足够的抵押品，是可以向它们提供与之相适应的信用政策的。

5. 其他情况

这是指影响客户偿还能力的社会经济形势及其他情况。

在信用评估以后，大致掌握了酒店所承担的风险程度，就可按照由赊销所造成的坏账发生的概率高低，将客户进行信用分级。这样酒店就可以对不同信用等级的客户采用不同的信用期限，以及最高信用限额等信用政策，以确保酒店应收账款的及时收回。

（三）现金折扣

现金折扣是指对提前付款的客户在价格上予以优惠。现金折扣的条件可用特定的方式表示，例如："2/10" 表示客户在 10 天内付款，可享受 2%的折扣；"2/20，N/30" 表示客户在 20 天内付款可享受 2%的折扣，如果超过 20 天，并在 30 天内付款，则不再享受任何折扣。采用现金折扣这种方法，可以吸引一部分客户，因为有些客户可能会把这种折扣当作降价，所以现金折扣在一定程度上可以刺激销售，还可以促使客户提前付款，从而缩短了酒店的平均收款期，减少了结算资金占用，降低了收款费用，为酒店增加了投资和盈利的机会。总之，折扣率的确定必须能使酒店由此产生的收入大于支出，否则现金折扣将失去其意义。

（四）收款方针

收款方针是指酒店对超过规定的信用期限而尚未收到的应收账款所采取的收款程序。如果酒店的收款方针过严，催收过急，有可能使酒店超过规定信用期限的应收账款得以收回，但也可能由此造成酒店信用上的损失，并得罪一些确实遇到特殊情况而非故意拖欠的客户，从而给酒店今后的销售带来不利影响。而且由于催收过急，酒店也会为此支付不少的催收费用。但过松的收款方针有可能使赊欠者无限期地拖欠款项，从而影响酒店的资金周转。因此，在收款的时候酒店一般可先采用信函、电话等形式催收，如不见回音，可派专人登门催收。在催收过程中应尽量不和客户发生正面冲突，力求协商解决。但如果这一切均不奏效，必要时也可诉诸法律，通过仲裁机构予以解决。通过实施上述信用政策，加强对应收账款的管理，可以使酒店的应收账款尽早收回，加速资金的周转，从而提高酒店经济效益。在当前旅游市场竞争愈发激烈的情况下，酒店所面临的挑战和风险越来越大。酒店一方面要对应收账款实施管理，另一方面还应对未来可能出现的坏账损失按照稳健性原则，预提一部分坏账准备金，以增强酒店抵御风险的能力。目前，酒店采用应收账款余额百分比法来计提坏账准备，计提比例为 3%～5%。计提坏账准备的具体做法是：每期期末按应收账款余额的 3%～5%提取坏账准备金，计入管理费用；当实际发生坏账损失时，直接冲减坏账准备金。采用这种方法需要注意的是，当年提取的坏账准备金与当年实际发生的坏账损失不一致时，要通过年末的调整来平衡。如果当年实际发生的坏账损失超过一年计提的坏账准备金部分，计入管理费用；如果当年实际发生的坏账损失少于一年计提的坏账准备金部分，则冲减管理费用；已核销的坏账，以后年度又收回的，应直接增加坏账准备金。

三、应收账款的考核分析

（一）应收账款周转率

为了考核分析酒店应收账款管理效果，了解酒店应收账款的流动程度，可以通过应收账款周转率进行具体分析。其计算公式如下：

$$应收账款周转率=\frac{计算期赊销收入净额}{应收账款平均余额}\times 100\%$$

$$赊销收入净额=营业收入-现销收入$$

$$应收账款平均余额=\frac{初期应收账款余额+期末应收账款余额}{2}$$

应收账款周转率指标还不能很直观地反映应收账款管理的好坏，通常以应收账款的平均收款期进行反映。其计算公式如下：

$$应收账款平均收款期=\frac{计算期天数}{计算期应收账款周转率}$$

【例 4-5】 某酒店 2024 年度赊销收入净额为 730 800 元，年初应收账款余额为 45 275 元，年末应收账款余额为 35 925 元，则：

$$应收账款周转率=\frac{730\ 800}{(45\ 275+35\ 925)\div 2}=18(次)$$

$$应收账款平均收款期=\frac{365}{18}\approx 20(天)$$

应收账款周转率表明在一定时期内（通常指一年）应收账款转变为现金的次数。应收账款平均收款期指一年内酒店应收账款平均收回的时间。通常情况下，应收账款周转率越快，应收账款平均收款期越短，表明酒店应收账款回收工作越有效。酒店在正常经营情况下，应收账款的平均收款期在 30 天左右比较合适。太长的收款期说明占用酒店较多的资金，不利于酒店资金的周转；过短的收款期则说明酒店采用较为紧缩的信用政策，虽然应收账款能及时收回，但会影响酒店的销售。所以，酒店应根据自身经营情况，结合同行业的先进指标进行比较分析，以利于酒店减少结算所占用的资金，缩短结算过程，加速酒店的资金周转。

（二）应收账款账龄分析

酒店通过编制应收账款账龄分析表，可以考核分析酒店应收账款的回收情况及应收账款的管理情况。下面以某酒店为例，编制应收账款账龄分析表（见表 4-1）。

表4-1　应收账款账龄分析表

××××年12月31日

应收账款账龄	金额（元）	占总金额百分比（%）
未到信用期限（30天以内）	140 800	55
超过信用期限1～30天	76 800	30
超过信用期限31～60天	17 920	7
超过信用期限61～90天	12 800	5
超过信用期限90天以上	7 680	3
总额	256 000	100

从表4-1可以了解到，该酒店有140 800元的应收账款没有到信用期的最后期限，未收回来是正常的，占应收账款总额的55%，这些应收账款在未来有可能出现超过信用期限而未收回的情况，这就需要认真观察以后发生的实际情况。超过信用期限1～30天的应收账款有76 800元，占总额的30%，这部分应收账款因超过信用期时间较短，收回的可能性应该说还是很大的。超过信用期限31～60天的应收账款有17 920元，占总额的7%，收回就有一定的难度。超过信用期限61～90天的应收账款有12 800元，占总额的5%，收回就有更大的难度。超过信用期限90天以上的应收账款有7 680元，占总额的3%，就很有可能收不回来而使酒店出现坏账损失。酒店通过编制应收账款账龄分析表，可以掌握应收账款的数额、结构、平均收款期等情况，还可以在应收账款的管理上有所侧重，对于超过信用期较长的应收账款应严加管理，避免坏账损失。

另外，编制该表还可以分析检查酒店应收账款的管理情况。酒店通过不同时期的比较分析及与同行业其他先进酒店的比较分析，可以发现应收账款管理上的问题和不足，从而进一步完善信用政策，提高应收账款的管理水平，加速资金周转。

任务实训

【实训项目】讨论朋友欠的钱是否属于结算资金。

【实训目标】了解结算资金的概念和种类，掌握结算资金的主要内容。

【实训时间】2学时。

【实训步骤】

1. 在教师的引导下，将学生分组，每组4～6人。

2. 每个小组的学生利用所学知识及相关常识，就“朋友欠的钱是否属于结算资金”展开讨论，充分发表自己的见解，并派代表进行发言。

3. 教师点评每个小组代表的发言，每个小组的同学也可以进行互评，所有的小组发言完毕后教师进行总结。

【实训标准】

实训形式	以学生自由讨论和教师总结为主。
实训分工	每个小组的学生自行分工，确定一名学生代表小组发言，其余学生可以就讨论的观点进行记录。
实训重点	1. 学生需根据所学知识和日常经验踊跃发表自己的见解和想法。 2. 发表观点时请注意保证理由充分且合理，有疑问的地方请及时询问。 3. 讨论的过程就是温故知新的过程，每个学生务必认真参与。

任务四 酒店固定资产管理

固定资产是酒店长期持有并用于生产经营活动的资产，具有较高的使用价值和重要性，通常不易变现且需要进行折旧核算。酒店需要有效管理固定资产，包括登记清查、折旧评估、维护保养、更新改造和处置报废，以确保资产的有效利用和管理，为酒店的持续发展提供有力支持。

一、固定资产的概念及特点

酒店的固定资产是指使用年限在一年以上的房屋、建筑物、机器、机械、运输工具和其他与生产经营有关的设备、器具、工具等。不属于生产经营主要设备的物品，单位价值在 2 000 元以上，并且使用期限超过两年的，也应当作为固定资产。酒店的固定资产通常投资数额大、投资回收期长、在总资产中占有很高比例（60%～70%），因此加强酒店的固定资产管理很重要。

只有深入了解固定资产的特点，才能更好地管好、用好固定资产，提高固定资产的利用率。固定资产的特点如下所述。

（一）循环周期比较长

循环周期是指固定资产完成一次循环所需的时间。固定资产的使用年限短则 3～5 年，长则 40～45 年。由此决定了固定资产循环周期较长的特点，同时表明固定资产支出所产生的效益要比一个会计年度长，因此购置固定资产的支出属于资本性支出。

（二）固定资产价值的补偿和实物的更新是分别进行的

由于固定资产通常投资数额大，因此固定资产的价值补偿是根据固定资产的使用年限，采用一定的方法，以折旧形式按月逐渐完成的。而固定资产的更新则是在其不能使用或从经济上考虑不宜使用时，一次更新完成的。这二者之间的关系可以说是密不可分的，如果没有固定资产价值的补偿，就无法到期实现固定资产的更新，而固定资产的更新则正是价值补偿的最终结果。

（三）固定资产购置的目的不是销售，而是在业务经营中使用

固定资产与流动资产的一个很重要区别在于它们的购置目的不同。如果购置的目的是销售，则属于流动资产；如果购置的目的是投入业务经营中使用，则属于固定资产。

二、固定资产分类

酒店的固定资产品种繁多、规格不一、数量较大、金额较多。为了便于固定资产的管理，必须对其进行科学分类。

（一）按经济用途划分

1. 营业用固定资产

营业用固定资产是指直接或间接地服务于客人的各种固定资产，如客房、餐厅、商场、康乐设施，以及供水、供电、供热等其他设施。

2. 非营业用固定资产

非营业用固定资产是指不是服务于客人而是用于酒店员工的各种固定资产，如员工食堂、员工宿舍、员工浴室、医务室、托儿所等。

固定资产按经济用途分类，可以反映酒店营业用和非营业用固定资产在全部固定资产中所占比重，了解酒店固定资产总体构成情况，从而可以使酒店更加合理地进行固定资产配置，充分发挥其使用效能。

（二）按使用情况划分

1. 使用中的固定资产

使用中的固定资产是指正在使用过程中的经营用和非经营用固定资产。因季节性和大维修等原因暂时停止使用的固定资产也列作使用中的固定资产。

2. 未使用固定资产

未使用固定资产是指尚未开始使用的新增固定资产和停止使用的固定资产。

3. 不需用固定资产

不需用固定资产是指本酒店不需用、已报请有关部门批准等待处理的固定资产。

固定资产按使用情况分类，可以反映酒店固定资产的使用情况，分析固定资产的利用程度，从而可以促使酒店充分挖掘固定资产的使用潜力，提高利用效果，并据此确定计提折旧的范围。

（三）按所属关系划分

1. 自有固定资产

自有固定资产是指由国家投资或酒店自有资金购建的，归酒店长期支配使用的各项固定资产。

2. 外单位投入固定资产

外单位投入固定资产是指酒店与其他单位联合经营，由外单位投资或转入的各项固定资产。

3. 接受捐赠固定资产

接受捐赠固定资产是指有关单位或个人向本酒店无偿捐赠的各项固定资产。

4. 租入固定资产

租入固定资产包括融资性租入固定资产和经营性租入固定资产。融资性租入固定资产是指从外单位租入固定资产，按合同规定租赁期满，租赁费用分期全部付清，资产所有权转归酒店所有。经营性租入固定资产是指从外单位租入固定资产，按照合同定期支付租赁费用，合同期满归还外单位，本酒店只有使用权，而没有所有权。

固定资产按其所属关系分类，可以反映酒店固定资产的资金来源情况，掌握本酒店固定资产实有水平，划清固定资产折旧界限，促使酒店不断提高业务经营能力。

(四) 按性能属性划分

1. 房屋、建筑物

房屋包括营业用房以及简易房、仓库等；建筑物是指房屋和仓库以外的设施，如围墙、水塔、门前喷水池、工艺雕塑等。

2. 机器设备

机器设备是指供电系统设备、供热系统设备、中央空调设备、通信设备、洗涤设备、维修设备、厨房用具设备、计算机系统设备、电梯、相片冲印设备、复印设备、打字设备和其他机器设备等。

3. 交通运输工具

交通运输工具是指大型客车、中型客车、小轿车、行李车、载货汽车、摩托车等。

4. 家具设备

家具设备是指营业用家具设备、办公设备、纯毛地毯、混纺地毯、化纤地毯等。

5. 电器及影视设备

电器及影视设备是指闭路电视播放设备、音响设备、电视机、电冰箱、空调器、电影放映机及幻灯机、照相机和其他电器设备等。

6. 文体娱乐设备

文体娱乐设备是指高级乐器、游乐场设备、健身房设备等。

7. 其他设备

其他设备是指工艺摆设、消防设备等。

固定资产按性能属性分类，可以反映酒店固定资产不同的类别，从而为确定不同类别固定资产的折旧年限、确定分类折旧率奠定了基础。

三、固定资产计价

固定资产计价是以货币作为计量单位，确定固定资产的价值。固定资产的计价有以下几种方式。

(一) 原始价值（原值或原价）

原始价值是指酒店在购建或通过其他方式取得某项固定资产时发生的全部支出，包括买价、运杂费、安装费、保险费等。由于取得固定资产的方式多种多样，因而取得固定资产时的实际成本也各不相同。通常情况下固定资产的原始价值按下列规定计价。

1. 购入固定资产

以买价加上支付的运输费、途中保险费、包装费和安装成本及缴纳的税金等计价。

2. 自行建造的固定资产

按在建过程中实际发生的全部支出计价。

3. 投资者投入的固定资产

按评估确认的价值或合同、协议约定的价格计价。

4. 融资租入的固定资产

按租赁协议或合同确定的价款加发生的运输费、途中保险费、安装调试费等计价。

5. 接受捐赠的固定资产

按发票账单或资产验收清单所列金额加上由酒店负担的运输、保险、安装等费用计价，也可按市场同类固定资产计价。

6. 改建、扩建的固定资产

按原固定资产的价值加上由于改造、扩建而发生的支出，减去改造、扩建过程中发生的变价收入后的余额计价。

7. 盘盈的固定资产

按照同类固定资产的重置完全价值计价。另外，酒店购建固定资产缴纳的耕地占用税计入固定资产价值。有关融资租赁和酒店自营建造固定资产时发生的利息净支出以及外币借款的折合差额，均应以固定资产是否投入使用或办理竣工结算为标准，凡在此之前发生的，应计入固定资产原值，在此之后发生的，应计入当期损益。

按原始价值计价，可以反映酒店固定资产原始投资规模及经营能力，并可以考核酒店固定资产的投资效果及利用情况，也是酒店计提折旧的依据。

（二）重置完全价值（重置价值或现行成本）

重置完全价值是指酒店按当前生产条件和价格标准重新购置或建造某项固定资产所发生的全部支出。当酒店取得某项固定资产无法确定原价时，可按重置价值入账。例如，酒店盘盈或接受捐赠的固定资产，以及酒店根据规定对固定资产进行重新估价时，均可按重置完全价值计价。按重置完全价值计价可以在同一计价标准下对酒店不同时期的固定资产投资规模进行可比性分析考核，了解酒店固定资产的发展变化情况。

（三）折余价值（净值）

折余价值是指固定资产的原值减去累计折旧额后的余额。按折余价值计价可以反映酒店现有固定资产的规模和经营能力。用净值与原值对比还可以了解酒店固定资产的新旧程度，从而有计划地安排固定资产的更新和使用。

（四）净额

固定资产净额是固定资产原值减累计折旧，再减减值准备后的差额。用公式表示为：

$$\text{固定资产净额}=\text{固定资产账面价值}$$
$$=\text{固定资产的原值}-\begin{array}{c}\text{计提的固定资产}\\\text{累计折旧}\end{array}-\begin{array}{c}\text{计提的固定资产}\\\text{减值准备}\end{array}$$

这一指标在固定资产净值的基础上考虑了固定资产计提减值准备的情况，因此它能反映固定资产现有的账面价值。

四、固定资产折旧

（一）固定资产折旧的概念

固定资产折旧是指固定资产在使用过程中由于逐渐损耗而转移到酒店费用中去的那部分以货币表现的价值。它随着营业收入的实现而逐渐得到补偿，并用于固定资产的更新改造。固定资产的损耗分为有形损耗和无形损耗两种。有形损耗是指由于使用和自然力的影响，引起固定资产在使用价值和价值上的损失。例如，固定资产随着使用时间的增加，逐渐陈旧，表现为墙皮剥落、机器零件破损、设备老化等。无形损耗是指由于技术进步和劳动生产率提高而引起的价值上的损失。了解固定资产的有形损耗和无形损耗，对酒店来说具有重要作用。因为酒店接待的大量客人是旅游者、商务客人，他们对旅游设备、设施的档次、质量要求较高。因此，酒店相对于其他行业来说无形损耗就要更大一些。分析有形损耗和无形损耗是为了使酒店在确定固定资产折旧时，能综合有形损耗、无形损耗对固定资产的影响，合理确定其折旧年限，正确计提固定资产折旧。

（二）固定资产折旧的范围

正确计提固定资产折旧，首先要确定哪些固定资产计提折旧、哪些固定资产不计提折旧，也就是要确定固定资产折旧的范围。

1. 计提折旧的固定资产

计提折旧的固定资产包括房屋和建筑物；在用的机器设备、仪器仪表、运输车辆；季节性停用、维修停用的设备；融资租入的固定资产；以经营租赁方式租出的固定资产。

2. 不计提折旧的固定资产

不计提折旧的固定资产包括房屋、建筑物以外的未使用或不需用的机器设备；以经营租赁方式租入的固定资产；已提足折旧继续使用的固定资产，未提足折旧提前报废的固定资产；国家规定不计提折旧的其他固定资产。

3. 对增减固定资产计提折旧的规定

本月份增加并开始使用的固定资产，当月不计提折旧，从下月起计提折旧。本月份减少或停用的固定资产，当月仍计提折旧，从下月起停止计提折旧。

（三）影响固定资产折旧的主要因素

1. 固定资产原始价值

固定资产原始价值是指购建或取得固定资产时发生的全部支出。固定资产原值是确定折旧额的基础。

2. 固定资产预计净残值

固定资产预计净残值是指固定资产报废时所收回的残值收入减去清理费用后的余额。固定资产预计残值收入指固定资产报废时残留的材料、零配件、废料的价值。固定资产清理费用是指固定资产报废清理时所发生的拆除、搬运等费用支出。企业财务制度规定固定资产的净残值按原值的3%～5%确定。

3. 固定资产预计使用年限（工作量）

固定资产预计使用年限是指在正常情况下，根据固定资产的使用、维修、保养、质量、安全及有形损耗与无形损耗等因素，估计其可使用的时间。工作量指汽车行驶里程、机器工作时数等。

(四) 固定资产的折旧方法

根据我国财经制度的规定，企业固定资产的折旧方法一般采用平均年限法（即直线法)。交通运输工具也可以采用工作量法。经财政部批准的部分设备，企业可以采用双倍余额递减法和年数总和法。

1. 平均年限法

平均年限法是指固定资产在预计使用年限内，根据其原始价值和预计净残值平均分摊固定资产折旧总额的一种方法。采用这种方法计算的固定资产折旧额在各个使用年(月）份都是相等的，累计的折旧额在平面直角坐标系上表现为一条直线，因此这种方法也称为直线法。平均年限法计算简单，被大部分酒店广泛采用，计算公式如下：

(1）固定资产年折旧额。

$$\text{固定资产年折旧额}=\frac{\text{固定资产原值}-\left(\text{预计净残值}-\text{预计清理费用}\right)-\text{已计提减值准备累计金额}}{\text{预计使用年限}}$$

$$=\frac{\text{固定资产原值}\times(1-\text{预计净残值率})}{\text{预计使用年限}}$$

(2）固定资产年折旧率。

$$\text{固定资产年折旧率}=\frac{\text{固定资产年折旧额}}{\text{固定资产原值}}\times100\%=\frac{1-\text{预计净残值率}}{\text{预计使用年限}}\times100\%$$

(3）固定资产月折旧率。

$$\text{固定资产月折旧率}=\frac{\text{固定资产年折旧率}}{12}$$

(4）固定资产月折旧额。

$$\text{固定资产月折旧额}=\text{固定资产原值}\times\text{固定资产月折旧率}$$

2. 工作量法

工作量法是指按照固定资产在使用期间预计的工作量平均分摊固定资产折旧总额的方法。这种方法根据酒店经营活动或设备的运营情况来计提折旧。工作量法包括以下两种：

（1）按行驶里程计算折旧。其公式为：

$$单位里程折旧提取额=\frac{固定资产原值\times(1-预计净残值率)}{预计总行驶里程}$$

【例 4-6】 某辆汽车原始价值为 120 000 元，预计净残值率 5%，预计行驶总里程为 200 000 千米，则：

$$单位里程折旧提取额=\frac{120\,000\times(1-5\%)}{200\,000}=0.57(元/千米)$$

（2）按工作小时计算折旧。其公式为：

$$单位工作小时折旧提取额=\frac{固定资产原值\times(1-预计净残值率)}{预计总工作小时}$$

【例 4-7】 某台设备原值为 400 000 元，预计净残值率 5%，预计总工作时数为 40 000 小时，则：

$$单位工作小时折旧提取额=\frac{400\,000\times(1-5\%)}{40\,000}=9.5(元/小时)$$

3. 双倍余额递减法

双倍余额递减法是指在不考虑固定资产残值的情况下，以平均年限法折旧率的双倍为折旧率，再乘以固定资产在每一会计期间账面净值，计算每期固定资产折旧额的一种方法。计算公式如下：

$$年折旧率=\frac{2}{预计使用年限}\times100\%$$

$$年折旧额=期初账面净值\times年折旧率$$

$$月折旧额=\frac{年折旧额}{12}$$

采用双倍余额递减法时需要注意，由于这种方法最终不能将应计折旧额分配尽，因此会计制度特作规定：在固定资产预计使用年限到期以前两年内，要将固定资产净值平均摊销完。也就是说，这种方法不能单独使用，需同平均年限法结合使用。

4. 年数总和法

年数总和法是指根据固定资产在预计使用年限内的折旧总额，乘以每期递减的折旧率，计算每期固定资产折旧额的方法。由于折旧率是一个变量，因此年数总和法又被称为变率递减法。其计算公式如下：

$$年折旧率=\frac{折旧年限-已使用年数}{年数总和}$$

$$年折旧额=(固定资产原值-预计净残值)\times年折旧率$$

$$月折旧额=\frac{年折旧额}{12}$$

同一项固定资产采用平均年限法、双倍余额递减法、年数总和法提取的年折旧额是不一样的。平均年限法是一种匀速折旧法，即相同会计期间提取的折旧是一样的。而双倍余额递减法、年数总和法是一种加速折旧法，即在固定资产的使用初期多提折旧，后期少提折旧。

（五）采用加速折旧法的意义

（1）固定资产使用的总成本包括折旧费用和大修理费用，由于大修理费用在使用初期较少、后期较多，而且固定资产的服务价值在使用初期较高、后期较低。因此，提取折旧时开始提得多些、后期提得少些。这样成本费用比较均衡，更好地体现了会计准则的配比原则。

（2）在当前科学技术不断进步，劳动生产率不断提高的前提下，酒店固定资产的无形损耗愈发突出，因此早期多提一些折旧，可以及早防范酒店因固定资产无形损耗而带来的损失。

（3）固定资产通常投资数额大，投资收回时间长，因此采用加速折旧法提取折旧，可以加快酒店固定资产更新速度，提高社会生产能力。

（4）采用加速折旧法可以推迟酒店应交所得税的时间，相当于政府给酒店一笔无息贷款。因此，酒店利用政府给予的税收上的优惠，可以更好地开展本酒店经营业务活动，提高企业经济效益。

由于政治、经济等外部环境及酒店内部自身管理要求、相关的税收政策等一系列因素的影响，酒店究竟采用哪一种方法计提折旧，还要结合以上多方面因素予以考虑。另外，酒店采用哪种折旧方法或哪些设备可以采用加速折旧法，都是需要报经财政部门批准的。固定资产折旧方法和折旧年限一经确定不得随意变更。

五、固定资产的日常管理

固定资产的日常管理是对酒店使用固定资产的各个部门所进行的经常性管理。固定资产日常管理的目的在于保证固定资产的安全完整，提高固定资产的利用效果。固定资产日常管理的主要内容如下所述。

（一）建立健全固定资产管理责任制度，实行归口分级管理

酒店固定资产的管理必须在总经理或财务总监的统一领导下，实行归口分级管理。将酒店全部固定资产归口列入有关部门，同时根据“谁用谁管”的原则，将固定资产管理的权限和责任下放到各使用部门，并落实到班组和个人，做到层层落实，控制责任。

归口管理部门应配备专职或兼职的管理人员负责归口管理工作。归口管理部门的各项固定资产应有记载其详细资料的卡片，并要将固定资产进行编号，将编号贴在每项固定资产上，以便于核对检查，做到账实相符。同时，要将每项固定资产的管理落实到每个班组、每个人，做到固定资产的管理人人有责任。归口管理部门设立的固定资产卡片要定期与财务部门的固定资产明细账进行核对，保证账卡相符。另外，归口管理部门作为固定资产管理的基层单位，要对固定资产负有管、用、养、修的职责，而且要针对班组和个人对固定资产的管理进行经常性岗位考核，以保证固定资产的充分利用。

（二）根据酒店业务经营情况，合理进行固定资产配置

酒店在购建固定资产时，必须进行充分的可行性分析和论证，看其是否符合酒店业务经营需要，一旦购入能否给酒店带来良好的回报。然后按规定报经有关部门批准后方可执行，而且要办理好相关手续。在交付使用时必须由财务部、归口管理部门、使用部门共同验收，以确保所购固定资产符合本酒店的需要。酒店调出固定资产必须经总经理或财务总监批准，并按酒店规定程序由归口部门填制“固定资产调拨单”，财务部门和使用部门都要签章。如果未按规定私自调出固定资产，则要追究当事人的责任。固定资产出租、出借的有关事宜须报经总经理或财务总监批准，要严格出租、出借的有关手续，并建立相关档案，以确保固定资产的完整无缺。固定资产的报废和毁损要及时办理相关手续，同时要报经上级有关主管部门批准后，方可进行有关清理工作。

（三）做好固定资产的维修保养工作，提高固定资产的完好率和利用率

为了保证酒店业务经营活动的顺利开展，使固定资产处于良好的运转状态，固定资产的使用保管部门要负责固定资产的维修保养工作，到一定时期还要进行固定资产的大修和全面检查，以防止意外事故给酒店造成不良影响及带来不必要的损失。财会部门还要对固定资产的使用情况进行定期和不定期的检查，分析固定资产的利用情况和完好程度，对于闲置未用的固定资产要及时采取措施，提出处理意见和办法。设备需要更新的，要及时报送有关部门批准进行更新。使用保管部门要经常进行设备的日常维修和保养，以使固定资产处于完好状态，提高固定资产利用率。

（四）建立定期盘点清查制度

由于酒店固定资产种类繁多，占用资金数额较大，分布在各个部门，因此为了保证账实相符，了解酒店现有固定资产的实有状况，酒店每年应定期对固定资产进行清查盘点。要在总经理的领导下，由财务部、工程部、固定资产的使用保管部门的相关人员参加，组成盘点清查小组，以便及时发现问题、解决问题。通常可采用“账账核对”“账实核对”的办法。对于盘盈、盘亏的固定资产，要填制“固定资产盘盈盘亏报告单”，并按有关规定报请处理。

任务实训

【实训项目】盘点一下学校有哪些固定资产。

【实训目标】了解固定资产的概念和特点，会进行简单的固定资产盘点，会计算折旧。

【实训时间】2 学时。

【实训步骤】

1. 教师事先编制一个简单的固定资产盘点表。

2. 每位同学盘点一下自己身边有哪些固定资产（比如教室的桌椅、多媒体设备等），并在固定资产盘点表上填写相关内容，选 1～2 个项目计算折旧。

3. 教师总结本次实训的结果，使学生更好地掌握固定资产的概念及管理方法。

【实训标准】

实训形式	以学生的实训操作和教师的总结为主。
实训分工	教师引导整个实训流程；学生可将自己视为财务人员。
实训重点	1. 学生需根据所学知识在规定时间内完成“盘点”。 2. 实训过程中有不懂的知识要及时记录，实训结束后积极请教。

任务五　酒店无形资产管理

酒店无形资产管理是对品牌价值、专利权、商誉等非物质资产进行有效管理和运用的过程。通过评估登记、保护维护和许可转让等措施，酒店管理者可以最大化利用无形资产的价值，提升酒店的竞争力和长期发展潜力。

一、无形资产的概念及特点

酒店无形资产是指酒店长期使用而没有实物形态的资产。它包括专利权、商标权、著作权、土地使用权、非专利技术等。无形资产具有以下特点：

（1）具有流动性，能在较长时期内被酒店所占有和使用。

（2）不存在物质实体，但未来收益却较大。

（3）所能提供的未来经济效益具有高度不确定性。

（4）须有偿取得。

二、无形资产的分类

（一）按内容和性质分类

1. 专利权

专利权是指由政府按法律程序，授予发明人在一定时间内专造或专卖发明创造成果的一种特权。

2. 商标权

商标权是指使用产品特定名称、图案、词语，并经市场监管局注册的专用权利。

3. 著作权

著作权是指国家通过法律形式赋予书籍作家、艺术品的创造者及出版者对其作品的专有权利。

4. 土地使用权

土地使用权是指企业征用国家土地，支付有关费用后而取得的使用权利。

5. 非专利技术

非专利技术也称技术秘密或技术诀窍，是指持有人未申请、未公开的先进技术和制造方法。非专利技术没有法律保护，但具有保密性，它只是在技术贸易合同中作出相应的规定予以保护，并可以有偿传授和转让。

6. 商誉

商誉是指酒店由于所处地理位置优越，或经营有特色、服务质量高、历史悠久，在顾客中和社会上享有公认的良好声誉，与同行业相比可获得超额利润而形成的价值。

（二）按期限分类

1. 有期限无形资产

有期限无形资产是指有效期为法律所规定的无形资产，如专利权、专营权、商标权等。

2. 无期限无形资产

无期限无形资产是指有效期在法律上没有规定的无形资产。

（三）按有无确指性分类

1. 可确指的无形资产

可确指的无形资产是指具有专门名称，可单独取得、转让或出售的无形资产，如专利权和商标权。

2. 不可确指的无形资产

不可确指的无形资产是指不可清晰辨认、不能单独取得的无形资产，如商誉。

（四）按来源分类

1. 自创无形资产

自创无形资产是指酒店自行研究、自行开发创造的无形资产，如商誉、专利技术等。

2. 外购无形资产

外购无形资产是指酒店有偿从外部取得的无形资产，如土地使用权、商标权等。

三、无形资产的计价

无形资产虽然没有物质实体，但它往往有很高的经济价值，而这种价值又有很大的不确定性，因此对无形资产进行正确的估价，以价值形式对无形资产实施管理就具有重要作用。无形资产计价的基本原则是以实际成本计价，同时又要考虑相关因素对无形资产价值的影响，如使用无形资产给酒店带来的社会效益、经济效益，以及无形资产的使用寿命和技术复杂程度等，这些因素在无形资产计价时都要予以考虑。具体来说，无形资产的计价有以下几种方式。

（一）成本计价法

成本计价法是指无形资产按取得的成本入账。由于无形资产取得的方式不同，入账原则也有各自具体的标准：

（1）投资者作为资本或合作条件转入的无形资产按评估确认或合同、协议确定的金额计价。

（2）外购的无形资产应以实际支付的买价、手续费及其他资本性支出作为入账价值。

（3）自行开发的依据法律认可的无形资产以开发过程中的实际支出计价，包括试验费、研制费、制图费、制作费、律师费、设计费、工资、申请登记费以及其他费用等全部支出。

（4）接受捐赠的固定资产应按所附单据的金额入账。如果无法取得单据，参照同类无形资产的市场价计价。

（5）投资者投入的无形资产应按协议规定的金额计价。

上述无形资产在计价时，需备有相关的详细资料，包括所有证书复印件、作价的依据和标准等，其中非专利技术和商誉的计价应由法定评估机构评估确认。另外，商誉除企业合并外，不得作价入账。

（二）效益计价法

效益计价法是指酒店的某些无形资产可以按其使用后在近期和未来长期创造的效益来确定价值，如非专利技术、商标权等。

（三）行业对比计价法

行业对比计价法是指酒店某些无形资产可以按照其服务质量、信誉等级、经营特色、销售范围、所处地理位置等因素，并参照同行业其他酒店的情况来确定其价值，如商誉等。

（四）技术寿命计价法

技术寿命计价法是指酒店的某些无形资产可以根据法律规定的寿命期限来确定其价值。

（五）合同随机计价法

合同随机计价法是指酒店的某些无形资产可以根据市场行情、技术应用的深度及广度，以及它能产生和提高利润能力的大小等多方面因素，进行广泛分析论证，最终合作双方通过商务谈判，签订经济合同，确认其价值，如非专利技术等。

四、无形资产摊销

无形资产计价入账后，应从开始使用之日起，在有效期限内采用平均方式摊销，计入管理费用。无形资产摊销时需要注意：由于无形资产没有物质实体，它的价值不会因为它的使用期限延长而变化，即它不像固定资产那样存在有形损耗。无形资产的价值损耗相似于固定资产的无形损耗。这些都要在无形资产摊销时予以充分考虑，以便在无形资产的有效期内，按其价值适时、合理地从营业收入中得到补偿。

（一）无形资产摊销期限的确定

（1）法律、合同和酒店有关申请书中分别规定了有效期限和受益年限的，按照法定有效期限与合同或者酒店申请书规定的受益年限孰短的原则确定无形资产的摊销期限。例如，目前法律规定的无形资产有效期限主要有：发明专利权为20年，实用新型专利权和外观设计专利权为10年，均自申请日起计算。

（2）法律无规定有效期限、合同或者申请书中规定有受益年限的，按照合同或者酒店申请书规定的受益年限确定。

（3）法律和合同或者酒店申请书均未规定法定有效期限和受益年限的，按照不少于10年的期限摊销。

（二）无形资产的摊销方法

无形资产的摊销方法单一，采用直线法，即将无形资产的价值按有效期限平均分摊，由各会计期间负担。这种方法可以使各期负担的费用均衡，保证财务指标考核的可比性。其计算公式如下：

$$\text{无形资产年摊销额}=\frac{\text{无形资产价值}}{\text{无形资产摊销期}}$$

$$\text{无形资产月摊销额}=\frac{\text{无形资产年摊销额}}{12}$$

【例4-8】某酒店购入的一项无形资产价值为120 000元，按规定有效期为10年，则：

$$\text{无形资产年摊销额}=\frac{120\,000}{10}=12\,000(\text{元/年})$$

$$\text{无形资产月摊销额}=\frac{12\,000}{12}=1\,000(\text{元/月})$$

五、无形资产投资、使用管理

在当前市场经济和对外开放的经济大潮中，重视无形资产的作用，加强无形资产投资、使用的管理，可以提高酒店的竞争力，增加酒店的经济效益。无形资产投资、使用管理应注意以下几项内容。

（一）重视无形资产的投资

酒店购建无形资产时，应进行充分的可行性分析论证，看其是否符合本酒店需要，所投入的资金是否合理，能否给酒店带来良好的经济效益和社会效益。同时，酒店要积极创立属于本酒店的无形资产，如酒店的知名度和竞争力，扩大客源，增加酒店的营业收入。

（二）对无形资产实行归口分级管理

同固定资产的管理一样，酒店根据无形资产的使用特点和管理要求，对无形资产进行分类，划分给各相关部门实行归口管理。各归口部门按照经济责任制原则，对所管理的无形资产实行分级管理。通过归口分级管理，形成责任共同体，并严格奖惩考核，使无形资产的使用管理能够真正给酒店带来更多的机遇和盈利。

（三）提高无形资产利用效果

酒店应积极利用现有的无形资产，充分挖掘其使用潜力。例如，对本酒店自己创立的无形资产应珍惜爱护，使其发挥应有的作用；对本酒店闲置不用的无形资产，可以考虑将其转让、销售或再投资，这样可以使无形资产得到充分利用；对正在投入使用的无形资产要认真监控管理，积极组织相关业务经营活动的开展，开拓销售市场，以提高无形资产的利用效果。

六、无形资产转让的管理

酒店根据业务经营的需要，按照国家的有关法律规定，可以将持有的无形资产进行转让。转让的方式有两种，即转让所有权和转让使用权。

转让所有权指酒店将无形资产的所有权在国家法律允许的范围内，按照自己的利益与意愿转让给其他单位或个人，放弃对它的专有性和控制权。转让后原有酒店不得再使用和占用。

转让使用权指酒店将持有无形资产的使用权部分或全部转让出去，但仍保留对该项无形资产的所有权。受让酒店应在法律和双方合同规定的范围内使用无形资产，也就是只有使用权，而无所有权。出让酒店仍保留对该项无形资产的所有权，对其仍拥有占有、使用、收益、处置的权利。进行无形资产转让的管理应做好以下几方面工作：

（1）当无形资产闲置，或者当无形资产对本酒店经营活动的发展已逐渐失去其作用，或者当酒店转让无形资产时可以获取高额利润，并有利于本酒店发展时，可以进行无形资产的转让，以使无形资产充分发挥其作用，并给酒店带来良好的经济效益。

（2）转让无形资产时，酒店应严格依照国家的有关法律、法规，并按照财务制度的规定权衡无形资产对本酒店销售市场、长远发展及对受让酒店的影响等多方面因素，选择合理的转让方式。

（3）无形资产的收入由于有一次性、多次性、长期性等方式，在处理时也应有所不同。例如，取得一次性收入的，应作为酒店的其他业务收入处理；取得多次性或长期性收入的，应作为投资净收益处理；专门从事技术研究开发的单位出售、转让技术成果取得的收入，应作为营业收入处理。

（4）无形资产转让方式由于有转让所有权与转让使用权两种，因此其成本确定方法也不同。例如，转让无形资产所有权的，其转让成本应按无形资产摊余价值计价。

任务实训

【实训项目】 讨论无形资产如何计价和摊销。

【实训目标】 了解无形资产的概念，掌握无形资产计价和摊销的基本方法。

【实训时间】 2学时。

【实训步骤】

1. 在教师的引导下，将学生分组，每组4～6人。

2. 每个小组的学生利用所学知识、网上查阅的资料等信息，就“无形资产如何计价和摊销”展开讨论，充分发表自己的见解，并派代表发言。

3. 教师点评每个小组代表的发言，每个小组的同学也可以进行互评，所有的小组代表发言完毕后教师进行总结。

【实训标准】

实训形式	以学生自由讨论和教师总结为主。
实训分工	每个小组的学生自行分工，确定一名学生代表小组发言，其余学生可以就讨论的观点进行记录。
实训重点	1. 学生需根据所学知识和日常经验踊跃发表自己的见解和想法。 2. 讨论的过程就是温故知新的过程，每个学生务必认真参与。

项目五 酒店资金投资管理

投资是指以收回投入资金并取得收益为目的的资金流出。酒店的每一项资产都是酒店资金的占用，也就是“投资”，都要从中取得回报，使酒店获利。此外，新建餐厅、购置设备、购买政府债券、购买企业股票和债券、兼并其他酒店、增加新产品等，都是酒店的投资活动，都会导致资金流出酒店，并以获得更多的资金流入为目的。

酒店是以营利为目的的企业，其管理目标是取得盈利。酒店为了保证自己在激烈的市场竞争中生存下来，不断获得发展并且不断创造财富，需要将资金投放于一定的人、财、物上，以获得相应的资金流入，这就是酒店的资金投放，也是酒店的投资活动。

财务管理是酒店经营管理的核心，对投资活动的管理是酒店财务管理的核心，也是酒店进行资金筹集的目的。酒店能否把筹集到的资金投放到收益高、回收快、风险小的项目上去，极大地影响着酒店的经营前景，甚至影响到酒店的生存。

学习引导

1923年的一天，怀着致富梦想的希尔顿来到繁华的达拉斯商业区大街上，突然发现这里竟然没有一家像样的酒店。一个念头在希尔顿的心中产生：“我如果在这里建一座高档的酒店，生意一定不错。”

经过一番观察，希尔顿看准了一块位于达拉斯商业区大街的拐角地段的地皮，所有权在一个人称“老德米克”的房地产商人手上。希尔顿很快就悄悄请来了建筑设计师和房地产评估师，经过大致观察，得知按心中所想建起一座酒店至少需要100万美元。

这与希尔顿已经筹措的30万美元相差太大。但希尔顿一点也不慌，他找到老德米克，以30万美元的价格签订了地皮买卖的协议。

给付土地出让费的这一天，希尔顿仅仅带了3万美元就来见老德米克。他一脸无奈地说：“我买你的地，是想建一座大型酒店，但算来算去，我的钱只够建造一个普通的酒店，所以我只能租你的地了。”

就在老德米克摆摆手，正准备说“不想和你合作”的时候，希尔顿诚恳地说道：“我的租期为90年，分期付款，每年租金为3万美元。如果我不能按期付款，你就收回你的土地和土地上面的酒店。你看怎么样?”

老德米克一听，不由得喜上眉梢。30万美元的土地出让费可以换得270万美元的租金，土地还是自己的，土地上的饭店也有可能是自己的。

于是交易就做成了，希尔顿付给了老德米克第一年的土地租金3万美元。

但希尔顿口袋里剩下的27万美元仍然不能建起一座100万美元的酒店。于是，他再一次找到老德米克，说要以土地作为抵押去贷款建酒店。为了把270万美元全部拿到手，老德米克答应了。

银行按土地的现值贷给了希尔顿30万美元，希尔顿手头可利用资金达到了57万美元。1924年5月，希尔顿酒店在资金缺口已不太大的情况下开工了。

【点评】

这个故事强调了商业中的策略性思维、灵活应对挑战的能力以及合作共赢的重要性。希尔顿的成功经验为我们提供了一个有益的商业铁律：把有实力的利益追求者与自己捆绑在一起，成为一个不可分割的利益共同体，把最大的风险不着痕迹地转嫁给对方，财富就可以“无中生有”。

学习目标

知识目标

1. 了解酒店投资的基本概念。
2. 了解酒店投资现金流量的概念。
3. 知道酒店投资存在的风险种类。

技能目标

1. 掌握酒店投资的基本方法。
2. 会进行酒店现金流量估算。
3. 掌握酒店投资风险分析的方法。

素养目标

1. 培养财务管理能力，提高理财技能。
2. 懂得如何评估和管理风险，提高决策能力。

任务一 酒店投资概述

一、酒店投资的概念

酒店投资是指酒店以未来收回现金并取得收益为目的而发生的现金流出活动，包括直接投资和间接投资。直接投资是指把资金投放于生产经营性资产，以便创造价值的投资。间接投资是指把资金投放于证券等金融资产，以便取得股利或利息收入的投资。

二、酒店投资的分类

（一）按酒店投资的对象分类

按酒店投资的对象分类，可将投资分为固定资产投资、无形资产投资和其他资产投资。固定资产投资是指将资金投放于房屋和建筑物、机器设备、工具器具等固定资产。无形资产投资是指将资金投放于专利权、非专利技术、商标权、著作权、土地使用权、商誉等无形资产。其他资产投资是指除以上资产投资之外的投资，如开办费等应在以后年度内分期摊销的各项费用。

（二）按酒店投资的顺序与性质分类

按酒店投资的顺序与性质分类，可将投资分为先决性投资和后续性投资。先决性投资是指必须对某酒店进行投资，在项目建成同时或其后实现收益。后续性投资是指在原有基础上进行的酒店建设，建成后将发挥原酒店同样作用或更有效地发挥同一作用和性能，能够完善或取代现有酒店的投资。

（三）按照投资回收时间的长短分类

按照投资回收时间的长短，可将投资分为短期投资和长期投资。

（1）短期投资又称流动资产投资，是指能够随时变现并且持有时间不准备超过一年的投资，如应收账款、存货、短期有价证券。在酒店经营过程中，可能会出现现金流入大于现金流出的情况，这时就会有资金的闲置。闲置的资金可以提高偿债能力，但却降低了酒店的盈利能力，解决办法之一就是将闲置资金用于购买短期有价证券。在国外，短期有价证券投资是一种基本的短期投资方式。在我国，随着证券市场的健全和完善，这种投资方式将成为酒店投资的一种重要形式。

（2）长期投资又称资本性投资，是指短期投资以外的投资，投资额在一年以上才能收回，如固定资产投资、无形资产投资、长期有价证券投资。就金融资产而言，如债券，有的到期期限较长，可以长达数十年之久，普通股票则没有到期的时间。由于长期投资时间长、风险大，在进行长期投资时，不仅要考虑投资的收益率和风险，还要从货币时间价值等多种角度进行分析，做出最优的投资决策。

（四）按照资金投放范围分类

按照资金投放的范围，可将投资分为对内投资和对外投资。

（1）对内投资是指将资金投放于酒店内部，以保证酒店正常的生产经营，包括流动资产投资、固定资产投资。

（2）对外投资是指酒店以现金、实物、无形资产或有价证券等方式向其他单位投资。随着酒店横向经济联合的开展，对外投资变得越来越重要。

（五）按照与业务经营的关系分类

按照与酒店业务经营的关系，可将投资分为直接投资和间接投资。

（1）直接投资是指酒店将资金投放于生产经营性资产，以获取利润的投资，如新建酒店、酒店装修、购置设备、购买原材料等。

（2）间接投资是指酒店将资金投放于股票、债券等金融资产，以获得利息或股利收入的投资，因此又称为证券投资，如购买国债、企业债券、股票等。

（六）按照不同投资项目之间的相互关系分类

按照不同投资项目之间是否相关，可将投资分为独立投资、互斥投资和相关投资。

（1）独立投资是指在众多的投资项目中，只能选择一个项目。各个投资项目的现金流是独立的，不具有相关性，并且任何一个投资项目的采用与否都不影响其他投资项目的采用，因此独立投资项目的投资决策就是比较选择最优项目。

（2）互斥投资是指投资项目之间存在互不相容、互相排斥的关系，或说“有你无我”的关系。

（3）相关投资是指必须依赖于其他项目的实施而存在的投资。

任务实训

【实训项目】用自己的话说一说什么是酒店投资。

【实训目标】了解酒店投资的概念，掌握酒店投资的分类方法。

【实训时间】2学时。

【实训步骤】

1. 在教师的引导下，将学生分组，每组4～6人。

2. 每个小组的学生利用所学知识，就酒店投资的概念和分类展开讨论，充分发表自己的见解，并派代表进行发言。

3. 教师点评每个小组代表的发言，所有的小组代表发言完毕后由教师根据学生的发言进行知识总结。

【实训标准】

实训形式	以学生自由讨论和教师总结为主。
实训分工	每个小组的学生自行分工，确定一名学生代表小组发言，其余学生可以就讨论的观点进行记录。
实训重点	1. 学生需根据所学知识和互联网资源充分查阅资料，并踊跃发表自己的见解和想法。 2. 讨论的过程就是温故知新的过程，每个学生务必认真参与。

任务二 酒店投资的方法

酒店投资是指投资者将资金投入到酒店项目中，以获取未来收益的行为。酒店投资通常包括购买现有酒店、建设新酒店或参与酒店经营等形式。需要考虑酒店市场需求、地理位置、品牌影响力、运营管理水平等因素，以确保投资回报率和风险控制。

一、酒店投资计算期和资本投入方式

（一）酒店投资计算期

酒店投资计算期是指从投资建设开始到最终清理结束整个过程的全部时间，即该酒店的有效持续期间，可分为建设期和生产经营期。建设期的第一年年初（记作第0年）

称为建设起点，建设期的最后一年年末（记作第×年）称为投产日，从投产日到终结点之间的时间间隔称为生产经营期。

（二）资本投入方式

从时间特征上看，投资主体将资金投入具体酒店的方式有一次投入和分次投入两种。一次投入方式是指投资行为集中一次发生在酒店计算期第一个年度的某一时间点；如果投资行为涉及两个或两个以上年度，或者虽然只涉及一个年度，但同时在该年的不同时间点发生，则属于分次投入方式。

二、酒店投资额的确定

（一）酒店投资额的构成

在酒店投资整个过程中，酒店投资主要范围包括固定资产投资、无形资产投资、递延资产投资、流动资产投资和营业成本费用投资等。

1. 固定资产投资

固定资产是指使用期限较长（一年以上），单位价值在规定的标准以上，在生产过程中为多个生产周期服务，在使用过程中保持原来的物质形态的资产。固定资产投资主要包括：建筑工程费、设备购置费、安装工程费、工具及生产家具购置费、其他费用（土地补偿费、管理费等）。固定资产投资相关指标有：

（1）固定资产原值：建设项目建成或投产时核定的价值。

（2）折旧：固定资产转移价值的补偿，作为一种会计手段；在投资项目寿命期（或计算期）内，折旧和摊销不是项目的现金流出，而属于成本。

（3）固定资产净值：固定资产净值＝固定资产原值－累计折旧额。

（4）期末残（余）值：寿命期末的固定资产残余价值，属于现金流入。

2. 无形资产投资

无形资产是指能为酒店长期提供某种权利或利益但不具有实物形态的资产，主要包括专利、著作权、版权、商标、专有技术等，其价值在服务期内逐年摊销，摊销费计入成本。

3. 递延资产投资

递延资产是指项目筹建期内，集中发生除固定资产投资和无形资产投资以外的各项费用所形成的资产，主要包括开办费、租赁固定资产改良费、固定资产装潢及装修费等，在规定年限内平均摊销，摊销费计入成本。

4. 流动资产投资

流动资产是指可以在一个生产经营周期（对象不同，长短不同）内变现或耗用的资产，主要包括储备资金（原材料、燃料等）、生产资金（在制品、半成品等）、成品资金（产成品、外购品等）、结算资金（应收、预付账款等）、货币资金（备用金、现金、银行存款等）。

5. 营业成本费用投资

营业成本费用按经济性质分为九类：外购材料；外购燃料；外购动力；工资及福利

费；折旧费；摊销费；利息支出；修理费；其他费用。

总成本费用是上述成本费用之和。

（二）酒店投资额的估算

以某酒店投资项目为例。该酒店项目投资估算范围包括实现项目投入与运营所需的建设投资和建设期利息。其中，建设投资包括建筑工程费、设备购置费和安装工程费，以及按规定必须考虑的建设工程其他费用和预备费等。估算依据为《市政工程投资估算编制办法》（建标〔2007〕164 号）、《市政工程投资估算指标》，该省《工程建设概预算文件汇编》、《建筑安装工程费用定额》及相应费率，该市工程造价管理相关规定，并结合该市当前工程造价的实际情况，以及建设单位提供的当地市政建设的有关规定及说明。

1. 固定资产投资估算

A 项目固定资产投资总额为 49 253.7 万元，由工程费用、工程建设其他费用、预备费和建设期借款利息四部分组成。

（1）工程费用。工程费用由单项建筑工程费用和配套、安装工程费用组成。

1）单项建筑工程费用。

a. 精品酒店：建筑工程费按 8 000 元/平方米计，共计建筑工程费 7 600 万元；设备购置费按建筑工程费的 20%计，则设备购置费为 1 520 万元。故精品酒店的工程费用共计 9 120 万元，占固定资产投资总额的 18.52%。

b. 配套商务酒店：建筑工程费按 3 700 元/平方米计，共计建筑工程费 3 367 万元；设备购置费按建筑工程费的 20%计，则设备购置费为 673.4 万元。故配套商务酒店的工程费用共计 4 040.4 万元，占固定资产投资总额的 8.2%。

c. 露天温泉场：建筑工程费按 5 000 元/平方米计，共计建筑工程费 600 万元；设备购置费按建筑工程费的 20%计，则设备购置费为 120 万元。故露天温泉场的工程费用共计 720 万元，占固定资产投资总额的 1.46%。

综上所述，该项目单项建筑的工程费用为 13 880.4 万元，占固定资产投资总额的 28.18%。

2）配套、安装工程费用。

本项目应计建筑面积为 18 600 平方米。

a. 给排水：按 50 元/平方米计，安装工程费共计 93 万元，占固定资产投资总额的 0.19%。

b. 消防：按 60 元/平方米计，安装工程费共计 111.6 万元，占固定资产投资总额的 0.23%。

c. 强弱电：按 230 元/平方米计，安装工程费共计 427.8 万元，占固定资产投资总额的 0.87%。

d. 监控及广播系统：按 30 元/平方米计，安装工程费共计 55.8 万元，占固定资产投资总额的 0.11%。

e. 室外给排水：按 60 元/平方米计，安装工程费共计 111.6 万元，占固定资产投资总额的 0.23%。

f. 室外电气：按 150 元/平方米计，安装工程费共计 279 万元，占固定资产投资总额的 0.57%。

g. 室外道路：共 96 048 平方米，按 130 元/平方米计，安装工程费共计 1 248.62 万元，占固定资产投资总额的 2.54%。

h. 绿化：共 380 000 平方米，按 110 元/平方米计，建筑工程费共计 4 180 万元，占固定资产投资总额的 8.49%。

i. 配套停车场：共 5 000 平方米，按 280 元/平方米计，建筑工程费共计 140 万元，占固定资产投资总额的 0.28%。

综上所述，该项目配套及安装工程费用合计 6 647.42 万元，占固定资产投资总额的 13.5%。

（2）工程建设其他费用。

1）土地费用：该项目占用土地是通过挂牌出让的方式取得的，征地费用为 24 000 万元，占固定资产投资的 48.73%。该项目不考虑土地契税。

2）建设单位管理费：包括建设单位开办费、建设单位经费和建设单位临时设施费等，按照建筑安装工程费用的 1.5%计，建设单位管理费共计 307.92 万元，占固定资产投资总额的 0.63%。

3）地质勘探及工程设计费：指建设单位为进行项目建设发生的勘察和设计费用。地质勘探按照 10 元/平方米计，总建筑面积为 18 600 平方米，地质勘探费共计 18.6 万元，占固定资产投资总额的 0.04%；工程设计费按照 150 元/平方米计，工程设计费共计 279 万元，占固定资产投资总额的 0.57%。

4）建设项目前期费用、招投标手续费、招标代理服务费：建设项目前期费用为 20 万元，占固定资产投资总额的 0.04%；招投标手续费为 3 万元，约占固定资产投资总额的 0.01%；招标代理服务费 12 万元，占固定资产投资总额的 0.02%。

5）白蚁防治费：按照 2.3 元/平方米计，总建筑面积为 18 600 平方米，共计 4.28 万元，占固定资产投资总额的 0.01%。

6）以下费用均以建筑面积 18 600 平方米为基数进行计算：人防基金按照 50 元/平方米计，共计 93 万元，占固定资产投资总额的 0.19%；基础设施配套费按照 105 元/平方米计，共计 195.3 万元，占固定资产投资总额的 0.4%；散装水泥基金按照 2 元/平方米计，共计 3.72 万元，占固定资产投资总额的 0.01%；新型墙体材料发展基金按照 8 元/平方米计，共计 14.88 万元，占固定资产投资总额的 0.03%；防雷检测费按照 0.9 元/平方米计，共计 1.67 万元，占固定资产投资总额的 0.003%；施工图纸审查费按照 1.72 元/平方米计，共计 3.2 万元，占固定资产投资总额的 0.01%。

7）建设监理费：按照建筑安装工程费用的 2.0%计，建设单位监理费计 410.56 万元，占固定资产投资总额的 0.83%。

综上所述，该项目工程建设其他费用合计 25 367.13 万元，占固定资产投资总额的 51.5%。

（3）预备费。

项目预备费含基本预备费和涨价预备费。

基本预备费按照建设投资中建筑工程费、设备购置费、安装工程费和工程建设其他费用之和的5.0%计，计2 294.75万元。涨价预备费参照国家计委（现为国家发改委）《关于加强对基本建设大中型项目概算中“价差预备费”管理有关问题的通知》（计投资〔1999〕1340号）精神，投资价格指数按零计算。故该项目预备费共计2 294.75万元，占投资总额的4.66%。

（4）建设期借款利息。

本项目建设期1年，建设投资拟申请银行长期借款16 000万元，按年利率6.65%，应计建设期借款利息1 064万元，占固定资产投资总额的2.16%。

综上，A项目固定资产投资总额构成如表5-1所示。

表5-1 A项目固定资产投资总额构成

序号	名称	投资额（万元）	占固定资产投资总额比例
1	工程费用	20 527.82	41.68%
2	工程建设其他费用	25 367.13	51.5%
3	预备费	2 294.75	4.66%
4	建设期借款利息	1 064.00	2.16%
合计		49 253.70	100%

2. 流动资金估算

A项目流动资金包括流动资产和流动负债。该项目从运营期即第2年开始考虑流动资金。

（1）流动资产。

流动资产包括应收账款、存货、现金及预付账款。

1）应收账款：周转天数为45天，周转次数为8次/年，项目开始正常运营的第6年后应收账款为196.33万元。

2）存货：该项目存货包括原材料、燃料及动力、在产品。项目开始正常运营的第6年后存货为127.12万元。

3）现金：周转天数为30天，周转次数为12次/年，项目开始正常运营的第6年后现金为20.3万元。

4）预付账款：本项目不涉及预付账款。

（2）流动负债。

流动负债包括应付账款及预收账款。

1）应付账款：周转天数为60天，周转次数为6次/年，项目开始正常运营的第6年后应付账款为142.09万元。

2）预收账款：本项目不涉及预收账款。

综上，A项目流动资金汇总表如表5-2所示。

表 5-2 A 项目流动资金汇总表

序号	项目	第 2 年	第 3 年	第 4 年	第 5 年	第 6~15 年
1	流动资产	223.37	249.02	291.35	319.79	363.22
2	流动负债	60.13	75.17	99.97	116.64	142.09
3	流动资金	163.24	173.86	191.38	203.15	221.13
4	流动资金当期增加额	163.24	10.62	17.52	11.77	17.98

任务实训

【实训项目】 如何判断一个投资项目是否可行。

【实训目标】 了解酒店投资的方法，会判断酒店投资项目的可行性。

【实训时间】 2 学时。

【实训步骤】

1. 教师事先准备一个酒店投资项目的案例。
2. 将学生分组，每组 4~6 人。
3. 在教师的指导下，每个小组的学生利用所学知识，讨论该投资项目是否具有可行性，并说明理由。
4. 讨论结束后，每个小组选取一名学生进行发言。
5. 有的小组发言完毕后由教师进行总结分析。

【实训标准】

实训形式	以学生自由讨论和教师总结为主。
实训分工	每个小组的学生自行分工，确定一名学生代表小组发言，其余学生可以就讨论的观点进行记录。
实训重点	1. 学生需根据所学知识和查阅的资料踊跃发表自己的见解和想法。 2. 小组发言结束后其余小组的学生可进行自由提问。 3. 讨论的过程就是温故知新的过程，每个学生务必认真参与。

任务三 酒店投资的现金流量分析

酒店投资的现金流量分析是指通过评估项目的初始投资、经营期现金流入和现金流出等方面，评估投资者在酒店项目中的潜在盈利能力和投资回报。

一、现金流量的内容

现金流量是指在投资决策中，某个投资项目引起的酒店现金支出和现金收入增加的数量。“现金”是广义的现金，它不仅包括各种货币资金，也包括项目需要投入的酒店现有非货币资源的变现价值。现金流量是项目投资决策的依据。

（一）现金流量的种类

1. 按现金流动的方向分类

（1）现金流出量。现金流出量是指与投资方案相关的酒店现金支出的增加额。主要包括以下内容：

1）建设投资，是指建设期内按投资设计方案进行的固定资产投资。

2）无形资产和开办费用等投资的总和，包括土地购买或租赁费用、土建工程费用、生产设备支出、设备安装支出、人员培训费用等。

3）营运资金，是指因项目投资引起的营运资金的变化。项目投资会引起现金、应收账款、原材料、在产品、半成品等流动资产和应付费用等流动负债的变化。垫支的营运资金与建设投资构成原始投资额，再加上资本化利息，构成项目投资总额。

4）付现成本，是指在项目经营期间需用现金支付的成本。它是项目投产后最主要的现金流出项目。

付现成本＝生产经营费用－折旧费用

5）所得税，酒店缴纳的所得税是现金流出量的一部分。

（2）现金流入量。现金流入量是指与投资方案相关的现金收入的增加额。主要包括以下内容：

1）营业收入。项目投产后，营业收入是现金流入量的主要内容。

2）收回的固定资产残值，是指投资项目报废或中途转让时，固定资产报废清理或转让的变价收入扣除清理费用后的净额。

3）收回的营运资金，主要是指投资项目终结时收回的原垫付的营运资金。为了简化计算，一般在发生营运资金垫付时，我们把它视为现金流出。而在投资项目使用过程中循环发生的营运资金收回和再垫支，既不作为现金流入，也不作为现金流出。将项目终结时收回的营运资金作为现金流入对待。

2. 按现金流动的时间分类

（1）初始现金流量。初始现金流量是指与投资方案相关的并于投资开始时发生的现金流量，有时也称为初始投资。主要包括以下内容：

1）固定资产投资，包括固定资产的构建成本、安装费用、运杂费等现金流出。

2）流动资产投资，是指由于项目投入生产而发生的购置原材料、在产品等流动资产的现金流出。

3）机会成本，是指某些原有资产用于该项投资而不能用于其他用途而失去的收入。

4）其他投资费用，是指与投资项目有关的筹建费、职工培训费、谈判费、注册费等现金流出。

5）原有固定资产的变价收入，主要是指固定资产更新时变卖原有固定资产所得的现金收入。

（2）营业现金流量。营业现金流量是指投资项目完成投入生产后，在寿命期内，从正常的生产活动中取得的现金流量，一般以年为单位进行计算。

营业现金流量＝营业收入－付现成本－所得税

付现成本＝生产经营费用－折旧费用

营业现金流量＝税后净利润＋折旧费用

（3）终结现金流量。终结现金流量是指项目终结（报废或转让）时发生的各种现金流量，主要包括固定资产变价净收入或残值收入、收回的垫支营运资金。

（二）现金净流量

现金净流量是指一定期间现金流入量和现金流出量的差额。

现金净流量＝现金流入量－现金流出量

为方便起见，如不作特殊说明，假设各年的投资都在年初一次发生，各年的营业现金流量都在各年年末一次实现，终结现金流量在最后一年年末发生。

二、现金流量的估算

（一）项目现金流入量的估算

（1）营业收入是经营期最主要的现金流入，应按项目在经营期内有关产品各年预计单价和预计销售量进行估算。

（2）补贴收入是与经营期收益相关的政府补贴，可根据按政府退还的增值税，按销量或工作量分期计算的定额补贴和财政补贴予以估算。

（3）在终结点上一次回收的流动资金等于各年垫支的营运资金投资额的合计数。回收营运资金和回收固定资产残值统称为回收额。

（4）假定新建项目的回收额发生在终结点上。

（二）项目现金流出量的估算

1. 建设投资的估算

固定资产投资应按项目规模和投资计划所确定的各项建筑工程费用、设备购置费用、安装费用和其他费用来估算。无形资产和其他资产投资，根据需要逐项按有关资产的评估方法和计价标准进行估算，在估算构成固定资产原值的资本化利息时，可根据长期借款本金、建设期年数和借款利息率按复利计算，且假定建设期资本化利息只计入固定资产原值。

2. 营运资金投资的估算

在某项目投资决策中，营运资金是指在营运期内长期占用并周转使用的资金。

某年营运资金投资额（垫支数）＝本年营运资金需用额－截至上年的营运资金投资额

或：

某年营运资金投资额＝本年营运资金需用额－上年营运资金需用额

本年营运资金需用额＝该年流动资产需用额－该年流动负债可用额

【例 5-1】 A酒店某投资项目投产后第1～5年每年预计外购原材料、燃料和动力费为50万元，工资及福利费为30万元，其他费用为10万元，每年折旧费用为20万元，无形资产摊销费用为5万元，第6～10年每年不包括财务费用的总成本费用为150万元。其中，每年预计外购原材料、燃料和动力费为90万元，每年折旧费用为20万元，无形资产摊销费为0。计算：(1) 投产后第1～5年每年的付现成本；(2) 投产后第1～5年每年不包括财务费用的总成本费用；(3) 投产后第6～10年每年的付现成本。

根据相关资料计算如下：

投产后第1～5年每年的付现成本＝外购原材料、燃料和动力费＋工资及福利费＋其他费用

＝50＋30＋10＝90(万元)

投产后第1～5年每年不包括财务费用的总成本费用＝付现成本＋折旧额＋无形资产摊销费

＝90＋20＋5＝115(万元)

投产后第6～10年每年的付现成本＝不包括财务费用的总成本费用－折旧额－无形资产摊销额

＝150－20－0＝130(万元)

(三) 所得税对现金流量的影响

税收减免是指酒店发生的费用支出会使所得税支出减少。因此，发生的费用支出实际上会产生减少所得税税负的作用，即税收抵免效应。所得税影响投资现金流量。投资现金流量包括投资在固定资产和流动资产上的资金两部分。由于投资在流动资产上的资金一般在项目结束时全部收回，不涉及酒店的损益，因此不受所得税的影响。如果酒店以原有旧设备进行固定资产投资，在计算投资现金流量时，一般是以该设备的变现价值作为其现金流出量。此外，还必须注意酒店由此而可能支付或减免的所得税。投资现金流量的计算公式如下：

投资现金流量＝投资在流动资产上的资金＋设备变现价值－(设备变现价值－账面净值)×所得税税率

【例 5-2】 假设某酒店要进行固定资产更新与否的决策，如更换旧设备，可获得旧设备的出售收入8万元，如此时旧设备的账面净值为6万元，则酒店出售旧设备的净所得为2万元，须为此支付所得税0.5万元（所得税税率为25%）。因此，出售旧设备所产生的现金流入量为7.5(8－0.5) 万元。但是假设旧设备出售时账面净值是10万元，则酒店会产生亏损2万元。这2万元可以作为一项费用支出在税前利润中扣除，因而会产生税收抵免0.5万元。此时出售旧设备所产生的现金流入量是8.5(8＋0.5) 万元。

营业现金流量＝净利润＋折旧

＝税前利润×(1－所得税税率)＋折旧额

＝(收入－付现成本－折旧)×(1－所得税税率)＋折旧额

所得税对项目终止阶段现金流量的影响：项目终止现金流量包括固定资产的产值收入和营运资金的收回。营运资金的收回由于不涉及利润的增减，因此不受所得税的影响。

$$\text{项目终止现金流量}=\text{预计垫付的营运资金}+\text{固定资产残值收入}-(\text{残值收入}-\text{预计残值})\times\text{所得税税率}$$

【例5-3】某酒店拟投资甲项目，经过可行性分析，有关资料如下：该项目需要固定资产投资100万元，其中第一年年初和第二年年初分别投资55万元和45万元。第一年年末该项目部分竣工并投入试生产，第二年年末该项目全部竣工交付使用。该项目投产时需要垫支营运资金60万元，用于购买原材料、支付工资及存货增加占用等。其中，第一年年末垫支35万元，第二年年末又增加垫支25万元。该项目经营期预计为6年，固定资产按直线法计提折旧，预计残值为10万元。根据有关部门的市场预测，该项目投产后第一年销售收入为70万元，以后5年每年销售收入均为95万元。第一年付现成本为35万元，以后5年每年的付现成本均为46万元。甲项目需征用土地10亩，支付土地10年使用费共计60万元，于项目建设第一年年初支付，该酒店适用的所得税税率为25%。计算甲项目6年的预计现金流量。

首先，计算甲项目的每年折旧额和摊销额：

固定资产年折旧额＝(1 000 000－100 000)÷6＝150 000(元)

每年土地使用费摊销额＝600 000÷10＝60 000(元)

其次，计算营业现金流量，如表5-3所示。

表5-3 某酒店营业现金流量计算表　　单位：元

项目	第2年	第3年	第4年	第5年	第6年	第7年
销售收入	700 000	950 000	950 000	950 000	950 000	950 000
－付现成本	350 000	460 000	460 000	460 000	460 000	460 000
－折旧	150 000	150 000	150 000	150 000	150 000	150 000
－摊销土地使用费	60 000	60 000	60 000	60 000	60 000	60 000
＝税前净利润	140 000	280 000	280 000	280 000	280 000	280 000
－所得税	35 000	70 000	70 000	70 000	70 000	70 000
＝税后利润	105 000	210 000	210 000	210 000	210 000	210 000
＋折旧	150 000	150 000	150 000	150 000	150 000	150 000
＋摊销土地使用费	60 000	60 000	60 000	60 000	60 000	60 000
＝营业现金流量	315 000	420 000	420 000	420 000	420 000	420 000

最后，将该项目的投资现金流量和项目终结的现金流量也考虑进来，通过计算得到该项目的全部现金流量，如表 5－4 所示。

表 5－4 某酒店现金流量计算表

单位：元

项目年份	第 1 年年初	第 1 年年末	第 2 年年末	第 3 年年末至第 6 年年末	第 7 年年末
固定资产投入	－550 000	－450 000			
土地使用权投入	－600 000				
营运资本投入		－350 000	－250 000		
营业现金流量			315 000	420 000	420 000
固定资产残值					100 000
营运资金回收					600 000
现金流量合计	－1 150 000	－800 000	65 000	420 000	1 120 000

任务实训

【实训项目】说一说一个投资项目会产生哪些现金流量。

【实训目标】了解现金流量的概念，会进行简单的现金流量估算。

【实训时间】2 学时。

【实训步骤】

1. 在教师的引导下，将学生分组，每组 4～6 人。

2. 每个小组的学生利用所学知识，就“一个投资项目会产生哪些现金流量”展开讨论，充分发表自己的见解，并派代表进行发言。

3. 教师点评每个小组代表的发言，每个小组的同学也可以进行互评，所有的小组发言完毕后教师进行总结。

【实训标准】

实训形式	以学生自由讨论和教师总结为主。
实训分工	每个小组的学生自行分工，确定一名学生代表小组发言，其余学生可以就讨论的观点进行记录。
实训重点	1. 学生需根据所学知识和日常经验踊跃发表自己的见解和想法。 2. 讨论的过程就是温故知新的过程，每个学生务必认真参与。

任务四 酒店投资风险分析

一项投资的风险与该投资预期收到的未来现金流的不确定性有关。某一项投资方案实施后，能否如期收回投资以及能否获得预期收益，在事前是无法确定的，由此就产生了投资风险。如果某一项投资有绝对确定的5%的收益率，我们就说它无风险；另一项投资预期有70%的收益率，如果经济情况非常好，收益率可能上升到90%，但是一旦经济不景气，收益率就会降到20%，我们说这项投资就存在风险。由此也可以看出，风险既可能给酒店带来负面影响，也可能带来正面影响，本文所指风险为给酒店带来负面影响的风险。

一、投资风险概述

投资风险是指在酒店的投资过程中，因为政治、经济、社会、文化、法律等因素在一定时间内发生无法预期的变化，导致投资活动的结果不能达到预期结果的情况。带来投资风险的因素主要有以下几种。

（一）政治、经济形势的变化

这种变化一方面对市场和国家的宏观政策产生影响，另一方面引起投资者投资心理、投资动机的改变，从而使投资活动的结果与预期产生偏差。

（二）产品销路和投入品市场的变化

由于技术进步迅速，产品更新换代速度加快，进行投资需要认真对市场进行研究，做出正确的投资决策。技术的进步、消费观念的改变，都可能对产品的销售市场产生重要影响，可能会导致投资方案的失败。投入品价格上涨或者供应不足，也会影响到投资决策，导致投资方案失败。例如，某餐厅经过调查，判断今后一年中甜面包将会是一大消费热点，决定增加一套新的加工甜面包的设备。但是没想到设备买来投入使用一个月后，消费者的消费倾向发生改变，甜面包失去了销售市场。由于产品销路发生变化，这就是一次失败的投资，餐厅不得不承担投资的损失。

（三）财政、信贷、投资政策的变化

当国家放权让利、放松银根、降低利率、提供优惠的税收政策的时候，进行投资就会处于有利地位；当国家紧缩财政、控制投资的时候，可能使投资处于不利地位，增加投资风险。

（四）经营状况的变化

酒店自身经营状况不佳，可能导致资金的短缺，如果后续投资无法跟上，那么投资项目就不得不暂停，使投资遭受损失。

不同的投资者对风险持不同的态度。有些人愿意回避风险，有些人愿意冒风险以期获得较高的报酬。一般情况下，在报酬率相同时选择风险小的项目，在风险相同时选择报酬率高的项目。是否选择高风险、高报酬率的项目取决于两点：一是报酬率是否高到值得去冒风险；二是投资者对待风险的态度。

二、证券投资风险的分析方法

（一）证券投资风险

证券投资风险是指由于证券预期收益的不确定性而带来的风险，包括违约风险、利

率风险、购买力风险、变现力风险和再投资风险。下面，我们分别来看这几种证券投资风险。

1. 违约风险

违约风险是指证券发行者无法按期支付利息和偿还本金的风险。除中央政府发行的国库券以外，地方政府和公司发行的债券或多或少都存在违约风险。因此，为了避免违约风险，酒店在进行债券投资时应选择高质量的债券，可以参照信用评估机构对该债券的评估，也可以直接对发债企业的偿债能力进行分析。

2. 利率风险

利率风险是指由于利率变动而使投资人遭受损失的风险。利率决定于货币市场的供求状况，而市场供求状况常因种种原因而经常变动，市场上的利率也因此时高时低。证券价格会随市场利率变动，以股票为例，股价与利率成相反方向变化，即市场利率低，股票的价格高；相反，市场利率高，股票价格低。因而市场利率的变动，会带来股票价格的涨跌。当市场利率不断上涨时，股票价格就会相应不断下跌。因为在利率很高时，会大大削减股票的价值，人们只需要把资金存在银行就可以获得较高的收益，故股票的吸引力就会下降。一般来说，证券的到期时间越长，利率风险越大。这也是长期证券的利率通常比短期证券的利率要高的原因。通常，为了降低利率风险，酒店应该尽量购买到期日不同的证券。

3. 购买力风险

购买力风险又称通货膨胀风险，是指由于通货膨胀而使货币购买力下降的风险。在通货膨胀期间，货币的购买力是持续下降的。在证券投资中，无论何种证券都要受到通货膨胀不同程度的影响，因为投资中的收回本金或取得收益都以货币来实现，货币的价值会受到通货膨胀的影响而降低。但是，不同的证券受影响的大小是不同的，通货膨胀对固定收益的债券投资和优先股投资影响很大，使投资者定期所获固定收入的实际购买力下降，同时投资者还要遭受资本价值降低的损失。对于不固定收入的普通股票，其股息的支付不固定，可能随物价上涨而增加，可以抵补一部分损失，但其增加的程度很难赶上物价上涨的幅度。但比较而言，普通股票比固定收益的债券和优先股的损失要小一些。一般来说，预期报酬率会上升的证券，其购买力风险会低于报酬率固定的证券。例如，通货膨胀时房地产、普通股等投资受到的影响较小，而投资收益长期固定的债券受到的影响较大，前者更适合作为减少通货膨胀损失的避险工具。

4. 变现力风险

变现力风险又称流动性风险，是指无法在短期内以合理价格来卖掉资产的风险。这就是说，如果投资人遇到一个更好的机会，他需要卖掉持有的债券，取得资金来进行再投资，但如果他持有的债券是冷门债券，那么为了尽快获得资金，他不得不以较低的价格出售债券来换取资金，否则他只能丧失这次机会。避免此种风险的方法是购买国库券等可在短期内以合理市价出售的债券。

5. 再投资风险

购买短期证券，而没有购买长期证券，在利率下降的时候，会有再投资风险。短期证券到期时利率降低，只能找到报酬率与市场利率差不多的投资机会。避免此风险的方法是预计利率将会下降时购买长期证券。

（二）证券投资风险分析

投资者在进行证券投资的时候，往往不会把所有的资金都投资于一种证券，而是同时持有多种证券。这种同时投资于多种证券的方式，就是证券的投资组合，简称证券组合或投资组合。对于非系统风险而言，投资组合理论认为，通过增加投资组合中资产的种类，合理进行组合就可以降低。而系统风险则不可排除，其大小以β系数加以衡量。在进行投资决策时，投资者可以参考该投资证券的β系数。

1. 风险分散理论

风险分散理论与“不要把鸡蛋都放在一个篮子里”的常识是一个道理，鼓励投资者分散投资，其本质是通过资产的分散化来分散非系统风险。投资组合的收益是这些证券收益的加权平均数，但其非系统风险不是这些证券风险的加权平均。非系统风险的分散程度取决于组合中证券的相关程度和种类多少，相关程度越小，种类越多，越能分散风险。并且，存在这样一个规律，刚开始时增加投资组合中证券的数目，其风险的分散作用相当显著，但随着证券数目不断增加，这种做法的风险分散作用逐渐减弱。

若组合中两种证券的收益完全负相关，则按1∶1的比例组合，可分散全部的公司特有风险；若两种证券的收益完全正相关，则不能分散任何公司特有风险，也不会增加风险。事实上，组合中的各种证券之间不可能完全正相关或完全负相关，同时还有系统风险的存在，因此投资组合能降低风险，但是不可能完全消除风险。

只要证券间不是正相关关系，组合起来就会有降低风险的好处，但不能完全消除风险。风险分散理论证明，各种证券之间的相关程度可以通过复杂的计算确定，并在此基础上进一步找出最优的证券组合。

2. 资本资产定价模型

风险和报酬之间的关系是：

期望报酬率＝无风险报酬率＋风险报酬率

在市场均衡的状态下，某项证券投资的预期报酬率与预期所承担的风险之间的关系，可以通过下列公式表示：

$$R_i = R_F + \beta_i (R_M - R_F)$$

式中：

R_i——第i种证券或第i种投资组合的必要报酬率；

R_F——无风险报酬率；

β_i——第i种证券或第i种投资组合的β系数；

R_M——所有证券的平均报酬率或市场报酬率。

这一公式便是资本资产定价模型的基本表达式。

任务实训

【实训项目】请做一个投资项目方案。

【实训目标】了解投资的基本程序和方法，学会分析影响项目投资的因素，会制作简单的项目投资方案。

【实训时间】2学时。

【实训步骤】

1. 将学生分组，每组6～8人。

2. 每组学生根据教师给定的资金限额及自己对投资的理解在规定的时间内做一个投资项目的方案。

3. 方案包含投资项目名称、项目背景、市场分析、项目目标、财务分析、风险分析等内容。各小组的方案设计完成后可通过PPT等形式进行展示。

4. 每组的投资项目展示结束后有5～10分钟的提问交流时间。所有的项目展示结束后教师进行点评分析。

【实训标准】

实训形式	以学生的实训操作和教师的总结为主。
实训分工	教师引导整个实训流程，每组学生可在教师的指导下进行角色分工。
实训重点	1. 投资项目方案中必须包含“市场分析、项目目标、财务分析、风险分析”四部分内容。 2. 实训过程中有不懂的知识要及时请教，项目展示结束后的提问交流环节要积极参与。

项目六 酒店财务控制

酒店财务控制包括酒店的价格确定、酒店的收入控制、酒店的成本费用管理、酒店收益管理等内容，旨在确保酒店的盈利能力和长期发展。

酒店财务控制的重要性不言而喻。价格确定需要根据市场需求和竞争情况灵活调整，确保合理定价；收入控制要保证各项收入来源充分利用，并且准确记录；成本费用管理需要严格控制各项支出，保持运营成本在可控范围内；收益管理则是通过优化房间定价、促销活动等手段，最大化酒店的收益。综合而言，酒店财务控制是确保酒店经营稳健、盈利能力强劲的关键。

学习引导

某星级酒店的注册资本为 8 000 万元，共有员工 200 余人，酒店的服务项目包含餐饮、娱乐、客房、健身等。餐饮营业面积 1 500 平方米，客房 160 间。该酒店于 2024 年开业，仅仅半年时间亏损额达 180 万元。由于亏损严重，该酒店的管理人员立即外聘了专家团队对该酒店的制度、财务情况、运营等进行了全方位的调查和分析。专家团队发现酒店的各项管理制度都是由酒店管理公司制定的标准化制度模式。专家团队对基层部门的执行情况进行了调查，发现执行层面出现了问题——控制不力。其一，采购环节漏洞较大，采购的瓷器和低值易耗品价格高；其二，验收部门不认真，计量单位差价计算失误；其三，后厨没有严格按照标准菜谱操作，且菜品定价政策未能严格执行，造成期间费用超出预算；其四，前台收银软件设计采用收付实现制。以上因素造成餐饮成本率高达 58%，比行业规定高 18%。另外，布草报废率、低值易耗品报废率都超出行业标准，水、电、气等能源浪费严重，人员编制不合理，财务、税收没有合理的筹划。通过对该酒店现状的诊断，专家团队提出了具体的改进措施及税收筹划方案，仅房产税一项年节约 54 万元，城镇土地使用税节约 3.88 万元，个人所得税节约 3 万元，成本率下降 18%，约 60.88 万元，年增加利润 215.68 万元。

【点评】

这个案例反映了酒店在财务控制方面的挑战，包括高成本率、浪费严重等问题。该酒店通过外聘专家团队进行全面调查和分析，提出了改进措施和税收筹划方案，有效地节约了成本、提高了利润。通过该案例可以认识到采购管理、成本控制、收银管理、浪费管理和税收筹划等对酒店财务管理的重要性。

酒店在财务控制方面需要建立健全管理制度，加强成本控制和资源利用效率，以实现经营效益的提升和持续发展。

学习目标

知识目标

1. 了解酒店价格的种类。
2. 知道影响酒店定价的因素。
3. 了解酒店成本费用控制的标准与程序。

技能目标

1. 掌握酒店定价的方法。
2. 会进行酒店收入控制。
3. 掌握酒店税金管理的基本方法。

素养目标

1. 培养编制和执行预算的能力，提高数据管理技能。
2. 掌握并分析多个方面的数据和信息的能力，培养综合分析能力。

任务一 酒店的价格确定

价格是价值的货币表现，酒店价格是酒店所提供的产品和服务的价值的货币表现。酒店营业收入的影响因素有产品价格和销售量两个方面。在产品价格一定的情况下，销售量越大，营业收入越高；在销售量一定的情况下，产品价格越高，营业收入越高。然而，酒店产品价格并不可以无限度地提高，它受到许多因素的影响。酒店应制定合理的产品价格，最大限度地扩大销售量，实现营业收入最大化。

酒店在对产品和服务进行定价前，不仅需要考虑酒店经营过程中的各项微观因素，也需要综合考虑经济发展、税收政策、同业竞争等宏观因素。

一、酒店价格的种类

酒店价格的多样化意味着酒店在不同的时间段为不同的客户群体提供着多样化的产品和服务。在某一酒店内部，众多的服务部门，如客房部、餐饮部、商品部、商务中心、康体部等，为客人提供着多方面的服务。各部门定价的方法不同，使得各部门的价格种类也不尽一致。以酒店的客房部为例，依据不同的分类方法，价格种类也有很多。

第一种，根据酒店客房的类型，可以把价格分为标准客房价、豪华客房价、标准套房价、豪华套房价、加床价等。一般酒店针对入住客人需求的不同，可以提供不同种类的产品和服务，有客房和套房的差异，也有标准间和豪华间的差异，有些高星级酒店还会提供总统套房。

第二种，针对不同的季节，可以把价格分为淡季价和旺季价。在不同的旅游季节，酒店客房的需求量也不一致，一般旺季的酒店客房价格相对较高，这时酒店客房的价格需求弹性相对较小，价格的适当提高不会影响酒店客房的销售和收入的取得；到了淡季，为了吸引客户，提高酒店客房的出租率，很多酒店则会采取适当降低价格的做法。

第三种，基于酒店的客户群体，酒店价格通常分为门市价和优惠价。门市价就是明确显示在酒店大堂的价格，这一价格通常比较高，但酒店对这一价格的限制，如取消预订、更改预订的限制一般也比较少。酒店的优惠价种类很多，常见的有贵宾优惠价、团体价、公司协议价、旅行社报价、包价、合作网站价、政府价等，针对优惠价，酒店通常在取消预订、更改预订或是其他方面会有一些限制性约定。

二、影响酒店定价的因素

酒店产品价格是酒店产品价值的货币表现。价值是价格的基础，但价格往往受多方面因素影响，如产品成本、市场需求、竞争状况、消费者行为与心理以及政策与法律等因素。

（一）产品成本

酒店在制定价格时要考虑多种因素。成本是影响价格的最基本因素，也是制定价格的最低界限。从长期来看，酒店产品价格应不低于成本。只有这样，价格才能补偿酒店服务过程中所消耗的生产资料转移价值和支付劳动的合理报酬，酒店的经营才能得以维持。也就是说，产品的售价只有高于成本，才可获利，否则就会亏损。因此酒店在制定价格时须考虑补偿成本，这是保证酒店生存和发展的基本条件。

（二）市场需求

市场需求对产品价格也有着重要影响，分析需求对价格的影响主要是分析潜在顾客人数、顾客可能购买的数量及顾客对不同价格的反应，即分析市场潜力与价格需求弹性。市场潜力是指在一定的价格水平上，市场需求可能达到的最高水平。价格需求弹性反映需求对价格的敏感程度，以需求变动的百分比与价格变动的百分比之比值来衡量价格变化导致的需求变化。价格需求弹性主要有三种表现形式：

（1）富有弹性的需求曲线，即当价格变动较小时，需求变动很大。

（2）缺乏弹性的需求曲线，即当价格变动较大时，需求变动很小。

（3）没有弹性的需求曲线，即当价格变化时，需求几乎没有任何变化。

价格需求弹性不同，定价策略也不同。由价格变化引起的需求变化的程度数值，即需求的敏感度。其计算公式为：

$$E_p=(\Delta Q \div Q_0) \div (\Delta P \div P_0)$$

式中：

E_p——需求敏感度；

ΔQ——变动的需求量；

Q_0——初始需求量；

ΔP——变动的价格；

P_0——初始价格。

若 $E_p>1$，说明市场需求对价格变动的敏感度较强，酒店应采取降价策略；若 $E_p<1$，说明市场需求对价格变动的敏感度较弱，酒店应采取提价策略。

（三）竞争状况

一般而言，竞争越激烈，对价格的影响就越大。按照竞争的程度，市场竞争可以分为完全竞争、完全垄断和不完全竞争三种状况。

1. 完全竞争对价格的影响

在完全竞争状态下，酒店几乎没有定价的主动权，酒店是价格接受者而不是决定者。在实际生活中，完全竞争在多数情况下只是一种理论现象，因为任何一种产品都存在一定的差异，加之国家政策的干预以及酒店的不同经营措施，完全竞争的现象几乎不可能出现。但是，如果出现了完全竞争，酒店可以采取随行就市的价格策略。

2. 完全垄断对价格的影响

完全垄断是指一种产品完全由一家或几家酒店所控制的市场状态。在完全垄断状态下，该酒店没有竞争对手，可以独家或几家协商制定并控制市场价格。在现实生活中，完全垄断只有在特定的条件下才能形成。由于政府的干预（如许多国家的反垄断立法）、消费者的抵制以及产品间的替代关系，一个或几个酒店完全垄断价格的局面一般不易出现。但是，如果出现了完全垄断，则非垄断酒店在制定价格时一定要十分谨慎，以防垄断者的价格报复。

3. 不完全竞争对价格的影响

不完全竞争是市场经济体制下普遍存在的典型竞争状态，多数酒店都能够积极主动地影响市场价格，而不是完全被动地适应市场价格。酒店在制定价格时，应认真分析竞争者的有关信息，采取相应的价格策略。

（四）消费者行为与心理

消费者行为，尤其是心理行为，是影响酒店价格的一个重要因素。无论何种类型的消费者，在消费过程中必然会产生种种复杂的心理活动，支配其消费过程。因此酒店制定产品价格时，不仅需要迎合不同消费者的心理，还应促成或改变消费者行为，使其向有利于酒店经营的方向转化，主动积极地考虑消费者的长远利益和社会整体利益。

根据消费者消费心理的不同，一般将消费者分为以下三种类型。

1. 冲动和情感型消费者

这类消费者的购买行为由其情绪波动所支配，购买行为具有冲动性、临时性和不稳定性。这类消费者对产品价格不是十分重视，主要注重产品的花色、式样等。因此，酒店对于适销对路的商品，定价可略高，且可视市场状况调高价格。

2. 理智和经济型消费者

这类消费者购买产品时往往分析评价，并喜欢货比几家再购买，对价格比较慎重，酒店应依质论价。

3. 习惯型消费者

这类消费者对零售商或品牌等产生了信任或偏爱，因此，酒店定价可略高，但应注意价格过高会导致消费者购买的转移。

（五）政策与法律

酒店虽然有自主定价权，国家不直接干预，但对于利用垄断价格牟取暴利，或以不正当的手段哄抬物价、欺骗消费者的行为，国家是坚决反对的。在市场经济条件下，国家在自觉运用价值规律的基础上，通过制定物价工作方针和各项政策，对酒店产品价格实施宏观调控。国家制度与规定具有监督、保护、限制性作用，酒店定价时必须严格遵守，考虑国家指导性定价和市场调节定价、产品差价等因素。

1. 国家指导性定价

国家指导性定价是指国家物价部门和业务主管部门规定定价权限与范围，指导价格制定、调整的定价方式。其定价方式有以下三种：

（1）浮动定价是指国家规定商品的基准价格、浮动幅度和方向，由酒店在规定的范围内自主定价。

（2）比率控制定价是指国家规定商品的差价率、利润率与最高限价范围，由酒店自行灵活地确定价格。

（3）行业定价是指为了避免同行业酒店盲目竞争，采取计划指导，由同行经营者共同协商制定产品的统一价格，并由协商者共同遵守执行。行业定价能防止价格向垄断转化，有利于市场竞争。

2. 市场调节定价

市场调节定价是指在遵守政策和法规的前提下，根据市场供求状况、市场竞争程度、消费者行为及酒店自身条件等因素的变化趋势，由经营者自行确定商品价格。

3. 产品差价

产品差价是指同一商品由于销售地区、销售季节、质量高低、用途等不同而形成的价格差额。产品差价形成的主要依据是上述各种情况下耗用的劳动量、产品质量、地区消费差异不同而形成的地区差价、季节差价、质量差价、用途差价等。

三、酒店定价的目标

酒店定价的目标既是明确酒店产品定价的方向，又是酒店经营目标的具体体现。定价时要考虑利润导向目标和市场导向目标。

（一）利润导向目标

利润是考核和分析酒店经营工作好坏的一项综合性指标，是酒店最主要的资金来源。以利润为目标定价有三种具体形式：获取预期收益目标、获取最大利润目标和获取合理利润目标。

1. 获取预期收益目标

获取预期收益目标是指酒店以预期利润（包括预交税金）为定价基点，并以利润加上产品的完全成本构成价格，从而获取预期收益的一种定价目标。获取预期收益目标有长期和短期之分，大多数酒店都采用长期目标。预期收益高低的确定，应当考虑产品的质量与功能、同期的银行利率、消费者对价格的反应、酒店在行业中的地位和在市场竞争中的实力等因素。预期收益定得过高，酒店会处于市场竞争的不利地位，定得过低，又会影响酒店投资的回收。一般情况下，预期收益适中，可获得长期稳定的收益。

预期收益主要是通过预期收益率计算出来的。预期收益率，又称投资收益率或销售收益率，能准确地反映酒店经营的好坏。

2. 获取最大利润目标

获取最大利润目标是指酒店在一定时期内综合考虑各种因素后以总收入减去总成本的最大差额为基点，确定单位产品的价格，以取得最大利润的一种定价目标。最大利润是指酒店在一定时期内可能并准备实现的最大利润总额，而不是单位产品的最高价格，最高价格不一定能获取最大利润。当酒店产品在市场上处于绝对有利地位时，往往采取这种定价目标，它能够使酒店在短期内获得高额利润。

单位产品的最高价格是酒店获取最大利润的一种方式。但在竞争激烈的市场上，想长期维持不合理的高价几乎是不可能的。因为不合理的高价势必会遇到各方面的对抗行动，诸如需求的减少、代替品的盛行、政府的干预等。因此，最大利润一般以长期的总利润为目标，在个别时期，甚至允许以低于成本的价格出售，以便招徕顾客。

3. 获取合理利润目标

获取合理利润目标是指酒店在补偿正常情况下社会平均成本的基础上，适当地加上一定量的利润作为产品价格，以获取正常情况下合理利润的一种定价目标。酒店在自身力量不足、不能实现获取最大利润目标或预期收益目标时，往往采取这一定价目标。这种定价目标以稳定市场价格、避免不必要的竞争、获取长期利润为前提，因而产品价格适中，消费者乐于接受，政府积极鼓励。

（二）市场导向目标

酒店的利润高低并不必然反映酒店的市场地位，更不能反映它同其他竞争酒店的关系，而市场占有率则能准确反映酒店在同行业中的地位和竞争实力。因此，许多酒店以市场占有率作为价格目标。

1. 以低价占领市场

以低价占领市场为目标，就是在提高产品质量、降低产品成本的前提下，使产品价格低于主要竞争者的价格，以低价迅速打开销路，抢占市场，从而提高酒店产品的市场占有率。待占领市场后，再通过增加和提高某些功能的方式逐步提高产品价格。

2. 以高价占领市场

以高价占领市场为目标，就是在产品上市初期，以高于竞争对手的产品价格，利用消费者的求新、求奇心理，尽可能在短期内获取最大利润。

3. 以竞争价格占领市场

以竞争价格占领市场为目标，就是在制定产品价格之前认真研究竞争对手的价格策略，根据酒店自身实力，用针对性策略方式与竞争者抗衡，以占领新市场或保护既得市场。这种价格目标易导致价格战，风险较大。

四、酒店定价的方法

从财务的角度出发，任何企业的经营必须首先保本，只有以成本为基础制定的价格才是保证企业持续经营的前提。虽然酒店各部门在定价的过程中需要以成本为基础，但由于酒店各部门提供的产品和服务差异较大，在定价过程中还必须综合考虑各部门的经营特点，因此每个部门使用的方法也不完全相同。下面以酒店的客房部和餐饮部为例，探讨酒店价格的制定方法。

（一）客房部关于房价的制定

1. 成本定价法

成本定价法是以客房成本为依据确定房价的一种定价方法。酒店客房在经营过程中所发生的固定成本和变动成本是决定酒店房价的关键因素，固定成本通常按不同类型的客房面积分摊，变动成本通常按出租客房的间天数分摊，另外客房的出租率指标也是决定酒店客房价格的重要因素之一。其计算公式如下：

$$\text{每间客房日平均成本}=\text{间天固定成本}+\text{间天变动成本}$$

$$\text{间天固定成本}=\frac{\text{每平方米每天}}{\text{固定成本}}\times\frac{\text{客房}}{\text{面积}}=\frac{\text{年固定成本总额}}{365\times\text{客房总面积}\times\text{出租率}}\times\frac{\text{客房}}{\text{面积}}$$

$$\text{间天变动成本}=\frac{\text{年变动成本总和}}{365\times\text{客房总数}\times\text{年平均出租率}}$$

2. 目标利润法

目标利润法是综合考虑酒店成本和目标利润来确定房价的一种定价方法。其计算公式如下：

$$\text{房价}=\frac{\text{年总成本}+\text{目标利润}}{365\times\text{客房总数}\times\text{年平均出租率}}$$

3. 赫伯特定价法

赫伯特定价法是以预期投资收益回报率为出发点，在充分估计酒店各项成本费用和利润指标的前提下，通过计算客房收入指标，进而倒推出房价的一种定价方法。

4. 千分之一法

千分之一法是以客房的平均造价为基础，将每间客房的房价确定为客房平均造价的千分之一。

5. 随行就市法

这种定价法不考虑酒店的成本费用指标，而是以同档次的竞争对手的客房价格作为依据，确定酒店客房的价格。

（二）餐饮部关于餐饮价格的制定

1. 销售毛利率法

销售毛利率法也称内扣毛利率法，是根据餐饮产品的标准成本和销售毛利率（内扣毛利率）来计算餐饮产品销售价格的方法。毛利是指销售价格超过原材料成本以上的部分，通常包含费用、税金、合理的利润等。毛利率是毛利占销售价格的百分比。采用销售毛利率法计算餐饮产品价格的公式如下：

$$餐饮产品价格=\frac{标准成本}{1-销售毛利率}$$

2. 成本毛利率法

成本毛利率法也称外加毛利率法，是根据餐饮产品的标准成本和成本毛利率（外加毛利率）来计算餐饮产品销售价格的方法。采用成本毛利率法计算餐饮产品价格的公式如下：

$$餐饮产品价格=标准成本\times(1+成本毛利率)$$

3. 成本加成定价法

成本加成定价法是按餐饮成本耗费再加上一定的百分比（加价率）来计算餐饮产品价格的方法。在同一家酒店内部，不同的餐厅在定价时可以采用不同的加价率。采用成本加成定价法计算餐饮产品价格的公式如下：

$$餐饮产品价格=成本\times(1+加价率)$$

在价格的制定过程中，酒店首先需要从不同角度考虑各种成本因素，包括可变成本和不可变成本、营业成本和经营费用等，这是酒店价格制定的基础。此外，酒店还需要考虑目标利润因素，这是酒店价格制定过程中不可或缺的。只有在综合考虑成本、利润等多种因素的基础上制定的价格才是比较客观的。

在价格制定过程中，酒店还必须考虑国内的经济发展水平和居民的购买力水平；国家相关的经济政策，如国家对行业发展的鼓励或限制政策、国家税款征收和减免政策；同行业竞争态势等因素，甚至还需要考虑国际经济形势，如金融危机对行业和企业的影响等。

任务实训

【实训项目】尝试进行酒店客房定价。

【实训目标】了解酒店价格的种类及酒店定价的目标，掌握酒店定价的方法。

【实训时间】2 学时。

【实训步骤】

1. 将学生分组，每组 4～6 人。

2. 每组学生根据教师给定的酒店客房基础信息（客房房型、数量、基础成本、竞争情况、地段等）对客房的淡旺季分别进行定价。

3. 详细给出每个房型的房价及定价的理由。

4. 教师进行点评。

【实训标准】

实训形式	以学生的实训操作和教师的点评总结为主。
实训分工	教师引导整个实训流程；每组学生可在教师的指导下进行角色分工。
实训重点	1. 要给出每个房型的具体价格，以及定价的理由。 2. 学生在进行客房价格制定时要先思考影响该酒店定价的因素、进行定价的主要目的。

任务二　酒店的收入控制

酒店收入指酒店营业收入，是酒店在某一时期内，通过提供劳务、出售商品和从事其他经营活动所取得的货币收入，包括出租客房、提供餐饮、出售商品及其他服务所取得的收入。酒店应加强对营业收入的管理，使营业收入及时收回，保证资金的正常循环与周转，使经营活动连续不断地进行，创造更好的经济效益。加强酒店营业收入管理，能确保会计资料的准确性与可信性，提高酒店的经营、服务水平，树立品牌形象。

一、酒店收入的控制要点

（一）营业收入的时间确认

营业收入在一定程度上反映了酒店在某一时期内经营成果的好坏，影响着投资者、管理者和全体员工的利益。营业收入确认时间是否合理，直接关系到盈利的准确性。按照规定，酒店应采用权责发生制来核算营业收入，即凡是在本期取得的收入，不论其款项是否已收回，都被视为本期收入；凡是不属于本期形成的收入，即使款项在本期收到，也不能作为本期收入。所以，酒店应在服务已提供、产品已发出，同时价款已收讫或已取得收取价款权利的凭证时，才能确认营业收入实现。当期发生的销售折扣及销售退回，应冲减当期的营业收入。

（二）营业收入的数额确认

构成和影响酒店营业收入的因素较多，因而确认营业收入的正确数额则显得较为复杂。一般来说，影响营业收入数额的相关因素有以下几种。

1. 价格

在销售量一定的条件下，酒店营业收入的高低取决于价格的高低。在定价时，既要坚持按质论价的原则，又要符合市场供求规律。除了为提供服务而支出的成本费用及应得的利润外，酒店产品的价格还可以包括某些税金。

2. 折扣

折扣属于销售调整的项目，它对营业收入数额的准确性影响最大。销售的入账金额是发票价格减除商业折扣后的净额。为了鼓励宾客及时付款，酒店通常会给予一定的现金折扣。一种处理方法是以现金净收入额作为营业收入，如果未来没有发生折扣，则将现金折扣作为追加收入计入营业收入。另一种处理方法是以发票价格作为营业收入，当未来现金折扣实际发生时，再冲销营业收入。

3. 退赔

在经营过程中，由于酒店自身的过错，未达到国家或行业规定的服务质量标准，而造成消费者权益损失的，消费者有权要求退赔。当退赔或折让实际发生时，原来计入的营业收入就应全部或部分地冲销。

4. 坏账

当宾客无力支付其所欠的应付账款时，就会产生坏账。坏账是酒店在营业收入环节中发生的损失费。坏账实际发生时，应对收益进行调整，这种调整往往不是直接减少销售收入，而是以费用的形式冲销当期收益。

二、酒店收入的控制目标

（一）实现营业收入的真实性

酒店营业收入是补偿酒店过去发生的各种消耗，并为酒店未来发展提供保证的主要资金来源。通过内部控制制度的建立来防止漏记或多记营业收入，防止非法转账而造成侵吞行为的发生，防止各种不合理的收入或支出。

（二）实现应收账款的合理性

允许宾客短期欠账是大多数酒店奉行的销售政策，在控制赊销业务时，要严格审核宾客的资信情况，确定宾客及债权数是否真正存在，防止呆账、坏账的发生，保证赊销的账款可收回。

（三）实现销售折扣的适度性

销售折扣是在特定的条件下运用的一种销售策略，是酒店在得到一定利益的情况下而相应放弃的一部分营业收入。酒店必须严格监督折扣政策的执行情况，检查宾客是否拥有享受折扣的条件、酒店自身有无相应的利益，防止销售人员以公谋私。

（四）实现退赔处理的科学性

酒店退赔处理是销售环节中的一种偶然现象，其控制目标就是要将这种现象降到最低限度，防止投诉的发生。对消费者的退赔要求应查明其理由是否合理、处理方法是否正确，将处理结果记录在账，以便修正营业收入和应收账款的余额。

三、酒店收入的控制制度

（一）职务分离制度

在酒店经营过程中，需要处理的业务有接受宾客的预订、核准付款条件、编制接待计划并实施、填制发票并发出账单、核准现金折扣、办理退赔手续、收入账款、会计记录及调整等。为了进行有效控制，各业务环节必须分工明确，相互牵制。例如，应收账款的记账员不能同时成为应收账款的核实者；付款条件必须同时得到销售部门和信贷部门的批准。

（二）信贷监测制度

对于在过去的成交记录中具有良好支付信誉的老客户，信贷部门主要是检查本次接待任务的数额。如果基本相同，即可办理批准手续；如果大大超出历史记录，则应设法监测客户财务状况。对于新客户提出的赊销要求，信贷部门必须要求其同时提供能证明其资信情况的相关数据及财务报表，通过认真分析，来决定是否接受以及允许的信贷限额。

（三）折扣审核制度

销售折扣是营业收入和应收账款的减少额，严格的审核制度可使这种减少额保持在合理的范围内。酒店销售折扣政策和规定应详细、明确，如详细说明可以享受折扣的客户条件、不同数额可享受的不同折扣比例、现金折扣的适用范围和时间限制等。酒店可事先印制反映授权、批准、金额、原因等内容的文书，并由相关管理人员审核签字认可。

对于投诉退赔的处理，需采用不同的控制程序。退赔额度要根据宾客的抱怨程度和投诉内容进行分析确定，酒店应对宾客提出的理由加以记录，并派专人核实这些理由，最后复核并决定退赔金额。任何折扣都应记录在事先连续编号的备忘录上，并由专人定期检查，总结分析。

（四）发票责任制度

发票是对营业收入业务的正式记录，如果在开具发票方面缺乏有效的控制制度，则会导致某些财务问题和舞弊行为的发生。填制发票控制管理，是通过对开票的授权来进行的，当宾客提供所需的证明附件时，开单人就自动得到了授权，可以开具发票。开票人应使用和保留连续编号的发票（包括作废的发票），这是开票人员应承担的会计责任。

（五）应收账款控制制度

酒店产品销售中存在赊销，应收账款在酒店资产中将占有较大比重。应收账款是记录在账面上的债权而不是一种实物性资产，所以比较容易被不法人员用来掩盖其贪污或挪用公款的行为。应收账款必须如实记录，防止虚列，根据有关凭证定期核查，指定专人进行催收和索取，保证账款得以及时收回。各种信贷调整必须经财务经理的批准才能进行。

（六）收入预算制度

酒店可以通过编制销售预算来与实际销售情况进行比较，从而全面控制营业收入的各个环节。定期将实际毛利同预算进行比较，将实际发生的冲销项目、贷项调整同历史数据相比较，然后对比较结果做出详细的分析说明。当发生重大差异时，应指定专门人员进行调查。

四、酒店收入的日常管理

酒店是向宾客提供产品的服务性企业，一系列的消费交易集中在短时间内发生，因此，消费结算时信用政策明确、记账准确、走账迅速、结账清楚，是酒店营业收入日常管理的基本要求。

（一）酒店营业收入的结算方式

酒店营业收入的结算方式有预收、现收、事后结算三种方式。

1. 预收

要求宾客在预订房间或在住店登记时就付账。

2. 现收

要求宾客对酒店的每一项服务直接结账。

3. 事后结算

对宾客住店期间的住宿、餐饮和其他服务采用赊销记账的形式，待宾客离店时再一起结账。

（二）酒店营业收入的控制

酒店营业收入控制环节涉及岗位较多，包括前厅接待、收银员、房务中心、厨房、酒吧、稽核员等多个岗位。要想做好酒店营业收入控制，必须明确各个岗位权限与职责。收款、夜审、日审等各环节都要严格把控，仔细完成。

收款是指向宾客收取其享受酒店产品或服务的款项，该款项构成了酒店的营业收入。收款的基本程序如下：

（1）问清宾客房号，收回房卡、钥匙、预付收据，通知房务中心查房。

（2）核对电脑账单与原始账单是否一致，有无遗漏。

（3）收到房务中心查房信息后，结清全部费用并打印宾客账单，请宾客审核确认。

（4）宾客确认无误后收取款项。如果宾客对某项费用有异议，立即核查清楚。

（5）如果宾客以现金付款，应按照消费总金额冲减预付金额，多退少补。

（6）如果宾客以支票付款，应检查支票是否有效、印鉴是否齐全、有无付款单位款号、开户银行单位全称，然后按账单仔细填写金额，检查填写无误后将支票的第一联和账单递给客人，请宾客留下单位全称、联系人、联系电话，以便事后查找。

（7）如果宾客以信用卡付款，应在 POS 机上根据预授权签购单做离线交易，请宾客签名，与信用卡背面的签名及身份证核对无误后将信用卡回单呈给宾客。

（8）结账确认并封户。

此外，日审与夜审的基本程序可参考本书的项目一任务三的具体内容。

任务实训

【实训项目】说一说酒店收入控制的要点有哪些。

【实训目标】了解酒店收入控制的要点。

【实训时间】1 学时。

【实训步骤】

1. 将学生分组，每组 4～6 人。

2. 教师引导每个小组根据常识、所学知识等进行资料收集，讨论酒店收入控制的要点，并进行归纳总结。

3. 各小组选一名学生代表小组发言，其他小组点评，最后由教师进行总结提升。

【实训标准】

实训形式	以学生的交流讨论及教师的总结分享为主。
实训分工	教师作为评委，每个小组各推举一名学生代表整个小组发言。
实训重点	1. 学生要积极参与讨论，加深对所学知识的理解。 2. 学生在讨论过程中要充分利用所学知识，充分利用互联网资源，在讨论过程中遇到不理解的地方及时询问。

任务三 酒店成本费用管理

酒店成本费用管理是指酒店管理团队对各项成本和费用（人力成本、采购成本、运营费用、市场费用等）进行有效控制和管理的过程，以提高经营效率、降低成本、增加盈利。酒店成本费用管理的关键在于制定合理的预算、严格控制开支、优化资源配置、提高效率和质量，以实现成本最小化和利润最大化的目标。

一、酒店成本费用管理概述

酒店成本费用包括营业成本及期间费用两个方面。酒店经营过程中为宾客提供各项产品或服务所发生的各种直接支出和耗费，属于酒店营业成本，未列入营业成本的各项耗费为酒店期间费用。

（一）酒店营业成本、期间费用的划分和认定

1. 营业成本的划分和认定

根据酒店的经营特点，营业成本主要包括直接材料成本、产品进价成本。

（1）直接材料成本。酒店经营中直接材料主要是指餐饮部在其饮食加工、经营过程中发生的各种原料，如食材、调料和配料等的耗费，调料是制成各种餐饮产品所用的调味用料，如食用油、盐、酱油等。酒店各部门（包括餐饮部）的人工费用直接计入部门费用，无须摊入营业成本。

（2）产品进价成本。产品进价成本主要是指为销售而购入产品的价格及相关费用，主要分为国内购进产品进价成本和国外购进产品进价成本。

1）国内购进产品进价成本，是指产品的实际采购成本，不包括购入产品时发生的进货费用，如各项手续费和运杂费。

2）国外购进产品进价成本，以到岸价（CIF）成本加海上运费、保险费作为产品的

计价原价，同时加上产品在进口环节需缴纳的税金，如进口关税、购进外汇价差等。

2. 期间费用的划分和认定

期间费用是指一定会计期间发生的与生产经营没有直接关系或关系不密切而直接计入当期损益的各项费用，主要有销售费用、管理费用、财务费用等。

（1）销售费用。销售费用是指酒店各营业部门在经营过程中发生的各项费用，其按照经济内容可分为如下类目：

1）运输费。不能直接认定的购入存货发生的运输费用，内部不独立核算的车队发生的燃料费、养路费等，也计入运输费。

2）装卸费。不能直接认定的购入存货发生的装卸运费。

3）包装费。酒店为宾客提供包装服务时所消耗的包装用品费。

4）保管费。存货储存过程中所支付的费用，包括倒库、晾晒、冷藏和挑选整理等费用。

5）保险费。酒店向保险公司投保所支付的财产保险费。

6）燃料费。酒店餐饮部门耗用的燃料费用。

7）水电费。酒店营业部门耗用的水费、电费。

8）展览费。酒店为推销产品、租用场地对产品进行展览宣传所发生的费用。

9）广告宣传费。酒店为扩大经营成果对酒店产品和经营项目进行广告宣传而应支付的广告费用和宣传费用。

10）邮电费。经营过程中支出的电话、电报、邮寄等费用。

11）差旅费。酒店营业部门人员出差的费用。

12）洗涤费。酒店营业部门洗涤工作服而发生的费用。

13）清洁卫生费。酒店营业部门为加强清洁卫生，对棉织品、餐具进行清洗，对营业场所进行清扫所发生的费用。

14）低值易耗品摊销费。酒店营业部门领用低值易耗品的摊销费用。

15）物料消耗费。酒店营业部门领用物料用品而发生的费用。物料用品主要包括日常用品（如棉织品、餐具、卫生用品、印刷品等）、办公用品（如办公文具、纸张等）、包装物品、日常维修材料、零配件等。

16）经营人员工资。直接从事经营的营业部门人员的工资，包括工资、工资性质津贴和各种资金。

17）职工福利费。从直接从事经营的营业部门人员的工资总额中按一定比例提取，应由本期费用负担列支的福利费。

18）工作餐费。酒店按规定为职工提供工作餐而支付的费用。

19）服装费。酒店按规定为职工制作工作服而支付的费用。

20）其他销售费用。不能列入上述各项费用的其他销售费用。

（2）管理费用。管理费用是为组织和管理经营活动而发生的费用，以及由酒店统一负担的费用。主要包括两大部分：一是酒店为组织和管理经营活动而发生的费用；二是涉及酒店若干部门的，难以区分或不必区分，由酒店统一负担的费用。按其经济内容可分为如下类目：

1）公司经费。酒店行政管理部门的人员工资、福利费、工作餐费、服装费、办公费、差旅费、会议费、物料消耗及其他行政经费。

2）工会经费。酒店按工资总额的一定比例计提的工会经费。

3）职业教育费。酒店按工资总额的一定比例计提的、用于职工学习先进技术和提高文化水平的费用。

4）劳动保险费。酒店支付的离退休人员的退职金、退休金及其他各项经费。

5）待业保险费。酒店按照国家规定交纳的待业保险费。

6）董事会费。酒店最高权力机构及其成员为执行其职能而发生的费用。

7）外事费。出国展览、推销、考察、实习培训和接待外宾所发生的费用。

8）租赁费。酒店租赁办公用房、营业用房、低值易耗品等的租赁费用。

9）咨询费。酒店向有关咨询机构进行科学技术、经营管理等咨询时按有关规定所支付的费用。

10）审计费。酒店聘请中国注册会计师进行查账验资，以及进行资产评估等发生的各项费用。

11）诉讼费。酒店因经济纠纷起诉或应诉而发生的各项费用。

12）排污费。酒店按规定交纳的排污费用。

13）绿化费。对酒店的内外环境进行绿化而发生的绿化费用。

14）土地使用费。酒店使用土地（或海域）时按规定支付的费用。

15）土地损失补偿费。对酒店生产经营过程中破坏的土地所支付的土地损失补偿费。

16）技术转让费。酒店使用非专利技术时支付的费用，包括以技术转让为前提的技术咨询、技术服务、技术培训过程中发生的有关开支。

17）研究开发费。酒店研究开发新产品、新技术、新工艺所发生的新产品设计费，技术图书资料费，与新产品试制、技术研究相关的其他经费，以及试制新产品失败的损失等。

18）税金。酒店按国家规定缴纳的房产税、土地使用税、车船税和印花税等。

19）燃料费。酒店支付的燃料及动力费用。酒店的餐饮部门耗用的燃料费用计入销售费用；餐馆、浴池的燃料费用计入营业成本；不独立核算的车队发生的燃料费计入销售费用中的运输费，这些费用不包括在这一项目中。

20）水电费。酒店除营业部门以外的其他部门耗用的水费、电费。规模较小的酒店发生的水电费也可以不计入销售费用，而全部计入管理费用。

21）折旧费。酒店全部固定资产的折旧费用。酒店固定资产的折旧费直接计入管理费用，为简化核算，不分营业部门发生的费用或管理部门发生的费用。

22）修理费。酒店维修、维护设施设备时而产生的相关费用。

23）无形资产摊销费。酒店购置无形资产按规定计算的摊销额。

24）低值易耗品摊销费。酒店除营业部门外的其他部门领用的低值易耗品的摊销费用。规模小的酒店发生的低值易耗品摊销费用可全部计入管理费用。

25）开办费摊销。酒店按规定期限摊销的因酒店设立以及设立分支机构在筹建期间发生的有关支出。

26）交际应酬费。酒店业务交往过程中发生的业务招待费用。交际应酬费按全年营业收入净额的一定比例控制使用，按实际情况列支。

27）坏账损失。酒店因不能收回应收账款而发生的损失。

28）存货盘亏或损毁。酒店盘点存货时发现的盘亏数及存货的损毁数额。

29）上级管理费。酒店上缴集团公司和管理公司的费用。

30）其他管理费用。不能列入上述各项的其他各项管理费用。

（3）财务费用。财务费用是指酒店经营期间为筹集经营所需资金而发生的费用，包括酒店经营期间发生的利息净支出、汇兑净损失、金融机构手续费、加息及筹资发生的其他费用。酒店在筹建期间、清算期间发生的筹资费用，应计入筹建期的开办费用或清算期间的清算损益，不计入经营期间的财务费用。

（二）成本费用的分类

成本费用根据不同的管理要求，可以作以下区分。

1. 固定成本、变动成本和混合成本

（1）固定成本是指在一定时期和一定经营条件下，不随经营业务量的变化而变化的成本。固定成本一般包括工资、租金、折旧费、利息费、保险费等。如客房固定资产的折旧不会因客房出租数量的上升而增加，也不会因客房出租数量的下降而减少。虽然固定成本的总额不随经营业务量的变化而变化，但是单位平均固定资产会随着业务量的上升而下降；反之，则上升。

（2）变动成本是指随着经营业务量的变化而成比例变化的成本。变动成本主要包括经营中的各项直接支出，如餐饮的食品材料会随着就餐客人的增加而增加，变动成本总额随着经营业务量的上升而增加，但单位变动成本却不随业务量的变化而变化，单位变动成本是保持不变的。

（3）混合成本是指其总额中既包含变动成本部分，也包含固定成本部分的成本。混合成本主要包括电话费用、汽车租赁费用、行政报酬、维修保养费等。如电话费用中固定部分是指电话设备，变动部分是指随着打电话次数变化而变化的费用，即通话费用。对混合成本要采用一定方法将其分解为固定部分与变动部分，以便作决策。

2. 可控成本和不可控成本

（1）可控成本是指成本的发生能明确归属于某一单位（如楼层、部门、班组等）权责范围内，而且能够加以控制的成本。

（2）不可控成本是指成本的发生不能明确归属于某一单位权责范围内，而且不能加以控制的成本。将成本费用划分为可控成本和不可控成本，有利于确定酒店内部各单位及个人的经济责任，便于酒店经济责任制的建立，有利于考核和评价其工作业绩的好坏，使成本费用的管理和每个部门、每个人的责任及经济利益挂钩，对于降低成本费用、提高酒店的经济效益有着很大影响。

3. 沉没成本

沉没成本是指那些已经付出而且无法收回的成本，它不会影响任何进一步的决策。

4. 机会成本

机会成本是指由于做出一种选择而放弃其他选择所产生的成本。

（三）成本费用管理的意义

酒店成本费用管理是酒店财务管理的重要组成部分，成本费用是酒店经营耗费补偿的最低界限，是制定价格的基础和重要依据，也是检验酒店工作质量的重要指标。对于酒店来说，加强成本费用管理，严格控制成本费用，具有非常重要的意义。

（1）加强成本费用管理可以减少酒店的资金占用量，从而提高资金的使用效率。

（2）加强成本费用管理是提高酒店竞争力的有效手段。

（3）加强成本费用管理有利于酒店全面改善经营管理，提高经济效益。

（四）成本费用管理的原则

酒店成本费用管理必须既符合国家有关规定，又符合酒店的经营实际。因此，在成本费用管理中必须按照以下原则实施管理。

1. 严格遵守国家规定的成本开支范围及费用开支标准

为了保证国家财政收入有可靠的来源，国家对酒店发生的支出是否计入成本有明确的规定。按照财务制度的规定，酒店的下列支出不得计入成本费用：

（1）购置和建造固定资产、购入无形资产和其他资产的支出。

（2）对外投资支出和分配给投资者的利润。

（3）被没收财物的损失。

（4）支付的各种赔偿金、违约金、滞纳金、罚款以及赞助、捐赠支出。

（5）国家规定不得列入成本费用的其他开支。

酒店要根据各项支出发生的不同用途和资金来源，在国家规定的成本开支范围内列支相关成本，不得随意扩大开支范围，不得把不应计入成本费用的开支计入成本费用，防止因此导致的利润减少，影响国家财政收入。

2. 正确处理降低成本与保证服务质量的关系

酒店在接待各种不同规格的宾客时，都要提供相应水平的服务，否则就会形成对宾客的利益损害，从而影响酒店声誉。为此，酒店必须处理好降低成本与保证服务质量的关系。降低成本并不意味着降低服务质量，而是在保证服务质量的前提下，经过各方努力达到降低成本的目的。如果不考虑服务质量而一味追求降低成本，即使成本降低了，也失去了降低成本的实际意义，以低劣产品换来的成本下降是得不偿失的。这就要求酒店从内部挖掘潜力，力求节约，减少浪费，从而降低成本。

3. 健全成本管理责任制，实行全员成本管理

酒店成本是在整个经营过程中逐步形成的，它涉及酒店的各个部门、班组和个人，因此，必须实行全员成本管理。为此，酒店要建立健全成本管理责任制，将成本计划指标分解落实到有关部门、班组，并且和岗位责任制结合起来，将成本费用计划的完成情况作为评价考核的一个重要内容。为调动各部门、班组、个人降低成本费用的积极性，要将成本管理方面的责任、权力和利益结合起来。只有人人都注意成本，人人都关心成本的降低，酒店的成本费用才能真正得到控制。

4. 从酒店实际出发，实行目标成本管理

所谓目标成本管理，是对各项成本费用的发生进行事前预测，通过编制成本费用预算确定目标成本，把总目标分解至各月，落实到各部门实施完成。酒店除了进行日常成本核算和事后成本分析外，还必须在成本形成过程中加强成本控制，这样才能及时发现影响成本降低的不利因素，以便及时采取有效措施，达到预期目的。

二、酒店成本费用控制的标准与程序

成本费用控制就是在成本费用形成的全过程中，按照国家有关规定和成本费用预算的要求，通过经常性监督和及时纠正偏差，把各项费用的发生和成本的形成限制在成本费用预算之内，以实现成本费用不断降低的一种管理办法。

成本费用控制有狭义和广义之分。狭义的成本费用控制是指成本费用的事后控制，即在成本费用发生之后，将成本费用的实际发生额与预算指标进行比较，从而发现问题，纠正偏差。广义的成本费用控制是指事前、事中、事后都要进行控制，即在成本费用发生之前，就要开展价值分析，使价值与成本费用处于最佳状态；事中通过严密的管理制度约束，实行全过程、全方位、全员化的控制；事后通过财务分析等一系列方法，发现成本费用管理中的问题与不足，并提出解决问题的方法，以保证成本费用预算的实现。酒店应严格地对成本费用进行事前、事中、事后控制，以保证酒店成本费用的有效管理，从而不断提高酒店的经济效益。

（一）成本费用控制的基本标准

1. 制定成本费用控制标准

成本费用控制标准以成本费用预算为主要依据，可分为三种。

（1）理想标准成本。酒店内部人、财、物的利用与管理均处于最佳状态下所确定的成本控制标准。这一标准应能使酒店在与同行业的其他酒店竞争中处于有利地位。理想标准成本的定位是很高的，需要酒店具备高水平的经营管理与员工素质，还需不断努力才能达到。

（2）正常标准成本。酒店内部人、财、物的利用与管理处于较佳状态所确定的成本控制标准。正常标准成本在同行业当中是比较先进的，需要调动员工的积极性才能达到。

（3）预计实际标准成本。根据酒店内部人、财、物的利用与管理的现有状态所确定的成本费用标准。

2. 监督成本费用形成过程

由于有了成本费用控制标准，在成本费用的形成过程中，要经常把酒店成本费用发生的实际情况与控制标准作对比，及时纠正偏差，以降低成本费用。

3. 进行成本费用预测

根据酒店成本费用与相关因素指标的内在联系，掌握成本费用变动趋势和水平，以更好地进行成本费用的控制。

4. 处理成本费用问题

酒店在成本控制过程中会随时发现问题，应及时纠正解决，以不断完善成本控制，提高酒店的经济效益。

（二）成本费用控制的程序

1. 建立归口分级管理责任制

财务部把成本费用控制指标分解落实到各个有关归口管理部门，各部门再把指标进一步分解落实到各个班组及个人，并结合每个班组及个人的经济责任制、考核指标的执行情况，使各部门、各班组及每个人都清楚各自的成本费用控制目标，关心成本费用指标的完成情况，使成本费用管理真正成为全员性管理。

2. 建立成本控制的指标体系

财务部门和其他部门互相配合，进行反复对比研究，并参照本酒店历史最高水平及同行业先进水平制定各部门、各班组及个人的成本控制指标，使酒店的生产经营按照严格的计划进行，而不盲目开展。

3. 建立相应的经济责任制

为保证成本费用控制能够真正实施，需要建立相应的经济责任制，把每个部门、班组、员工的工资奖金与成本费用指标挂钩，以保证成本费用控制得以实现。

（三）成本费用控制的基本方法

酒店成本费用控制的方法较多，基本方法有预算控制法、制度控制法、标准成本控制法、定额控制法、指标控制法。

1. 预算控制法

预算是酒店未来一定时期预期计划的货币流量表现，预算成本是按标准成本计算的一定业务量下的成本开支额。成本费用预算控制法就是以预算指标作为控制成本费用支出的依据，以分项目、分阶段的预算指标作为测量、控制实际成本费用的尺度，通过实际与预算指标的比较分析，找出差异，采取相应的改进措施，从而保证成本费用预算实现的一种方法。

为了与现行的会计核算制度相衔接，更好地实现预算控制，必须按不同的经营项目分别预算营业成本与销售费用，并且将预算时期进行更细的划分，如划分为月度成本预算或更细的成本预算，以便于分部门、分项目、分时期进行成本费用控制。

2. 制度控制法

制度控制法是利用国家及酒店内部各项成本费用管理制度来控制成本费用开支。从财务管理的角度出发，国家规定了成本开支范围及费用开支标准，财政、税务及上级主管部门也都有各自的规定。从酒店本身来讲，为有效地控制成本费用，必须建立健全各项成本费用控制制度和相应的组织机构，如各项开支消耗的审批制度、日常考勤考核制度，设备设施的维修保养制度，各种材料物资的采购、验收、保管、领发制度及报批、报审程序制度等。成本费用控制制度中还要包括相应的奖惩制度规定，对努力降低成本费用有显著效果的要予以奖励，对成本费用控制不力造成超支的要予以惩罚，只有这样才能真正调动员工节约成本、降低消耗的积极性。

3. 标准成本控制法

标准成本实际上就是单位成本消耗定额。它是采取科学的方法，经过调查、分析和测算而制定的正常生产经营条件下应该实现的一种目标成本。它是控制成本开支、评价实际成本高低、衡量工作质量和效果的重要依据。如客房部的单位客房物料用品消耗定额、餐饮部的餐食制品消耗原材料定额、提供单位产品服务所消耗人工费定额等，这些定额作为标准成本发挥着控制成本支出的作用。由于酒店经营活动项目不同，因此各部门标准成本的确定及计算方法也不相同。

(1) 间天出租成本。间天出租成本是指一间客房出租一天的成本。

客房的单位是间，客房的折旧和低值易耗品的摊销在大部分酒店都是按照使用年限法计提的。无论客房是否出租，每间客房都必须计提折旧，摊销各种低值易耗品。客房出租以天为单位，客房出租后产生水电、各种物料以及人工消耗，这些支出构成客房的间天成本。计算每一间客房出租一天的成本，即以“间天出租成本”作为标准，用来与客房间天实际成本进行比较分析，达到成本控制的目的。

(2) 百元营业额主营业务成本。百元营业额主营业务成本是指百元营业收入中主营业务成本的支出限额，该指标适用于餐饮、康乐、商品等部门。其计算公式为：

$$百元营业额主营业务成本=(计算期主营业务成本-计算期营业收入)\times 100\%$$

式中，“主营业务成本”是指餐饮部的食品原材料成本、商品部商品的进价成本、康乐部的直接支出。

4. 定额控制法

为了有效地控制成本费用，酒店对经营过程中的各种材料物品消耗、费用的支出，应当制定定额，按接待数量的定额控制消耗和支出。各项定额应当是先进且合理的，并反映平均水平，使多数职员经过努力可以达到。在成本和费用的控制中，常用的定额主要有：

(1) 材料物品消耗定额。如客房部出租单位客房的物料用品消耗定额、餐饮部制作各种餐饮制品应消耗各种食品原材料定额、汽车行驶单位千米应消耗燃料定额等。材料物品的消耗定额是仓库发料和使用消耗的标准。

(2) 工作量定额。工作量定额应当按照不同工作种类分别制定。工作量定额既是组织业务经营活动、配置人力的依据，也是考核职工劳动效率的标准。

5. 指标控制法

酒店经营的各项指标之间，如营业收入、营业成本、销售费用等之间存在一些内在联系。成本控制可随时利用这些关系，检查成本支出是否按计划进行，从而达到控制成本的目的。指标控制法主要有毛利率控制法、费用率控制法、收入利润率控制法等。

(1) 毛利率控制法就是利用毛利率来控制成本，随时根据收入数量控制其成本数量，及时发现问题，及时解决。

(2) 费用率控制法就是酒店按照费用率计划，随时了解费用与收入的发生额及其比率，从而有效控制费用。

（3）收入利润率控制法就是利用酒店收入、成本、利润之间的关系，通过控制利润来控制成本。这种方法最大的优点就是能及时发现问题，缺点在于只能总括地进行成本控制，至于成本开支失控的具体项目，还需进一步利用消耗定额法或其他方法进行研究。

以上几种成本费用控制方法可以互相补充，共同使用，它们分别从不同的角度对成本进行控制，从而逐步形成成本控制的方法体系，在实际工作中可根据酒店的实际情况来确定具体的使用范围等。

任务实训

【实训项目】分析一个酒店会包含哪些成本费用。

【实训目标】了解酒店成本的种类，学习如何进行酒店成本费用管理。

【实训时间】2学时。

【实训步骤】

1. 教师联系好一家酒店。

2. 将学生分组，每组4～6人。学生在教师和酒店经理的带领下参观酒店，了解该酒店有哪些设施，参观结束后讨论该酒店包含哪些成本费用。

3. 每个小组分别对参观和讨论的结果进行分享。

4. 教师进行点评。

【实训标准】

实训形式	以学生的参观、讨论、分享和教师的点评总结为主。
实训分工	教师引导整个实训流程；每组学生可以在教师的指导下进行角色分工。
实训重点	1. 学生需要带着问题去参观，集中注意力，必要的时候可以做笔记。 2. 学生要积极参与讨论，加深对所学知识的理解。

任务四　酒店税金管理

酒店税金管理是指酒店管理团队对税务事务进行有效规划和管理的过程，以确保遵守税法法规、最大限度地减少税负并合法合规地进行税务申报。

一、酒店税金的种类与计算

税金是国家财政收入的组成部分，是国家按照法律规定的标准取得财政收入的一种手段。酒店向国家缴纳的税金主要有增值税、城市维护建设税、教育费附加、房产税、车船使用税、城镇土地使用税、印花税、企业所得税等。酒店税金按财务处理方式不同分为三类：

（1）销售税，即以销售额为计税依据的流转税，包括增值税、城市维护建设税。

（2）计入管理费用的税金，包括房产税、车船使用税、城镇土地使用税、印花税。

（3）所得税，以应纳税所得额为计税依据的税金。

（一）增值税

增值税是以商品（含应税劳务）在流转过程中产生的增值额作为计税依据而征收的一种流转税。从计税原理上说，增值税是对商品生产、流通、劳务服务中多个环节的新增价值或商品的附加值征收的一种流转税。

1. 征税对象

在中华人民共和国境内有偿提供销售服务、无形资产或者不动产的单位和个人为增值税纳税人，应当缴纳增值税。纳税人分为一般纳税人和小规模纳税人。

（1）有偿是指取得货币、货物或者其他经济利益。

（2）在境内销售服务、无形资产或者不动产，是指服务（租赁不动产除外）或者无形资产（自然资源使用权除外）的销售方或者购买方在境内；所销售或者租赁的不动产在境内；所销售自然资源使用权的自然资源在境内；财政部和国家税务总局规定的其他情形。

（3）销售服务是指提供交通运输服务、邮政服务、电信服务、建筑服务、金融服务、现代服务、生活服务。生活服务是指为满足城乡居民日常生活需求提供的各类服务活动，包括文化体育服务、教育医疗服务、旅游娱乐服务、餐饮住宿服务、居民日常服务和其他生活服务。

（4）餐饮住宿服务包括餐饮服务和住宿服务。餐饮服务是指通过同时提供饮食和饮食场所的方式为消费者提供饮食消费服务的业务活动。住宿服务是指提供住宿场所及配套服务等的活动，包括宾馆、旅馆、旅社、度假村和其他经营性住宿场所提供的住宿服务。

2. 计税依据

增值税的计税依据为有偿提供销售服务、无形资产或者不动产的单位和个人发生应税行为取得的全部价款和价外费用，财政部和国家税务总局另有规定的除外。按照人民币以外的货币结算销售额的，应当折合成人民币计算。折合率可以选择销售额发生的当天或者当月 1 日的人民币汇率中间价。纳税人应当事先确定采用何种折合率，确定后 12 个月内不得变更。

兼营销售货物、劳务、服务、无形资产或者不动产，适用不同税率或者征收率的，应当分别核算适用不同税率或者征收率的销售额；未分别核算的，从高适用税率。

3. 税率

酒店是有偿提供销售服务的企业，其税率为 6%。

4. 纳税期限

增值税的计税期间分别为 10 日、15 日、1 个月或者 1 个季度，纳税人的具体计税期间由主管税务机关根据纳税人应纳税额的大小分别核定。纳税人以 1 个月或者 1 个季度为 1 个计税期间的，自期满之日起 15 日内申报纳税；以 10 日或者 15 日为 1 个计税期间的，自次月 1 日起 15 日内申报纳税。

5. 增值税的计算

增值税的计税方法包括一般计税方法和简易计税方法。纳税人发生应税交易，应当按照一般计税方法，通过销项税额抵扣进项锐额计算应纳税额的方式，计算缴纳增值税；《中华人民共和国增值税法》另有规定的除外。

小规模纳税人可以按照销售额和征收率计算应纳税额的简易计税办法，计算缴纳增值税。

应纳税额的计算公式为：

应纳税额＝销售额×征收率

简易计税方法的销售额不包括其应纳税额，纳税人采用销售额和应纳税额合并定价方法的，按照下列公式计算销售额：

销售额＝含税销售额÷(1＋征收率)

纳税人适用简易计税方法计税的，因销售折让、中止或者退回而退还给购买方的销售额，应当从当期销售额中扣减。扣减当期销售额后仍有余额造成多缴的税款，可以从以后的应纳税额中扣减。

（二）城市维护建设税

城市维护建设税是为筹集城市维护和建设资金，于1985年开征的税种。

1. 征税对象

城市维护建设税的征税对象是在中华人民共和国境内缴纳增值税、消费税的单位和个人。

2. 计税依据

城市维护建设税以纳税人依法实际缴纳的增值税、消费税税额为计税依据。

3. 税率

城市维护建设税根据纳税人所在地不同，分别规定不同比例税率。纳税人所在地在市区的，税率为7%；纳税人所在地在县城、镇的，税率为5%；纳税人所在地不在市区、县城或镇的，税率为1%。

4. 城市维护建设税的计算

城市维护建设税的计算公式为：

城市维护建设税应纳税额＝(增值税税额＋消费税税额)×适用税率

（三）教育费附加

教育费附加是由税务机关负责征收，同级教育部门统筹安排，同级财政部门监督管理，专门用于发展地方教育事业的预算外资金。

1. 征税对象

凡缴纳增值税、消费税的单位和个人，均为教育费附加的纳税义务人（简称“纳税人”）。凡代征增值税、消费税的单位和个人，亦为代征教育费附加的义务人。农业、乡镇企业，由乡镇人民政府征收农村教育事业附加，不再征收教育费附加。

2. 计税依据

以纳税人实际缴纳的增值税税额、消费税税额为计费依据。

3. 税率

教育费附加的征收率为 3%。

4. 教育费附加的计算

教育费附加的计算公式为：

应纳教育费附加=(实际缴纳的增值税税额+消费税税额)×3%

(四) 房产税

房产税是依据房屋的计税余值或房产租金收入，向产权所有人征收的一种税。

1. 征税对象

房产税的征税对象是房屋。房产税在城市、县城、建制镇和工矿区征收。

2. 计税依据

房产税的计税依据是房产的计税价值或房产的租金收入。按房产计税价值征税的称为从价计征；按房产租金收入征税的称为从租计征。企业、单位和个人自用的房产有原值的，按原值一次减除 10%～30%后的余值计税，具体减除幅度由省、自治区、直辖市人民政府规定。没有房产原值的，则由房产所在地税务机关参考同类房产核定。房产出租的，以房产租金收入为计税依据。

3. 税率

房产税采用比例税率，税率分为两种，即从价计征的税率为 1.2%，从租计征的税率为 12%。

4. 房产税的计算

(1) 从价计征的房产税的计算公式为：

应纳税额=应税房产原值×(1−扣除率)×税率

(2) 从租计征的房产税的计算公式为：

应纳税额=房产租金收入×税率

(五) 车船使用税

车船使用税是对拥有并使用车船的单位和个人征收的一种税。车船使用税在具体征收时，按照其种类和大小设计税额。机动车船税额高，非机动车船税额低；吨位大的车船税额高，吨位小的车船税额低。车船使用税实行定额征税，按年征收，分期缴纳。

1. 征税对象

车船使用税的征税对象是车辆和船舶。包括依法应当在车船登记管理部门登记的机动车辆和船舶；依法不需要在车船登记管理部门登记的在单位内部场所行驶或者作业的机动车辆和船舶。

2. 计税依据

不同类型的车船，计税单位不同。乘用车、商用客车、摩托车以“每辆”为计税单位；商用货车、挂车、专用作业车、轮式专用机械车以“整备质量每吨”为计税单位；机动轮舶以“净吨位每吨”为计税单位；游艇以“艇身长度每米”为计税单位。

3. 税率

车船使用税采用定额税率，具体分为两种：

（1）车辆实行幅度税额，由各省、自治区、直辖市人民政府根据当地的具体情况，在规定的幅度内确定本地区的适用税额。

（2）船舶实行分类分级的固定税额。

4. 车船使用税的计算

车船使用税的计算公式为：

乘用车、摩托车、商用客车的应纳税额＝辆数×适用年基准税额

挂车的应纳税额＝整备质量吨位数×货车适用年基准税额×50％

半挂牵引车、客货两用汽车、二轮汽车、低速载货汽车、专用作业车、轮式专用机械车（不包括拖拉机）的应纳税额＝整备质量吨位数×适用年基准税额

机动船舶的应纳税额＝净吨位数×适用年基准税额

拖船、非机动驳船的应纳税额＝净吨位数×适用年基准税额×50％

游艇的应纳税额＝艇身长度×适用年基准税额

（六）城镇土地使用税

城镇土地使用税是对中国境内使用城镇土地的单位和个人，就其实际使用土地面积从量定额征收的一种税。

1. 征税对象

城镇土地使用税的征税对象为在城市、县城、建制镇和工矿区范围内的国家所有和集体所有的土地。

2. 计税依据

城镇土地使用税以纳税人实际占用的土地面积为计税依据。

3. 税率

城镇土地使用税采用地区差别幅度定额税率，按大、中、小城市和县城建制镇、工矿区分别规定每平方米使用税年应纳税额。具体标准如下：大城市为1.5～30元/平方米；中等城市为1.2～24元/平方米；小城市为0.9～18元/平方米；县城、建制镇、工矿区为0.6～12元/平方米。

4. 城镇土地使用税的计算

城镇土地使用税的计算公式为：

城镇土地使用税应纳税额＝实际占用应税土地面积×适用单位税额

（七）印花税

印花税是指对经济活动和经济交往中书立、使用、领受的凭证的单位和个人征收的一种税。

1. 征税对象

印花税的征税对象主要包括应税凭证和证券交易两大类。应税凭证，是指《印花税

税目税率表》列明的合同、产权转移书据和营业账簿。证券交易，是指转让在依法设立的证券交易所、国务院批准的其他全国性证券交易场所交易的股票和以股票为基础的存托凭证。

2. 计税依据

应税合同的计税依据为合同所列的金额，不包括列明的增值税税款；应税产权转移书据的计税依据，为产权转移书据所列的金额，不包括列明的增值税税款；应税营业账簿的计税依据，为账簿记载的实收资本（股本）、资本公积合计金额；证券交易的计税依据，为成交金额。

3. 税率

印花税实行0.05‰、0.25‰、0.3‰、0.5‰、1‰五档比例税率。

4. 印花税的计算

印花税的计算公式为：

印花税应纳税额＝计税金额×适用税率

（八）企业所得税

企业所得税是指在中国境内的企业（外商投资企业和外国企业除外）就其生产经营所得和其他所得而征收的一种税。

1. 征税对象

企业所得税的征税对象是纳税人来自中国境内和境外的生产经营所得和其他所得。

2. 计税依据

企业所得税的计税依据是应纳税所得额，应纳税所得额不是企业的利润总额，而是纳税人的收入总额扣除与纳税人取得收入有关的各项成本、费用和相关损失后的余额。

3. 税率

企业所得税实行比例税率，一般企业所得税的税率为25%；非居民企业在中国境内未设立机构、场所的，或者虽设立机构、场所但取得的所得与其所设机构、场所没有实际联系的，应当就其来源于中国境内的所得缴纳企业所得税，适用税率为20%；符合条件的小型微利企业，减按20%的税率征收企业所得税；国家需要重点扶持的高新技术企业，减按15%的税率征收企业所得税。

4. 纳税期限

企业所得税实行按年计算、分月（季）预缴、年终汇算清缴、多退少补的办法，月份或季度终了后15日内预缴，年度终了后5个月内汇算清缴。

5. 企业所得税的计算

（1）应纳税所得额的确定。应纳税所得额是指纳税人纳税年度的收入总额减去允许扣除项目金额后的余额，其计算公式为：

应纳税所得额＝收入总额－准予扣除项目

（2）应纳所得税税额的计算。应纳所得税税额计算公式为：

应纳所得税税额＝应纳税所得额×税率

二、酒店的税金管理内容

酒店税金管理是一项政策性很强的工作，必须指定专人负责。向国家税务机关缴纳税金一般应做好以下几方面的工作。

（一）办理税务登记

经相关部门批准开业、领取营业执照之日起 30 日内，酒店应持有关证件向当地税务机关办理税务登记。登记的内容包括纳税人名称、地址、法人代表、经济性质、企业形式、核算方式、经营方式、经营范围以及其他有关事项。

酒店办理税务登记后，发生转业、分设、合并、联营、歇业、停业、破产，以及其他需要改变税务登记的情况时，如改变经营方式、经营范围等，都应当在有关部门批准或宣告之日起 30 日内，向主管税务机关申报办理变更登记、重新登记或者注销登记。酒店所属的跨地区的非独立经济核算的分支机构，应当在设立之日起 30 日内，向该分支机构所在地的税务机关申报办理注册登记。

（二）申报纳税鉴定

按规定办理税务登记的酒店应办理纳税鉴定，通过纳税鉴定可以帮助酒店经理和财务人员了解国家税收政策、法令，明确本单位应缴税种、税率、税额及缴纳时间等事项。纳税鉴定是通过填写纳税鉴定申报表，向主管税务机关申报，主管税务机关依法对纳税人的纳税鉴定申报表进行认真的审核，确定其适用的税种、税目、税率、纳税环节、计税依据、纳税期限和征收方式等，编制纳税鉴定书，交纳税人执行。

（三）办理纳税申报

酒店应按规定的期限进行纳税申报，纳税申报的具体内容因税种不同而异，如酒店所得税的纳税申报，应写明本期销售收入、本期利润总额、适用税率、累计应纳税额、本期实际应纳税所得额等。因特殊情况不能按期办理纳税申报的，必须报税务机关酌情准予延期，并根据税务机关暂先核定的纳税额预缴税款，待申报后结算。酒店发生纳税义务超过税务机关核定的纳税期限 15 日，未向税务机关申报纳税的，税务机关有权确定其应纳税额，限期纳税。

（四）按期缴纳税金

税款的缴纳方式有自核自缴、预储扣税、支票缴税、现金缴税及定期定额征收等，酒店应严格执行由税务机关核定的各项税金的期限，及时足额地缴纳税金，做到月税月清、季税季清。如果发生欠税、偷税和骗税等违反税法的行为，税务机关除按规定限期追缴、加收滞纳金、处以罚款外，构成犯罪的，依法追究刑事责任。

（五）加强账务票证管理

纳税人必须按照国家财务会计法规和税务机关的规定，建立健全财务会计制度，配备人员办理纳税事项，并完整保存账簿、凭证、缴款书、完税证等纳税资料。酒店在遵循相关规定的同时，还应执行旅游、饮食服务企业会计制度，当酒店财务会计制度和具体的财务会计处理方法同《税收征收管理法》有抵触时，应当按照《税收征收管理法》

的规定执行。

发票由税务机关统一管理，未经县级或者县级以上税务机关批准，任何单位、个人都不得自行印制、出售或者承印发票。酒店发票、账单只限于酒店使用，不得转让或转借，因发生转业、分设、联营、歇业、停业，以及改变隶属税务机关时，按税务机关的规定需要缴销或更换发票的，应在税务机关规定的时间内向批准印制发票的税务机关办理发票的缴销或更换手续，不准私自处理。一切使用发票、账单的酒店，都必须接受税务机关的检查和监督。

酒店必须建立必要的发票和账单的领、用、存管理制度，对发票和账单的申购、入库、发放、领用、结存、销毁、缴销等事项，均应设置专项账簿予以记录，并由专人负责。

（六）接受税务检查

税务机关对纳税单位和个人履行纳税义务的情况进行监督检查，是税务机关行使其职权、贯彻执行税收政策法令的一种经营性的业务工作，是税收征收管理的重要环节。酒店应主动接受税务检查，通过检查，促进酒店建立和健全财务管理制度，加强经济核算，提高经济效益。

任务实训

【实训项目】向你的同伴介绍酒店税金的种类。

【实训目标】了解什么是税金，掌握酒店税金的分类。

【实训时间】1学时。

【实训步骤】

1. 将学生分组，每组4～6人。
2. 教师引导每个小组收集资料，讨论酒店税金的种类，并进行归纳总结。
3. 各小组选一名学生代表小组进行发言，其他小组点评，最后由教师总结提升。

【实训标准】

实训形式	以学生的讨论分享和教师的点评为主。
实训分工	教师引导本次实训的流程，每个小组各推举一名学生代表整个小组发言。
实训重点	1. 学生要积极参与讨论，加深对所学知识的理解。 2. 学生在讨论过程中要充分利用所学知识和日常生活中的所见所闻，要善于观察和学以致用。

项目七 酒店利润分配、规划与收益管理

酒店利润分配和酒店利润规划是酒店经营中非常重要的一环。在进行决策时，酒店经营者需要考虑多个因素，包括客房预订情况、市场需求、竞争对手情况等。同时，也需要根据这些因素来制定合理的利润规划，以确保酒店能够实现盈利。

在制定酒店利润分配决策时，经营者需要根据不同的情况来灵活调整客房价格和分配策略。例如，在旅游旺季，可以适当提高客房价格，而在淡季则可以通过促销活动来吸引更多客人。同时，还可以根据客人的需求和偏好来进行差异化分配，提高客人的满意度和酒店利润水平。

利润规划也是酒店经营中至关重要的一环。经营者需要根据酒店的实际情况和市场需求来制定合理的利润目标，并通过有效的成本控制和收入增长来实现这些目标。同时，还需要不断监控和分析酒店的财务数据，及时调整经营策略，确保酒店能够保持良好的盈利能力。

学习引导

维也纳酒店遍布全国各大城市，该酒店发展得如此迅速，与其分配制度密切相关。维也纳酒店的股权激励制度极好地支撑了企业发展。

据了解，参与股权激励的旗下所有创业型公司，总股权的40%分给创业团队，投资方只占60%，联合创始人、合伙人、董事长等职称，均由创业团队担任。

维也纳的股权激励计划备受业内关注。业界人士认为，维也纳推出股权激励计划是顺势而为，体现了一种前瞻意识。

维也纳就是一个赋能的大平台，要让平台上的加盟商强大起来，让员工强大起来，这样自己才会强大起来。股权激励不是将老板的钱分出去，而是将员工创造的未来财富通过机制现在分出去。

从某种意义上来说，股权激励计划是实体化的企业文化，所反映出的是企业与员工的关系，以及对企业未来愿景的规划。

【点评】

维也纳酒店的股权激励展示了一种积极的分配制度。这种分配制度体现了对员工的重视和激励，激发了员工的创业热情和责任感。将股权分配给创业团队，使它们成为企业的合伙人，有助于增强员工的归属感和参与感，进而提高员工的工作积极性和创造力。这种分配决策也有助于建立一种共同发展的企业文化，促进酒店和员工之间的合作

和共赢。通过股权激励计划的分配决策，维也纳酒店为员工创造了分享酒店成果的机会，同时为可持续发展奠定了基础。

学习目标

知识目标

1. 了解酒店利润分配的概念。
2. 知道酒店的利润构成。
3. 知道什么是酒店收益管理。

技能目标

1. 掌握酒店利润分配原则。
2. 会进行酒店盈亏平衡分析。
3. 掌握酒店收益管理的策略。

素养目标

1. 了解酒店利润分配原则，培养决策能力。
2. 培养责任心和职业道德意识。

任务一 酒店利润分配

酒店利润分配是指酒店经营者根据酒店的经营状况和合同约定，将酒店所获得的利润按一定比例或方式分配给相关方的过程。酒店利润分配是一个涉及多方利益关系的复杂过程，需要综合考虑多个因素，确保各方的权益得到合理保障。酒店利润分配通常涉及酒店所有者、经营者、投资者、员工等各方的权益和利益分配。

一、酒店所有者

酒店所有者是对酒店进行投资并承担风险的主体，通常会获得一定比例的利润作为回报。利润分配给酒店所有者的部分通常被称为“业主回报”或“业主分红”，可以按照约定的比例或金额进行分配。酒店所有者还可能通过资产升值或出售酒店获得额外收益。

以下是一些常见的酒店所有者利润分配方式。

（一）业主回报

酒店所有者通常会获得一定比例的利润作为业主回报。这一比例通常会在酒店经营合同或协议中明确规定，可以是固定比例或根据酒店经营绩效进行调整。

（二）业主分红

酒店利润可以通过分红的方式分配给所有者。酒店每年或每季度根据盈利情况，将一定比例的利润作为分红分配给所有者。分红可以是现金形式，也可以是股权或其他形式。

（三）资产升值

酒店所有者还可以通过资产升值获得利润。当酒店的价值增长时，所有者可以通过出售资产或增值后的资产获得额外收益。

（四）业务发展

有些酒店所有者可能会选择将部分利润用于酒店的业务发展和扩张，以提升酒店的价值和盈利能力。这种方式可以帮助酒店实现长期稳定的发展，并为所有者创造更大的回报。

酒店所有者的利润分配方式取决于酒店的经营状况、合同约定和所有者的需求。重要的是确保利润分配方案公平公正，能够激励所有者继续支持酒店经营，促进酒店的长期稳定和可持续发展。

二、酒店经营者

酒店经营者负责酒店的日常经营管理，通常会根据经营协议或合同约定获得一定比例的管理费或业绩提成作为报酬。经营者的报酬通常与酒店的经营绩效相关，激励经营者积极经营，提高酒店的盈利能力。以下是一些常见的酒店经营者利润分配方式。

（一）管理费

酒店经营者通常会从酒店的总收入中收取一定比例的管理费作为报酬。管理费通常是固定比例的，也可能会根据酒店的经营绩效进行调整。管理费的支付通常是按月或按季度进行的。

（二）业绩提成

除了固定的管理费外，酒店经营者还可能根据酒店的经营绩效获得额外的业绩提成。这种提成通常会与酒店的盈利情况或其他指标挂钩，鼓励经营者积极经营，提高酒店的盈利水平。

（三）分红或股权收益

有些酒店经营者可能会作为股东或合作伙伴参与酒店经营，他们可以通过分红或股权收益的方式获得利润。分红通常是根据酒店的盈利情况进行分配，股权收益则是通过持有酒店股权获得的收益。

（四）其他奖励或福利

酒店经营者的报酬还可能包括其他形式的奖励或福利，例如奖金、股票期权、福利待遇等。这些奖励可以激励经营者更好地管理酒店，提高服务质量和客户满意度。

在实际操作中，酒店经营者的利润分配方式应当与其在酒店经营中所承担的风险和责任相匹配，以确保经营者的积极性和稳定性。利润分配方案应当在经营协议或合同中明确规定，避免出现利益冲突和纠纷，确保各方的权益得到合理保障。

三、酒店投资者

除了酒店所有者外，酒店可能还有其他投资者参与，他们可能是股东、合作伙伴或债权人等，投资方式包括贷款、众筹等。投资者可能会获得分红、股权收益或利息等形式的回报。酒店需要根据与投资者的协议约定，按照约定的方式和比例分配利润。以下是一些常见的酒店投资者利润分配方式。

（一）股息分配

如果投资者持有酒店的股份或股权，他们可以通过股息分配获得利润。股息是公司根据盈利情况向股东分配的利润，通常以每股金额或百分比的形式进行分配。

（二）投资回报

投资者根据其投入的资金或股权比例，可以获得相应的投资回报。投资回报可以是固定的利息、分红、股权收益或其他形式的回报，根据投资协议或合同约定分配。

（三）资本增值

投资者还可以通过酒店资产的增值获得利润。当酒店的价值增长时，投资者可以通过出售资产或增值后的资产获得额外收益。资本增值通常是长期投资者获得回报的方式。

（四）分红或分配利润

有些投资者可能会与酒店所有者签订合作协议，根据酒店的盈利情况分享利润。投资者可以获得分红或分配利润作为投资回报，这通常是根据投资额或合作协议约定的比例进行分配的。

（五）其他投资回报方式

除了以上提到的方式，投资者还可以通过其他形式获得投资回报。例如，优先股分红、股权激励计划、投资奖金等。这些方式可以根据具体的投资协议或合同约定。

酒店投资者的利润分配方式取决于他们在酒店投资中的地位和权益，以及与酒店所有者或经营者签订的合作协议或合同。重要的是确保利润分配方案公平公正，能够激励投资者持续支持酒店经营，促进酒店的长期稳定和可持续发展。

四、酒店员工

酒店员工是酒店经营的重要组成部分，他们的工作表现和服务质量直接影响酒店的经营效果和客户满意度。酒店通常会通过薪酬、奖金、福利等方式激励员工，确保员工的积极性和工作稳定性，提高服务质量和客户满意度。以下是一些常见的酒店员工利润分配方式。

（一）工资和薪酬

酒店员工的主要收入来源是工资和薪酬。工资通常是按小时或按月支付，根据员工的职位、工作经验和绩效水平确定。薪酬则是员工的固定月薪，通常是按照职位等级和工作内容来确定。

（二）奖金和绩效激励

酒店通常会设立奖金计划，根据员工的绩效和贡献来发放奖金。员工可以通过实现工作目标、提高客户满意度、增加销售额等方式赚取奖金。绩效激励可以激励员工积极工作，提高工作绩效。

（三）福利待遇

酒店员工通常可以享受多种福利待遇，例如医疗保险、养老金、带薪假期、员工折扣、培训机会等。这些福利待遇可以提高员工的生活质量，增强员工对酒店的忠诚度和工作积极性。

（四）股权激励

一些酒店可能会设立股权激励计划，让员工分享酒店的成长和盈利。员工可以通过持有酒店股权或股票期权来分享酒店的经营成果。股权激励可以激励员工为酒店的长期发展做出贡献。

（五）其他激励方式

除了以上提到的方式，酒店还可以通过其他形式的奖励来激励员工，例如员工表彰、员工活动、员工福利等。这些激励方式可以提高员工的工作满意度和工作积极性，促进团队合作和员工忠诚度。

在实际操作中，酒店利润分配需要根据各方的权益和利益关系进行综合考虑，确保各方的权益得到合理保障，避免出现利益冲突和纠纷。通过公平公正的利润分配，酒店可以激励各方的积极性，提高经营效率，实现经营的长期稳定和可持续发展；通过科学合理的利润分配，酒店可以激励各方的积极性，提高经营效率，实现共赢局面。

任务实训

【实训项目】说一说什么是酒店利润分配。

【实训目标】了解酒店利润分配的概念。

【实训时间】1学时。

【实训步骤】

1. 在教师的引导下，将学生分组，每组4～6人。

2. 每个小组的学生利用所学知识，就酒店利润分配的概念展开讨论，充分发表自己的见解，并派代表进行发言。

3. 教师点评每个小组代表的发言，所有的小组发言完毕后由教师根据学生的发言进行总结。

【实训标准】

实训形式	以学生自由讨论和教师总结为主。
实训分工	每个小组的学生自行分工，确定一名学生代表小组发言，其余学生可以就讨论的观点进行记录。
实训重点	1. 学生需根据所学知识和所查阅的资料踊跃发表自己的见解和想法。 2. 讨论的过程就是温故知新的过程，每个学生务必认真参与。

任务二 酒店利润规划

酒店利润规划是指酒店管理团队制定和实施一系列策略和措施，以最大化酒店的盈利能力和利润水平。利润规划涉及酒店利润分配、酒店盈亏平衡分析等。通过合理的利润规划，酒店可以提高收入、降低成本、增加利润，从而实现长期稳健的经营和发展。

一、酒店利润分配的原则与方法

（一）酒店利润分配的原则

酒店利润分配是一项政策性很强的工作，体现出酒店与国家、投资者及职工之间的经济利益关系，因此，必须遵循一定的分配原则。

1. 依法分配原则

利润分配必须贯彻依法分配原则，严格遵守国家的财经法规。酒店必须首先按税法规定缴纳所得税，然后才能进行税后利润的分配，税后利润分配应严格遵守《公司法》、《企业会计制度》及其他法规的规定，按财经法规的要求合理确定税后利润分配的项目、顺序及比例。

2. 兼顾各方利益原则

税后利润分配合理与否，直接影响酒店、投资者、经营者和员工等各方的经济利益。酒店不能只强调长远利益和整体利益，忽视投资者和员工的近期利益和局部利益，挫伤投资者和管理者的积极性；也不能只顾近期利益而损害酒店的长远发展。酒店应从全局出发，充分兼顾各方的利益，协调好近期利益与长远发展的关系，做到统筹兼顾、合理安排。

3. 分配与积累并重原则

酒店进行利润分配，应正确处理近期利益与长远利益的关系，将二者有机结合起来，坚持分配与积累并重。考虑酒店未来发展需要，酒店除按规定提取法定盈余公积以外，应适当留存一部分利润作为积累。酒店留存利润用于发展经营，增强酒店的发展后劲，提高酒店抵御风险的能力；否则，酒店将缺乏应对经营风险的能力，酒店的投资发展也将受到阻碍，最终将损害投资者的利益。当然，在保证积累的前提下，还需正确处理积累与消费的关系，以充分调动员工的积极性。

4. 投资收益对等原则

酒店税后利润分配直接关系到投资者的经济利益，酒店在向投资者分配利润时，应一视同仁地对待所有投资者，应当体现谁投资谁受益、收益大小与投资比例相适应，即投资与收益对等原则。所有投资者应按其投资比例分享收益，做到同股同权、同股同利。

5. 弥补年度亏损原则

酒店发生经营性亏损，国家不再予以弥补，而是由酒店用以后年度实现的利润弥补酒店发生的本年度亏损，可用下一年度税前利润弥补；下一年度利润不足以弥补的，可以在以后 5 年内延续弥补；5 年内不足以弥补的，用税后利润和盈余公积弥补。

（二）酒店利润分配的方法

利润分配是酒店根据国家有关规定和投资者的决议，对酒店利润所进行的分配。酒店本年实现的净利润加上年初未分配利润为可供分配的利润。酒店利润分配的内容和方法如下：

（1）支付被没收财务损失和各项税费的滞纳金、罚款。

（2）弥补酒店以前年度亏损超过用所得税前利润弥补亏损的期限，仍未补足的亏损。

（3）提取法定盈余公积。

（4）提取公益金。

（5）向投资者分配利润。

二、酒店盈亏平衡分析

（一）盈亏平衡分析概述

盈亏平衡分析是通过盈亏平衡点分析项目成本与收益的平衡关系的一种方法。各种不确定因素（如投资、成本、销售量、产品价格、项目寿命期等）的变化会影响投资方案的经济效果，当这些因素的变化达到某一临界值时，就会影响方案的取舍。盈亏平衡分析的目的就是找出这种临界值，即盈亏平衡点，判断投资方案对不确定因素变化的承受能力，为决策提供依据。

盈亏平衡点越低，说明项目盈利的可能性越大，亏损的可能性越小，因而项目有较大的抗经营风险能力。因为盈亏平衡分析是分析产量、销量、成本与利润的关系，所以也称量本利分析。

（二）盈亏平衡分析的形式

盈亏平衡点的表达形式有许多种，可以用实物产量、单位产品售价、单位产品可变成本以及年固定成本总量表示，也可以用生产能力利用率（盈亏平衡点率）等相对量表示。根据生产成本、销售收入与产量（销售量）之间是否呈线性关系，盈亏平衡分析可以分为线性盈亏平衡分析和非线性盈亏平衡分析。

1. 线性盈亏平衡分析

线性盈亏平衡分析主要用于分析销售收入、生产成本与产品产量的关系。

（1）假设产量等于销售量，销售量变化，销售单价不变，销售收入与产量呈线性关系，酒店管理者不会通过降低价格增加销售量。

（2）假设正常生产年份的总成本可划分为固定成本和可变成本两部分。其中，固定成本不随产量变动而变化，可变成本总额随产量变动成比例变化，单位产品可变成本为常数，总可变成本是产量的线性函数。

（3）假设在分析期内产品市场价格、技术装备、管理水平等均无变化。

（4）假设只生产一种产品，或当生产多种产品时，产品结构不变，且都可以换算为单一产品计算。

酒店生产销售活动不会明显地影响市场供求状况，假设其他市场条件不变，产品价格不会随酒店销售量的变化而变化，可以看作常数。销售收入与销售量呈线性关系，即

$$B=PQ$$

式中：

B——销售收入；

P——单位产品价格；

Q——产品销售量。

酒店生产成本可以分为固定成本与变动成本。固定成本是指在一定的生产规模限度内不随产量的变动而变动的费用，变动成本是指随产品产量的变动而变动的费用。变动成本总额中的大部分与产品产量成正比例关系，也有一部分变动成本与产品产量不成正比例关系，这部分变动成本随产量变动的规律一般呈阶梯形曲线，通常称这部分变动成本为半变动成本。半变动成本通常在总成本中所占比例很小，在经济分析中一般可以近似地认为它也随产量成正比例变动。

总成本是固定成本与变动成本之和，它与产品产量的关系也可以近似地认为是线性关系，即

$$C=C_f+C_vQ$$

式中：

C——总成本；

C_f——固定成本；

C_v——单位产品变动成本；

Q——产品产量。

在销售收入及总成本都与产量呈线性关系的情况下，可以很方便地用解析方法求出以产品产量、生产能力利用率、产品销售价格、单位产品变动成本等表示的盈亏平衡点。在盈亏平衡点，销售收入 B 等于总成本 C，设对应于盈亏平衡点的产量为 Q^*，则有：

$$PQ^*=C_f+C_vQ^*$$

所以，盈亏平衡点的产量为：

$$Q^*=\frac{C_f}{P-C_v}$$

若酒店产品可销售能力为 Q_c，则盈亏平衡生产能力利用率为：

$$E^* = \frac{Q^*}{Q_c} \times 100\% = \frac{C_f}{(P - C_v) \times Q_c} \times 100\%$$

若按酒店产品可销售能力进行生产和销售，且销售价格已定，则盈亏平衡单位产品变动成本为：

$$C_v^* = P - \frac{C_f}{Q_c}$$

2. 非线性盈亏平衡分析

由于产量扩大到一定水平，原材料、动力供应价格上涨等原因造成酒店生产成本并非与产量呈线性关系；由于市场容量的制约，当产量增长后，产品售价也会相应下降，价格与产量成某种函数关系，因此，销售收入与产量就呈非线性关系。

任务实训

【实训项目】 说一说酒店进行盈亏平衡分析的意义。

【实训目标】 掌握酒店利润分配的意义。

【实训时间】 1 学时。

【实训步骤】

1. 在教师的引导下，将学生分组，每组 4～6 人。

2. 每个小组的学生利用所学知识就酒店进行盈亏平衡分析的意义展开讨论，充分发表自己的见解，并派代表进行发言。

3. 教师点评每个小组代表的发言，所有的小组发言完毕后由教师根据学生的发言进行总结。

【实训标准】

实训形式	以学生自由讨论和教师总结为主。
实训分工	每个小组的学生自行分工，确定一名学生代表小组发言，其余学生可以就讨论的观点进行记录。
实训重点	1. 学生需根据所学知识和查阅的资料踊跃发表见解和想法。 2. 讨论的过程就是温故知新的过程，每个学生务必认真参与。

任务三 酒店收益管理

收益管理是在微观的层面预测实时顾客需求的科学和艺术，它使价格尽可能地最大化，以及产品尽可能地出售。把恰当的产品，以恰当的价格，在恰当的时间，卖给恰当的顾客。

一、酒店收益管理的定义

酒店收益管理，又称酒店收入管理、酒店实时管理，其目的是通过调整出租率或房价来提高收入。众所周知，在房价一定的情况下，出租率越高，收入也就越高；反之，收入越低。同样道理，在出租率一定的情况下，房价越高，收入也就越高。但房价太高可能销售不出去，房价太低可能不赚钱甚至亏本。

万豪国际酒店前董事长兼首席执行官比尔·马里奥特曾说，“收益管理不仅为我们增加了数百万美元的收益，同时教育了我们如何更有效地管理。”应用收益管理的企业，在没有重大支出的情况下，收益增加了3%～7%，利润增加了50%～100%。甚至有人认为，那些忽视应用收益管理使收益和利润最大化的企业将失去竞争力。有专家认为，在当前出现的商业策略中，收益管理是排在第一位的，并称收益管理为“一种有待探索、前途光明的实践”。目前，假日酒店、希尔顿酒店、凯悦酒店、洲际酒店、威斯汀酒店、万豪国际酒店、北京东方君悦大酒店、中国大饭店、香格里拉酒店、王府饭店、北京国际俱乐部、北京金域万豪酒店、中国国际航空公司、东方航空公司等公司已经将收益管理作为本企业在市场竞争中的制胜法宝。

在酒店实行收益管理的原因如下：

(1) 酒店产品的不可储存性；

(2) 酒店产品需求的波动性；

(3) 酒店产品固定成本高；

(4) 酒店不同的客户群所能承受的价格不同。

二、收益管理的基本原理和计算公式

(一) 收益管理的基本原理

收益管理的基本原理主要是根据酒店市场的供求关系来决定酒店房价。

(1) 供大于求时，降低房价，增加预订数量，使收益最大化。

(2) 供不应求时，提高房价，使收益最大化。

(3) 调整或优化客源结构，使收益最大化。

(二) 平均房价计算公式

平均房价的计算公式为：

平均房价＝客房总销售额÷实际客房出售数

例如，A酒店有客房100间。其中，60间为标准间，房价为180元/间；40间为单人间，房价为160元/间。当日房价以8折优惠，标准间房价为144元/间，单人间房价为128元/间，实际出租房间数为80间（标准间40间，单人间40间）。则：

当日客房总销售额＝144×40＋128×40＝10 880(元)

日平均房价＝10 880÷80＝136(元)

（三）出租率计算公式

出租率计算公式为：

出租率＝实际出租房间数÷可供出租房间数×100％

例如，B酒店有客房125间，当日出租房间数为89间。则：

出租率＝89÷125×100％＝71.2％

（四）每房日平均收益计算公式

可以用两种方法计算每房日平均收益。

公式一：

每房日平均收益＝实际客房收入÷可供房总数

仍以上述A酒店为例，

A酒店的每房日平均收益＝10 880÷100＝108.8(元)

这个数字表明，该酒店每间客房产生了108.8元的收入，经营状况尚可。

公式二：

每房日平均收益＝出租率×日平均房价

假如A酒店实际出租房间数为50间（标准间30间，单人间20间），则：

当日客房总销售额＝144×30＋128×20＝6 880(元)

日平均房价＝6 880÷50＝137.6(元)

出租率＝(50÷100)×100％＝50％

每房日平均收益＝50％×137.6＝68.8(元)

每房日平均收益是一个非常重要的指标。因为仅凭出租率，我们并不能判断一个酒店的经营优劣，同理，仅凭平均房价我们也不能作出判断。而每房日平均收益则可以帮助我们比较全面地了解一个酒店的经营状况，因为它从出租率和日平均房价两个方面来考察酒店的经营。举例来说，一个酒店有100间客房，它的每房日平均收益是100元，那么客房总营收为3 650 000（100×100×365）元。

（五）收益率指数

收益率指数是衡量一个酒店经营好坏的重要指标。其计算公式为：

收益率指数＝客房实际收入÷理想客房收入×100％

理想客房收入是指按门市价出售的房价收入。例如，某酒店有100间房，假设门市价为100元/间，年平均出租率为85％，则：

收益率指数＝(100×100×365×85％)÷(100×100×365)×100％＝85％

收益率指数越高，越接近理想的客房收入。收益率指数达到100％的经济型酒店可以考虑涨价。假如收益率指数太低，如低于75%，要查找是否由以下原因造成：

(1) 定价错误，房价太高。

(2) 竞争太激烈。

(3) 经营不善。

(4) 服务不佳，留不住客人。

(5) 客源结构有问题。

三、酒店收益管理的策略

(一) 客房库存管理

1. 超额预订

超额预订出现时，要考虑以下要素：超额预订、提早离店、预订取消、预订客人未到达、升级等。

【例7-1】 晚上7点，某酒店在店客占用130间，预订35间。其中，在店客中入住85间、预订15间，预计当天出租率为85%，即可能剩余30间大床房。这时走进来两位客人，要一间标准间，但被前台以标间已满回绝，客人失望而去。

前台的这种做法是错误的。其实酒店前台完全有可能把客人留下来，解决的方法如下：

(1) 接受客人，给客人安排一间标准间，因为会有客人可能提早离店、预订客人可能取消、预订客人可能不到等情况发生。如果上述三种情况都没有出现，可以给后来的预定了标准间的客人升级，即支付一间标准间的价钱住两间大床房。

(2) 接受客人，给客人一个惊喜：他们只需要花团队价就可以住两间大床房。

2. 预订未到达的控制

经常会有预订但未能来的客人，酒店要统计这些客人的预订渠道，如携程网、艺龙网、协议单位等。日积月累，这些统计数据有助于酒店计算出各种渠道的预订数与预订未到达（NOSHOW）的大约比例。有了这些数据，酒店不仅可以适当地进行超额预订，有效地避免因NOSHOW带来的损失，还可以控制某一渠道的预订，甚至在用房紧张时关闭该渠道，从而有效地降低NOSHOW。

3. 设定最晚保留时间

按照国际惯例，没有预付定金的预订只保留到18点，超过18点就代表自动取消。因此，酒店前台每天18点要做一次清理，把保留到18点而未到的预订取消。对18点以后到达的客人，要密切关注，保持联系。18点以后的预订一定要按时清理，以免错失出售的良机。一般来说，对晚于18点的预订，不再做进一步的保留。如果酒店某日房间基本客满，前台可以拒绝没有支付保证金的预订，除非客人有特殊情况，如飞机晚点、航班在21点以后到达、长途汽车晚点等。如果客人21点后未到达，酒店就有可能蒙受损失。对于大批量预订，酒店一定要求客人预付保证金。

4. 流量控制技巧

流量控制是收益管理的重要一环。只有控制好流量，酒店收益最大化才有可能实现。这对于国内经济型酒店的管理者来说是一个极大的挑战。出租率达到或接近 100％的酒店一定要安排经验丰富的专人控制流量，每天要进行多次实时流量计算，及时调整房态。

第一次流量计算可安排在早晨 9 点。这时，一天中第一次退房高峰刚过，数字可能有调整。

第二次流量计算可安排在中午 12 点，这是一天中第二次退房的高峰。此时想在当日离店的客人（优惠延长至下午 2 点的除外）基本会退房，因此一定要做一次新的流量计算。如果预订形势很好，要考虑关闭房价最低的渠道（如旅行社），然后关闭房价较低的渠道，依此类推。如果预计形势十分看好，前一夜就可以考虑做这件事。

第三次流量计算可安排在下午 3—4 点，要给预订的客人打电话，以便把做了预订但因改变主意、行程而决定不来的预订全部清理，防止 NOSHOW。

第四次流量计算应该在晚上 6 点。按照国际惯例，如果客人没有付定金，酒店就有权取消预订。当然，为了不得罪客人，前台可与客人再次确认，对晚上 6 点钟后应到未到且打电话也联系不上的客人，酒店有权取消预订。因为即便酒店生意十分火爆，但当晚上 10 点后预订的客人应到未到时，酒店就有可能蒙受房间不能出售的风险。而且生意越好的酒店，晚上 10 点后房间越不容易售出。道理很简单：客人知道酒店生意好，不提早预订就不会有房间，已经是晚上 10 点钟了，会认为该酒店肯定不会有房间了。

5. 最少入住天数和最多入住天数的限制

例如，某市有每年一度的全国糖酒商品交易会，通常是在每年 3 月 17 日开幕，21 日闭幕。因此每年 3 月 16 日是该市全城酒店入住率最高的一天，一直延续到 3 月 20 日，3 月 20 日后开始下降。根据这一情况，可以实行最少入住天数的策略，即只接受 3 月 16 日起一直住到 3 月 20 日甚至 21 日的客人。

对 3 月 16 日以前入住的客人要实行限制入住天数策略，即必须在 16 日以前退房，除非客人也要住到 20 日或以后。

6. 庇护和屏障

庇护和屏障，又称出价、屏障性定价或库存客房保护性定价。假设某酒店目前正处于每年商业用房的高峰期，并且已将房价为 170 元的客房全部售出（星期一），与此同时，酒店仍然出售折扣价客房和牌价客房。如果酒店拒绝商务客人预订 170 元客房的要求，同时接受其他客人预订 120 元折扣房价客房的要求，这样的做法就毫无道理。但在没有实行收益管理的酒店里，这种情况很有可能发生。库存客房保护性定价的作用就在于此，通过加入一系列的保护性规定，酒店就能确保在提供低价客房的同时也不停止对外销售高价客房。

酒店要每天制定最低限价或屏障性定价。超过屏障性定价的预订就接受，低于屏障性定价的预订就拒绝。保护性的概念是在酒店总体客房需求量的基础上出售客房，而不是根据无限制的市场划分的客房分配来出售客房。需求量小时，屏障性定价则低；需求量大时，屏障性定价则高。本质上讲，屏障性定价代表了当日要售出的最后一间客房的理论价格。如果酒店即将客满，屏障性定价可能被定为全额牌价。只愿意出低于屏障性定价来订房的客人是不值得酒店挽留的，酒店更应关注最后一间客房的未来价值。

7. 景观房

酒店中有不少房间的窗外景色优美，可以做成景观房，以稍高价出售。例如，锦江之星（重庆鹅岭公园店）的江景房面向长江，因为不是沿马路，白天非常安静，夜晚可以眺望美丽的山城夜景。每个来住店的客人大多会选择江景房，而不愿住价格相同、声音嘈杂的沿马路的房间。酒店可以通过调节房价的方法来解决这个问题，即把江景房的价格提高。

8. 坏房和未清扫房

不少经济型酒店缺乏有效的控制，坏房由基层的管理人员控制，有时明明是可以出售的房间也被当作坏房处理。酒店必须对坏房进行控制，首先建立书面标准，符合标准的才可以列入坏房。由客房服务员填表上报客房主管，再由客房主管上报店长，经店长签字后方可列入坏房。这对店长同样有约束作用，防止店长等管理人员利用职权把好房列为坏房，安排给他人免费入住。坏房（除去有安全隐患的）也可以以折扣的形式出售，只是在出售前要把实情告诉客人，客人愿意就行。

很多经济型酒店由于开支有限并未聘请驻店经理，因此常有失控现象出现。例如，对晚上 6 点提前退房的客房或晚上 6 点后退房的客房，即使在客满的情况下，也不及时打扫清理，造成有房不能售。

目前，由于经济型酒店缺乏收益管理意识，且因为人手较少，管理不善，延长客房数、提前客房数、预订未到数、取消客房数常常无人统计，这将会给酒店造成不小的损失。

（二）客房价格策略

举例说明客房价格策略。某经济型酒店 4 月 22 日正式开业，开业初期门市价为 159 元，端午小长假期间（3 天）平均房价为 150.45 元，出租率为 96.89%，总营收为 16.59 万元。9 月 10 日，该酒店将门市价由原来的 159 元上涨到 179 元。元旦小长假期间（3 天），门店又将门市价上涨到 189 元。元旦小长假 3 天平均出租率为 91.15%，比端午小长假下降了 5.74%，但是由于房价上涨，平均房价为 179.47 元，比端午小长假高出了 29.02 元，总营收为 20.07 万元，多收入 3.48 万元。

（三）其他收益管理

1. 调整客源结构增加收益

例如，某酒店原协议客户比例高达 60%，因为协议价比门市价低 40 元，所以居高不下的协议客户严重影响了收益，而比例较低的上门散客也在一定程度上影响了酒店的收益。于是酒店进行了一次调整：协议客户由原来的 60%减少到 43%，上门散客由原来的 15%增加到 23%，中央预订由原来的 5%调整到 9%，会员客人由原来的 20%调整到 25%。调整后一年，该酒店多增加收益 25.22 万元。

2. 会展和商业活动的收益管理

大型会展期间客房需求变化特别大，常常一房难求。酒店可以根据供需变化及时调整价格，以求收益最大化。有人担心这样会影响品牌形象，其实不会。比如，可口可乐公司进行过根据季节温度变化而调整自动售货机内可乐价格的收益管理，并取得了巨大成效；某届中国进出口商品交易会（广交会）于当年 4 月 15 日在广州举办，为期 12 天，某酒店根据供求变化及时调整了价格，两家店 10 天总计增加收入 115 万元。众所周知，广交会每年春秋两季开展，如此，该酒店每年预计可增加收入 230 万元。

任务实训

【实训项目】向你身边的人解释什么是酒店收益管理。

【实训目标】了解酒店收益管理的定义，掌握收益管理的目的。

【实训时间】2 学时。

【实训步骤】

1. 在教师的引导下，将学生分组，每组 4～6 人。

2. 每个小组的学生利用所学知识，就酒店收益管理的定义展开讨论，充分发表自己的见解，并派代表进行发言。

3. 教师点评每个小组代表的发言，所有的小组发言完毕后由教师根据学生的发言总结提升。

【实训标准】

实训形式	以学生自由讨论和教师总结为主。
实训分工	每个小组的学生自行分工，确定一名学生代表小组发言，其余学生可以就讨论的观点进行记录。
实训重点	1. 学生需根据所学知识和查阅的资料，踊跃发表自己的见解和想法。 2. 讨论的过程就是温故知新的过程，每个学生务必认真参与。

项目八 酒店财务分析

酒店财务分析是以酒店财务核算资料（主要是财务报表）为主要依据，运用特定的分析方法，对酒店财务状况和经营成果进行的一种计量分析。财务分析是酒店财务管理的重要组成部分，是评估酒店经营状况和财务健康的重要手段，可以帮助投资者、管理者和利益相关者了解酒店的盈利能力、财务风险和未来发展潜力。在财务管理循环中，财务分析既是一个循环的终点，又是下一个循环的起点，对于提高酒店的经营效率及成果，正确处理与各利益相关者的财务关系，促进决策的科学性具有重要的意义。

酒店财务分析的原则是目的明确、实事求是、全面分析、系统分析、动态分析、定量分析与定性分析结合、综合考虑成本与效益。

酒店财务分析的意义在于通过评估酒店的财务状况和经营表现，帮助管理者了解经营状况、制定决策和改进经营策略，同时吸引投资者并提高酒店的竞争力，促进酒店的长期稳健发展。

学习引导

某星级酒店位于一个海滨城市的著名风景区附近，2024 年该酒店商品部某款旅游纪念品的预计销售量是 20 万个，售价为 80 元/个，全年可实现收入 1 600 万元。因竞争激烈，2024 年该纪念品预计实现的目标利润受到影响，价格降到 60 元/个。

据了解，该旅游纪念品的单位产品平均变动成本为 40 元/个，固定成本为 200 万元，销售和管理费用预计为 300 万元。

为挽回降价造成的损失，该酒店组织了商品部、市场部、财务部等部门的领导展开了讨论，希望制定出有关措施，扭亏为盈。

【点评】

案例中的酒店遇到的问题其实是比较常见的。酒店的初始销售预期和定价策略导致了预期收入和利润的下降，需要采取措施来挽回损失。

为了扭亏为盈，酒店可以重新评估市场需求和竞争情况，制定更具竞争力的定价策略，比如通过增值服务或者包装销售等方式提高售价。

除此之外，酒店也可以采取降低成本、增加市场推广力度、进行产品创新、提高产品差异化、控制费用等方式来提高纪念品的销售量和利润。

学习目标

知识目标

1. 认识酒店会计报表。
2. 知道短期资产和长期资产的区别。
3. 知道酒店现金流量的内涵。

技能目标

1. 掌握酒店财务分析的方法。
2. 能进行酒店资产营运能力分析。
3. 能进行酒店发展能力分析。
4. 能进行酒店现金流量分析。

素养目标

1. 培养数据分析和解读能力。
2. 养成独立思考、细心谨慎的好习惯。

任务一 认识酒店财务分析

财务分析需要以会计报表和其他资料为依据与起点，采用专门方法，系统介绍和评价酒店过去的和现在的经营成果、财务状况及其变动，目的是了解过去、评价现在、预测未来，帮助利益关系集团改善决策。尽管财务分析主要依据的是会计报表，并辅以其他相关资料，但由于财务分析主体不同，其分析评价所选取的指标有所差异，采用的分析方法和分析标准各不相同，所得出的分析结果和据此做出的分析决策也各有千秋。

一、酒店会计报表介绍

财务报告是反映企业财务状况和经营成果的书面文件。我国《企业会计准则——基本准则》规定，财务报告包括财务和其他应当在财务会计报告中披露的相关信息和资料。财务报表由报表本身及其附注两部分构成，报表至少应当包括资产负债表、利润表、现金流量表等报表。为适应我国企业集团化发展的需要，企业会计制度规定：除不对外筹集资金、经营规模较小的企业，以及金融保险企业以外，在中华人民共和国境内设立的企业，执行本制度。

（一）资产负债表

资产负债表是反映酒店某一特定日期财务状况的会计报表，它以“资产＝负债＋所有者权益”这一会计恒等式为依据，按照一定的分类标准和顺序，把资产、负债、所有者权益各项目进行适当排列，并对有关数据进行整理后编制而成。

我国企业会计制度规定，资产负债表采用账户式结构，即资产项目列示在报表的左边，负债及所有者权益项目列示在报表的右边，左右双方的合计数必须相等。资产及负债各项目按照流动性进行排列，流动性强的项目在前，流动性弱的项目在后；所有者权益按形成来源分类，并按在企业保留的永久程度排列。资产负债如表8-1所示。

表8-1 资产负债表

会企01表

编制单位： 年 月 日 单位：元

资产	期末余额	上年年末余额	负债和所有者权益（或股东权益）	期末余额	上年年末余额
流动资产：			流动负债：		
货币资金			短期借款		
交易性金融资产			交易性金融负债		
衍生金融资产			衍生金融负债		
应收票据			应付票据		
应收账款			应付账款		
应收款项融资			预收款项		
预付款项			合同负债		
其他应收款			应付职工薪酬		
存货			应交税费		
合同资产			其他应付款		
持有待售资产			持有待售负债		
一年内到期的非流动资产			一年内到期的非流动负债		
其他流动资产			其他流动负债		
流动资产合计			流动负债合计		
非流动资产：			非流动负债：		
债权投资			长期借款		
其他债权投资			应付债券		
长期应收款			其中：优先股		
长期股权投资			永续债		
其他权益工具投资			租赁负债		
其他非流动金融资产			长期应付款		
投资性房地产			预计负债		
固定资产			递延收益		
在建工程			递延所得税负债		
生产性生物资产			其他非流动负债		

续表

资产	期末余额	上年年末余额	负债和所有者权益（或股东权益）	期末余额	上年年末余额
油气资产			非流动负债合计		
使用权资产			负债合计		
无形资产			所有者权益（或股东权益）：		
开发支出			实收资本（或股本）		
商誉			其他权益工具		
长期待摊费用			其中：优先股		
递延所得税资产			永续债		
其他非流动资产			资本公积		
非流动资产合计			减：库存股		
			其他综合收益		
			专项储备		
			盈余公积		
			未分配利润		
			所有者权益（或股东权益）合计		
资产总计			负债和所有者权益（或股东权益）总计		

（二）利润表

利润表是反映企业一定时期经营成果的财务报表。它是以"收入－费用＝利润"为依据，反映企业一定期间内收入、与之相配比的费用的情况，总结企业经营业绩的报表。

我国企业会计制度规定，利润表采用多步式结构：第一步反映主营业务利润，即主营业务收入减去主营业务成本及税金及附加后的差额；第二步反映营业利润，即主营业务利润减去期间费用的余额；第三步反映企业利润总额，即营业利润加上投资净收益和营业外收支净额后的结果；第四步反映净利润，即利润总额减所得税后的差额，净利润也称为税后利润。

利润表如表 8－2 所示。

表 8－2 利润表

会企 02 表

编制单位： 年 月 单位：元

项目	本期金额	上期金额
一、营业收入		
减：营业成本		
税金及附加		

续表

项目	本期金额	上期金额
销售费用		
管理费用		
研发费用		
财务费用		
其中：利息费用		
利息收入		
加：其他收益		
投资收益（损失以“—”号填列）		
其中：对联营企业和合营企业的投资收益		
以摊余成本计量的金融资产终止确认收益（损失以“—”号填列）		
净敞口套期收益（损失以“—”号填列）		
公允价值变动收益（损失以“—”号填列）		
信用减值损失（损失以“—”号填列）		
资产减值损失（损失以“—”号填列）		
资产处置收益（损失以“—”号填列）		
二、营业利润（亏损以“—”号填列）		
加：营业外收入		
减：营业外支出		
三、利润总额（亏损总额以“—”号填列）		
减：所得税费用		
四、净利润（净亏损以“—”号填列）		
（一）持续经营净利润（净亏损以“—”号填列）		
（二）终止经营净利润（净亏损以“—”号填列）		
五、其他综合收益的税后净额		
（一）不能重分类进损益的其他综合收益		
1. 重新计量设定受益计划变动额		
2. 权益法下不能转损益的其他综合收益		
3. 其他权益工具投资公允价值变动		
4. 企业自身信用风险公允价值变动		
……		
（二）将重分类进损益的其他综合收益		
1. 权益法下可转损益的其他综合收益		

续表

项目	本期金额	上期金额
2. 其他债权投资公允价值变动		
3. 金融资产重分类计入其他综合收益的金额		
4. 其他债权投资信用减值准备		
5. 现金流量套期储备		
6. 外币财务报表折算差额		
……		
六、综合收益总额		
七、每股收益：		
（一）基本每股收益		
（二）稀释每股收益		

（三）现金流量表

现金流量表是反映企业在一定会计期间现金流入与现金流出情况的报表。现金流量表中的“现金”，是指货币资金（库存现金、银行存款和其他货币资金等）和现金等价物（如短期投资等变现能力极强的资产）。

我国《企业会计准则第 31 号——现金流量表》规定，企业应采用直接法编制现金流量表，并在补充资料中采用间接法报告企业经营活动产生的现金流量。

现金流量表如表 8 - 3 所示。

表 8 - 3 现金流量表

会企 03 表

编制单位： 年度 单位：元

项目	行次	本年金额	上年金额
一、经营活动产生的现金流量：			
销售商品、提供劳务收到的现金			
收到的税费返还			
收到其他与经营活动有关的现金			
经营活动现金流入小计			
购买商品、接受劳务支付的现金			
支付给职工以及为职工支付的现金			
支付的各项税费			
支付其他与经营活动有关的现金			
经营活动现金流出小计			
经营活动产生的现金流量净额			

续表

项目	行次	本年金额	上年金额
二、投资活动产生的现金流量：			
收回投资收到的现金			
取得投资收益收到的现金			
处置固定资产、无形资产和其他长期资产收回的现金净额			
处置子公司及其他营业单位收到的现金净额			
收到其他与投资活动有关的现金			
投资活动现金流入小计			
购建固定资产、无形资产和其他长期资产支付的现金			
投资支付的现金			
取得子公司及其他营业单位支付的现金净额			
支付其他与投资活动有关的现金			
投资活动现金流出小计			
投资活动产生的现金流量净额			
三、筹资活动产生的现金流量：			
吸收投资收到的现金			
取得借款收到的现金			
收到其他与筹资活动有关的现金			
筹资活动现金流入小计			
偿还债务支付的现金			
分配股利、利润或偿付利息支付的现金			
支付其他与筹资活动有关的现金			
筹资活动现金流出小计			
筹资活动产生的现金流量净额			
四、汇率变动对现金的影响			
五、现金及现金等价物净增加额			
加：期初现金及现金等价物余额			
六、期末现金及现金等价物余额			

二、财务分析主体及分析目的

酒店编制并对外报送财务报告，主要目的是提供反映酒店财务状况和经营成果的信息，以供信息使用者使用。与酒店有直接或潜在经济利益关系的信息使用者都有可能成为酒店财务分析的主体，不同的酒店财务分析主体，对酒店财务信息的关注不同，财务分析的结果也不尽相同。

（一）酒店的投资者或股东

依据现代企业制度的要求，企业投资者或股东出资，享有资产的所有权，但其本身并不直接经营这些资产，而是将其委托给企业经营者加以管理。为此，酒店的投资者或股东需要对酒店经营者提供的有关信息加以分析评价，以判断酒店的获利能力、资产的营运能力，以及投资风险和现金的流转情况等，从而为是否继续投资或追加投资等财务决策提供依据。酒店大股东或投资者与小股东或投资者由于在酒店中所占的投资比例不同，所享有的权益不同，其财务分析的侧重点也不同。酒店大股东或大额投资者对酒店拥有较大的控制权和影响力，他们可以通过“用手投票”的方式，决定酒店的人事安排、投筹资决策、经营决策、股利分配等，他们更关心的是影响酒店长远发展的财务信息；作为酒店的小股东或小额投资者，对酒店的经营决策没有决定权，只能采用“用脚投票”的方式，尽量使自己的投资保值增值，因此他们更关心酒店的短期财务信息。

（二）酒店的债权人

酒店的债权人将贷款提供给酒店，在双方约定的时间内收回本金和利息。因此，酒店的债权人注重分析酒店的偿债能力、现金的流转情况、酒店的信用和风险等财务信息。

（三）酒店的经营管理者

在现代企业制度中，企业的经营管理者受企业投资者或股东的委托，充分合理地利用企业各项经济资源经营管理企业日常经济业务，对企业资本的保值、增值负有责任。因此，酒店的经营管理者依据自己的经营管理权限，分析利用财务信息，为经营决策提供依据。

（四）酒店的供应商和客户

酒店的供应商通常向酒店提供商品和服务。在日益激烈的市场竞争中，为保证占有一定的市场份额，供应商往往采用赊销这一商业信用方式。为此，酒店供应商必须充分分析了解酒店的信用、风险以及偿债能力等财务信息。酒店的客户是酒店商品和劳务的接受者，他们十分关心酒店持续供应商品和劳务的能力。为此，客户需要了解酒店的持续发展能力、获利能力、未来发展前景等。

（五）酒店职工

酒店职工通常与酒店保持较为稳定的雇佣关系，他们十分关心获取的报酬、工作的稳定性、工作环境的安全性以及自我能力的发挥等。为此，酒店职工需要了解酒店的获利能力、发展能力等信息。

（六）酒店的竞争对手

酒店的竞争对手希望尽量了解酒店产品或服务的供应信息，以改进产品、改善服务，争取更多的客户；希望通过获取酒店经营信息，不断改进经营管理水平；希望通过充分掌握酒店的信用、偿债能力、获利能力、发展能力以及风险等信息，为酒店间并购提供依据。

（七）政府有关部门

政府作为宏观经济管理部门和监督部门，需要充分了解酒店的财务信息，为宏观经济决策和制定法律法规约束酒店行为等提供依据。

三、财务分析方法

要对一个酒店的会计报表进行比较全面、深入的分析，并获得客观、有用的相关信息，必须掌握相关的专业知识、选择合理的分析方法，通过对财务信息进行比较、对相关数据进行计算，以得出分析结果，并结合其他相关信息进行全面分析评价。财务分析可采用的方法通常有比较分析法、比率分析法、趋势分析法和因素分析法等。

（一）比较分析法

比较分析法是指通过对指标数值变化进行对比，找出差异，以评价酒店财务状况、经营成果及现金流转等情况的一种分析方法。按比较对象不同，可以将酒店本期实际指标与以前会计期间相应指标对比，也可以将实际指标与计划指标、预算指标或定额指标进行对比，或与行业最高水平、平均水平、竞争对手水平进行比较。按比较数据性质的不同，比较分析法又可以分为绝对数比较分析、绝对数增减变动比较分析、百分比增减变动分析以及比率增减变动分析等。在运用比较分析法时，要注意指标的可比性。例如，将酒店指标与竞争对手的指标进行比较时，如果两家酒店经营规模相差无几，可以采用绝对数进行比较，但如果两家酒店经营规模相差较大，采用绝对数比较所得出的结果就没有太多分析的意义。指标的可比性要求必须使相互比较的指标在内容、时间区间、计算口径、计价基础等方面尽量保持一致，从而使计算和对比的结果具有一定的现实意义。

（二）比率分析法

比率分析法是指利用指标间的相互关系，通过计算比率进行对比和分析，借以评价酒店财务状况和经营成果的一种分析方法。比率是一种相对数，通过指标间的对比，将某些不具有可比性的绝对指标转化为可比指标，从而揭示指标间的相互关系。根据分析的内容和要求的不同，比率分析法可以分为相关比率分析和构成比率分析。

1. 相关比率分析

根据经济活动客观存在的相互依存、相互联系的关系，将性质不同但又相互关联的指标进行对比，计算比率并进行财务评价。可以采用同一张报表的不同项目计算比率，如流动比率、速动比率、资产负债率等；也可以采用不同报表有关项目计算比率，如资产周转率等。在运用相关比率分析时，必须首先确定各项目之间是否存在联系、对比的结果是否有意义。

2. 构成比率分析

通过计算某项经济指标各个组成部分占总体的比重，分析评价酒店经营的变化趋势，如各项资产占总资产的比重等。

（三）趋势分析法

趋势分析法是指将酒店连续数期会计报表的有关项目进行比较，以揭示酒店财务状况和经营成果的变动趋势。该方法也称为横向分析法。趋势分析法依据所选择的基期不同，可以分为定基趋势分析和环比趋势分析。

1. 定基趋势分析

以某一确定时间各项目的金额为比较标准，计算并分析各期相对于基期各项目之间的差异。计算公式如下：

$$定基趋势百分比=\frac{本期金额}{某确定基期金额}\times 100\%$$

2. 环比趋势分析

以上期各项目的金额为比较标准，计算并分析本期各项目相对于上期各项目的差异。计算公式如下：

$$环比趋势百分比=\frac{本期金额}{上期金额}\times 100\%$$

(四) 因素分析法

因素分析法是指将一项综合性的指标分解为各个构成因素，按照一定的顺序逐个用各因素的实际数替换基期数，以计算各因素的变动对综合性指标的影响程度，寻找问题的根源，为酒店经营决策提供依据的方法。因素分析法在进行成本费用分析时经常使用。

四、财务分析标准

在财务分析过程中，常见的标准有目标标准、行业标准和历史标准。

(一) 目标标准

目标标准又称为理想标准，是酒店报表分析者根据实际情况，通过预算、计划等方式所确定的最佳标准。通过将酒店实际财务信息与目标标准相比较，可以找出酒店实际经营过程中的不足与差距，以便更好地改善经营管理。

(二) 行业标准

行业标准是指同行业所有酒店或大多数酒店在相同时期内的平均水平。通过将酒店实际财务信息与行业标准相比较，可以对酒店经营优劣做出判断。如果某酒店的某些财务指标优于行业标准，则说明该酒店的该项目处于行业平均水平之上。

(三) 历史标准

历史标准是指以本酒店历史上的最佳状况或选定某一特定时期的状况作为分析评价的标准。在选定某一特定时期作为评价标准时，一般需要剔除某些特殊因素对财务信息的影响，使所选定的标准更具有可比性，也使所比较的结果更能体现酒店的实际情况，从而为制定经营决策提供客观依据。

任务实训

【实训项目】分析酒店会计报表。

【实训目标】认识酒店财务分析，了解酒店的财务报表。

【实训时间】2 学时。

【实训步骤】

1. 教师事先准备好酒店的财务报表（包括资产负债表、利润表、现金流量表）。

2. 在教师的引导下，将学生分组，每组 4～6 人。

3. 每个小组的学生通过教师给定的会计报表分析酒店的资产运营情况，并互相交流。

4. 教师点评每个小组代表的发言，所有的小组发言完毕后由教师根据学生的发言进行总结。

【实训标准】

实训形式	以学生自由讨论和教师总结为主。
实训分工	每个小组的学生自行分工，确定一名学生代表小组发言，其余学生可以就讨论的观点进行记录。
实训重点	1. 学生需根据所学知识和查阅的资料踊跃发表自己的见解和想法。 2. 讨论的过程就是温故知新的过程，有疑问的地方要积极提问交流。

任务二 酒店资产营运能力分析

资产是企业在经营过程中所必须拥有的经济资源。酒店资产使用和循环周转效率的高低，直接影响着酒店的经济效益。

一、短期资产营运能力分析

（一）货币资金分析

货币资金是酒店经营过程中保留为货币形态的那部分资金，包括现金、银行存款、其他货币资金。

货币资金在酒店经营过程中具有极强的流动性，随着酒店经营活动的发生，货币资金收支变得频繁，酒店业务量的多少和经营规模的大小在一定程度上能通过货币资金收支数额的大小来反映。货币资金的来源有投资者投入、酒店经营过程中收入、酒店向债权人借入等几种方式。货币资金的使用包括购置各项财产物资、支付劳务报酬、支付各项费用等。酒店在经营过程中可以采用现金、信用卡、支票等结算方式获取经营收入。

酒店保持的货币资金规模受酒店的经营规模、行业的特点以及酒店货币资金的运用能力等因素的影响。一般来说，酒店经营规模越大，业务收支越频繁，所需要的货币资金也越多。行业的经营特点也决定着酒店货币资金需要量，通常酒店在经营过程中能够通过为客人提供住宿、用餐等服务获取货币资金，同时也需要使用货币资金购买食品原料和商品、支付各项费用、购买固定资产等，此外酒店还需要为各收款台及各部门准备一定量的备用金。酒店货币资金的运用能力也影响着酒店货币资金需要量，酒店货币资金的运用能力越强，所需要的货币资金就越少；反之，酒店货币资金的运用能力越弱，所需要的货币资金就越多。而且，国家为从宏观上控制社会货币流通量，制定了相关制度，酒店在经营过程中必须严格执行。

（二）应收账款分析

应收账款是酒店因赊销商品、提供劳务等业务形成的、为购货和接受劳务单位所占用的资金。

由于市场经济中企业之间存在着激烈的竞争，为扩大销售争取市场份额，酒店会采用赊销等各种手段，从而产生应收账款。酒店只有实现销售并及时收取货币资金，才能满足经营过程中货币资金的需要，保障资金的循环周转。为此，酒店需要加强对应收账款的分析评价，及时组织催收。

酒店一般将服务对象分为散客、团队和长期合作单位。对于散客，由于来源广泛、资信证明难以取得，无法准确判断其信用高低，一般在销售的过程中都采用现销的方式；对于团队和长期合作单位，由于来源可靠，尤其是双方已经保持长期合作关系，对企业资信有所了解，酒店为扩大销售，往往采用赊销方式，从而形成债权。为加强对应收账款的管理，及时收回债权，酒店需要对应收账款周转情况以及应收账款的账龄进行分析，以检查信用政策执行情况，评价资金占用是否合理。

1. 应收账款周转情况分析

在对应收账款周转情况进行分析时，可以采用应收账款周转率和应收账款周转天数两个指标。应收账款周转率也称为应收账款周转次数，表明在一定时期内应收账款变现的次数。相关计算公式如下：

$$\text{应收账款周转率}=\frac{\text{销售净额}}{\text{平均应收账款总额}}$$

$$\text{平均应收账款总额}=\frac{\text{应收账款期初数}+\text{应收账款期末数}}{2}$$

$$\text{应收账款周转天数}=\frac{360}{\text{应收账款周转率}}=\frac{\text{平均应收账款总额}\times 360}{\text{销售净额}}$$

应收账款周转率越高、应收账款周转天数越少，说明应收账款收回速度越快；反之，应收账款周转率越低、应收账款周转天数越多，说明应收账款收回速度越慢。

2. 应收账款账龄分析

酒店在采用各种手段扩大销售、增加市场占有率的同时，必须及时收回债权、取得货币资金，才能补偿经营过程中的各种耗费，确保资金的正常周转。在酒店收回债权的过程中，如果酒店增加收账费用，及时催收，能够加快应收账款的周转速度，提高资金的使用效率；反之，则会长期占用酒店的资金，有些账款甚至会因无法收回形成酒店的坏账损失。因此，酒店应对应收账款的账龄及时分析。

账龄分析表能够清楚地说明哪些客户的应收账款还在信用期内，哪些客户的应收账款已经超过信用期，以及超过信用期的时间长短。通常，酒店不能及时收回的款项中，超过信用期时间越长，收回的可能性越小，形成坏账损失的可能性越大。为保证及时收回债权，对超过规定信用期的客户需要按照一定的程序进行催收。

（三）存货分析

存货是酒店在经营过程中为销售或耗用而储备的物资。酒店主要为客人提供住宿、用餐服务，在经营过程中需要有原材料、燃料、物料用品、低值易耗品、外购商品等存货，且在流动资产中所占的比重较大。因此，需要对存货的利用效果进行分析与评价。相关计算公式如下：

$$存货周转率=\frac{销售成本}{平均存货}$$

$$平均存货=\frac{存货期初数+存货期末数}{2}$$

$$存货周转天数=\frac{360}{存货周转率}=\frac{平均存货\times 360}{销货成本}$$

酒店是季节性经营的企业，年末对海南、东北等地区的酒店来说是旅游旺季，可能储存的存货数量较多、占用资金也较多，按年报计算的平均存货偏高；但对华北、西北等地区的酒店来说是旅游淡季，可能储存的存货数量较少、占用资金也较少，按年报计算的平均存货偏低。因此，对季节性经营的酒店来说，为客观评价存货的周转情况，应使用月度存货的平均余额计算存货周转率指标。

（四）营业周期分析

营业周期是指从购入存货到存货售出收取现金为止的这段时期。计算公式如下：

$$营业周期=应收账款周转天数+存货周转天数$$

营业周期指标表示的是需要多长时间才能将期末存货转化为现金。营业周期指标计算的准确性取决于应收账款周转天数和存货周转天数指标计算的准确性。营业周期指标在比较同一企业不同期间和相似企业之间的营业周期时比较实用。

二、长期资产营运能力分析

长期资产是指酒店使用期超过一年以上的那部分资产。固定资产是酒店长期资产中的重要组成部分，占用资金大、使用时间长，因此在对酒店长期资产营运能力进行分析时，主要是对固定资产的使用、更新等进行分析评价。

（一）固定资产营运能力分析

固定资产营运能力主要是通过固定资产周转率来反映的。相关计算公式如下：

$$固定资产平均净值=\frac{固定资产期初数+固定资产期末数}{2}$$

$$固定资产周转率=\frac{销售收入净额}{固定资产平均净值}$$

固定资产周转率是衡量固定资产利用效率的指标。一般来说，固定资产周转率越高，酒店固定资产利用越充分，从一定程度上也能说明固定资产投资的结构合理，能够充分发挥固定资产的使用价值。

（二）固定资产利用情况分析

使用固定资产会发生折旧，可能会影响酒店的经营能力。例如，酒店空调设备折旧，可能会影响酒店的服务；酒店家具设备的折旧，可能会影响酒店客人的使用及酒店的美观。因此，酒店需要对固定资产的磨损程度进行评价，为固定资产的更新决策提供依据。相关计算公式如下：

$$固定资产磨损率=\frac{累计计提折旧}{全部固定资产原值}\times100\%$$

酒店为补偿固定资产的折旧，维持并增加固定资产的经营能力，在经营期间需要增加固定资产的价值。为反映酒店固定资产的经营潜力，可以使用固定资产更新率指标加以评价。计算公式如下：

$$固定资产更新率=\frac{当年新增固定资产原值}{年初固定资产原值之和}\times100\%$$

酒店是通过提供住宿、餐饮等服务获取营业收入的经济实体，大多数酒店固定资产的规模在一定程度上决定着酒店的经营规模，固定资产在酒店全部资产中所占的比重非常大。固定资产由于磨损、自然力的作用等发生折旧，会增加酒店的经营开支。为此，酒店需要利用财务指标来评价固定资产的利用程度。

另外，酒店的全部收入中几乎有70%以上来自于住宿收入，客房出租程度指标不仅可以反映酒店资产的利用程度，也可以在很大程度上反映酒店营业收入的获取。因此，客房出租率指标是评价酒店资源利用程度的重要指标之一。其计算公式如下：

$$客房出租率=\frac{酒店已出租客房数之和}{酒店每日可供出租的客房数\times日历日数}\times100\%$$

一般酒店客房出租率达到50%以上即可盈利。酒店为应对经营过程中发生的特殊情况通常会保留一些特殊用房，如免费房、紧急备用房、维修用房等，所以酒店客房出租率接近90%就相当理想了。

酒店餐饮部评价固定资产利用程度通常采用座位日均销售额指标。其计算公式如下：

$$座位日均销售额=\frac{销售收入}{餐厅座位数\times营业天数}$$

（三）固定资产利用效果分析

为全面反映酒店使用固定资产为酒店所带来的经济效益，可以使用固定资产利润率指标。其计算公式如下：

$$固定资产利润率=\frac{利润总额}{固定资产平均余额}\times100\%$$

固定资产利润率指标反映的是酒店固定资产的利用效果。

三、总资产营运能力分析

酒店资产在经营过程中使用的效果如何，取决于酒店的经营能力、资产构成比率是否合理等因素。评价酒店总资产营运能力可以使用总资产周转率指标。其计算公式如下：

$$平均资产总额=\frac{资产总计期初数+资产总计期末数}{2}$$

总资产周转率=销售收入净额/平均资产总额

总资产周转率高，说明酒店利用全部资产的效率高；总资产周转率低，则说明酒店利用全部资产的效率低。为此，酒店需要尽量增加经营所得，尽量减少不必要的资产耗费。

任务实训

【实训项目】说一说评价酒店资产营运能力的指标有哪些。

【实训目标】掌握酒店资产营运分析的概念和方法。

【实训时间】2 学时。

【实训步骤】

1. 在教师的引导下，将学生分组，每组 4～6 人。

2. 每个小组的学生利用所学知识，就评估酒店资产营运能力的指标展开讨论，充分发表自己的见解，并派代表进行发言。

3. 教师点评每个小组代表的发言，所有的小组发言完毕后由教师根据学生的发言进行总结。

【实训标准】

实训形式	以学生自由讨论和教师总结为主。
实训分工	每个小组的学生自行分工，确定一名学生代表小组发言，其余学生可以就讨论的观点进行记录。
实训重点	1. 学生需根据所学知识和查阅的资料，踊跃发表自己的见解和想法。 2. 讨论的过程就是温故知新的过程，每个学生务必认真参与。

任务三 酒店发展能力分析

在激烈的市场竞争中，企业为了谋求生存，不仅需要维持现有的经营，还必须不断把握市场规律，扩大经营规模，谋求更大的发展，才能保持并增强市场竞争能力。随着人们的生活水平进一步提高，手中可自由支配的货币量和时间也都不断增加，而且国家也逐步通过制定法律法规的方式规范旅游服务市场，保障消费者的合法权益，从而使旅游行业成为国民经济的一个新增长点。评价酒店发展能力，需要对酒店的销售增长率、资本增长率及资产累积率等指标进行分析考核。

一、销售增长率指标

销售增长是酒店保持长足发展的基本前提。评价酒店的销售增长，可以计算本年销售收入与前一年相比较的增长情况，也可以计算连续 2～3 年内的销售增长情况。相关计算公式如下：

$$销售增长率=\frac{本年销售增长额}{上年销售额}\times 100\%$$

$$三年销售平均增长率=\left(\sqrt[3]{\frac{当年销售收入总额}{三年前销售收入总额}}-1\right)\times 100\%$$

二、资产增长率指标

资产的多少反映一个酒店的经营规模，同时资产也是酒店获取收入的手段，因此资产的不断增长是酒店持续稳定发展的反映。资产的增长需要结合总资产的变动和固定资产的变动来反映。相关计算公式如下：

$$资产增长率=\frac{本年资产增长额}{年初资产总额}\times 100\%$$

$$三年资产平均增长率=\left(\sqrt[3]{\frac{当年末资产总额}{三年前年末资产总额}}-1\right)\times 100\%$$

酒店经营规模的变动可以通过计算总资产的变动来反映，并且常常需要结合流动资产、固定资产、无形资产等资产的变动情况进行判断。尤其是固定资产的变动，可以用固定资产的增长率和成新率等指标来进行综合反映。固定资产增长率反映的是在一定会计期间内酒店固定资产经营规模的变化；固定资产成新率反映的是酒店所拥有固定资产的新旧程度和固定资产的更新速度。相关计算公式如下：

$$固定资产增长率=\frac{本年度固定资产增长额}{年初固定资产额}\times 100\%$$

$$固定资产成新率=\frac{平均固定资产净值}{平均固定资产原值}\times 100\%$$

三、资本扩张指标

通过资本扩张筹集资金，实现酒店扩大再生产，是酒店不断发展壮大的手段之一。通过计算酒店资本积累的变化，可以评价酒店的发展潜力。相关计算公式如下：

$$资本累积率=\frac{本年所有者权益增长额}{年初所有者权益}\times 100\%$$

$$三年资本平均累计率=\left(\sqrt[3]{\frac{当年末所有者权益总额}{三年前年末所有者权益总额}}-1\right)\times100\%$$

酒店所有者权益的增减变化，取决于实收资本和留存收益的变化。酒店通过吸纳大量外部资金的投入，能使实收资本在较短的时间内快速扩张，但酒店的股东有丧失控股权的风险，而酒店留存收益的增加表明酒店不断积聚发展后备资金，表现出强劲的发展能力。

任务实训

【实训项目】说一说评价酒店发展能力的指标有哪些。

【实训目标】领悟酒店发展能力的内涵，掌握评价酒店发展能力的指标。

【实训时间】2 学时。

【实训步骤】

1. 在教师的引导下，将学生分组，每组 4～6 人。

2. 每个小组的学生利用所学知识，就评价酒店发展能力的指标展开讨论，充分发表自己的见解，并派代表进行发言。

3. 教师点评每个小组代表的发言，所有的小组发言完毕后由教师根据学生的发言进行总结。

【实训标准】

实训形式	以学生自由讨论和教师总结为主。
实训分工	每个小组的学生自行分工，确定一名学生代表小组发言，其余学生可以就讨论的观点进行记录。
实训重点	1. 学生需根据所学知识和互联网资源，充分查阅资料，并踊跃发表自己的见解和想法。 2. 讨论的过程就是温故知新的过程，每个学生务必认真参与。

任务四 酒店现金流量分析

酒店现金周转情况在一定程度上影响着酒店的生存和发展。酒店现金周转情况良好，能及时购入经营所需要的物资，支付各项债务，维持酒店正常的经营周转；酒店现金周转不畅，即使盈利，但无法按期偿还债务，也有可能影响正常经营，甚至可能面临生存危机。因此，客观评价现金流量、合理安排酒店现金周转，是酒店财务管理工作中不可缺少的部分。

一、现金结构分析

现金结构分析是通过分析现金收入、现金支出以及现金余额的构成，评价现金的来源和使用是否合理，为酒店合理筹集及使用资金提供依据。

（一）现金收入结构分析

现金收入结构反映酒店各项活动产生的现金收入在全部现金收入中所占的比重，可以明确酒店现金的来源以及增加现金流入的途径。例如，A 酒店 2024 年的现金流入结构如表 8-4 所示。

表 8-4　A 酒店 2024 年现金流入结构表

项目	金额（千元）	结构百分比（%）
经营活动的现金流入	2 747 799	47.64%
投资活动的现金流入	384 975	6.68%
筹资活动的现金流入	2 634 500	45.68%
现金流入合计	5 767 274	100%

从 A 酒店 2024 年的现金流入结构可以看出，该酒店 2024 年的现金流入主要来自经营活动，其次是筹资活动，投资活动产生的现金流入量非常少。

（二）现金支出结构分析

现金支出结构反映酒店各项活动产生的现金支出在全部现金支出中所占的比重，可以明确酒店现金的使用情况。A 酒店 2024 年的现金支出结构如表 8-5 所示。

表 8-5　A 酒店 2024 年现金支出结构表

项目	金额（千元）	结构百分比（%）
经营活动的现金流出	2 108 662	36.11%
投资活动的现金流出	1 473 604	25.23%
筹资活动的现金流出	2 257 947	38.66%
现金流出合计	5 840 213	100%

从 A 酒店 2024 年的现金支出结构表来看，该酒店 2024 年的现金支出主要用于经营活动和筹资活动。

（三）现金净额结构分析

现金净额结构反映酒店各项活动产生的现金净额在全部现金余额中所占的比重，明确酒店现金余额的构成情况。A 酒店 2024 年的现金净流量结构如表 8-6 所示。

表 8-6　A 酒店 2024 年现金净流量结构表

项目	金额（千元）	结构百分比（%）
经营活动的现金净流量	639 138	−876.28%
投资活动的现净流量	−1 088 629	1 492.54%
筹资活动的现净流量	376 553	−516.26%
现金净流量合计	−72 938	100%

从A酒店2024年的现金净流量结构表来看，2024年A酒店的现金净流量主要来源于经营活动，其次来源于筹资活动，投资活动产生的现金净流量为负，也就是投资活动的现金流出量远大于投资活动的现金流入量。

评价酒店的现金流量，还需要将连续几期酒店现金流量进行比较，以了解酒店现金流量结构的变动趋势。

二、现金比率分析

（一）现金比率

现金比率也叫现金流动负债比率，是现金余额与流动负债的比率。流动负债期限较短，到期时需要用现金偿还，所以现金比率是衡量酒店短期偿债能力的指标。计算公式如下：

$$现金比率=\frac{现金余额}{流动负债}\times 100\%$$

对债权人来说，现金比率越高越好，这样说明酒店的偿债能力越强；对投资者来说，该指标应保持适当的水平，如果现金比率长期保持过高，说明酒店现金未能得到合理使用，资产的获利能力低。

（二）经营净现金比率

经营净现金比率是经营活动净现金流量与流动负债的比率。通过出售资产、投资以及借款等方式虽然可以按期偿还债务，但可能会影响酒店的正常经营，而如果用酒店经营活动产生的净现金流量偿还流动负债，则可以保证酒店经营的正常进行。所以，经营净现金比率能进一步用于评价酒店的短期偿债能力。计算公式如下：

$$经营净现金比率=\frac{经营活动净现金流量}{流动负债}\times 100\%$$

（三）现金再投资比率

现金再投资比率是酒店经营活动现金净流量中被保留的部分与酒店资产的比率，是评价酒店再投资的指标。计算公式如下：

$$现金再投资比率=\frac{经营活动净现金流量-现金股利}{固定资产总额+长期投资+其他长期投资+营运资金}\times 100\%$$

一般认为，现金再投资比率越高，酒店可用于再投资的现金就越多。该比率保持8%～10%比较理想。

（四）每股现金流量

每股现金流量反映酒店发行在外的每股普通股所获得的现金流量。计算公式如下：

$$每股现金流量=\frac{经营活动产生的现金净流量}{流通在外的普通股股数}$$

每股现金流量越高，说明酒店发行在外的普通股所获得的现金流量就越多。

任务实训

【实训项目】说一说评价酒店现金流量的指标有哪些。

【实训目标】了解现金流量的概念，掌握评价现金流量的方法。

【实训时间】2 学时。

【实训步骤】

1. 在教师的引导下，将学生分组，每组 4～6 人。

2. 每个小组的学生利用所学知识，就评价酒店现金流量的指标展开讨论，充分发表自己的见解，并派代表进行发言。

3. 教师点评每个小组代表的发言，所有的小组发言完毕后由教师根据学生的发言进行总结。

【实训标准】

实训形式	以学生自由讨论和教师总结为主。
实训分工	每个小组的学生自行分工，确定一名学生代表小组发言，其余学生可以就讨论的观点进行记录。
实训重点	1. 学生需根据所学知识和查阅的资料踊跃发表自己的见解和想法。 2. 讨论的过程就是温故知新的过程，每个学生务必认真参与。

项目九 酒店合并与清算的财务管理

酒店合并与清算的财务管理是指两个或多个酒店之间进行合并或清算时，通过对各方财务状况的全面分析，确定合并或清算的可行性和风险。在这个过程中，需要对参与方的资产、负债、收入、支出等方面进行评估，同时进行资产评估和负债清算，确定合并或清算后的资产分配和负债清偿方式。此外，还需要编制合并或清算后的财务报表，反映合并或清算后的财务状况，并进行税务规划，以减少税务成本。综合考虑各种因素，包括财务分析、资产评估、负债清算、财务报表编制和税务规划等，可以确保酒店合并与清算顺利进行，并取得最佳效果。本项目将分别介绍酒店合并时的财务管理和酒店清算时的财务管理。

学习引导

希尔顿集团是全球最大的酒店管理公司之一，其在全球范围内拥有众多品牌。2006年，希尔顿集团成功收购了知名的Hilton酒店，迎来了重大的发展机遇。

这不仅使希尔顿集团扩大了规模，还为其增加了市场份额和影响力。这一交易为希尔顿集团带来了更多的酒店资源和客户群，进一步巩固了其在全球酒店业的领先地位。

收购后，希尔顿集团采取了分级品牌策略，将Hilton酒店划分为豪华品牌、全球品牌和专业品牌三个层次。这一策略有助于希尔顿集团更好地定位不同品牌的市场定位和服务特点，进一步提升了集团在不同市场的竞争力和影响力。

【点评】

希尔顿集团成功收购Hilton酒店并实施分级品牌策略，取得了巨大成功。这一战略性举措不仅扩大了希尔顿集团的规模和市场份额，还提升了品牌的竞争力和影响力。通过灵活应对市场变化和有效的品牌管理，希尔顿集团为自身的发展打下了坚实的基础，展现了在全球酒店业中的领先地位。

可见，酒店合并不仅可以帮助酒店扩大规模、增强市场竞争力，还能通过有效的品牌管理和灵活的市场策略提升品牌价值，更好地适应市场需求。

学习目标

知识目标

1. 了解酒店合并与清算的概念。
2. 了解酒店合并的动机。

3. 了解酒店合并与清算中的财务问题。

技能目标

1. 掌握酒店合并的财务决策。
2. 掌握酒店反合并的措施。
3. 掌握酒店清算的财务决策。

素养目标

1. 通过了解酒店合并与清算的过程和策略，培养战略思维，学会分析市场机会和风险。
2. 培养商业决策能力，从而在未来的职业生涯中做出理性的、有效的商业决策。

任务一　认识酒店合并与清算

合并与清算是酒店行业常见的重要战略选择，酒店需要根据自身情况和市场环境，谨慎考虑并选择适合的方式，以实现经营效益最大化和风险最小化。

一、酒店合并

（一）酒店合并的概念

一般来说，酒店的成长和发展有两大途径，即内部扩充和外部扩张。酒店内部扩充是指酒店从其内部或外部筹集资金来投资，以扩大经营规模的行为。采用这种途径来促进酒店的发展，具有投资大、时间长和风险高的特点。酒店外部扩张是指酒店以不同的方式与其他酒店迅速组合起来，利用其现成的设备、技术人员和其他外部条件，实现优势互补，以迅速扩大经营规模的行为。采用这种途径来促进酒店的成长和发展，具有投入少、见效快和风险小的特点。合并是酒店外部扩张的主要形式。酒店合并是指两个或两个以上的、彼此独立的酒店的联合，或一家酒店以现金债券或股票的形式购买另一家酒店的部分或全部资产或股权，以获取该酒店的控制权的行为，又称并购。

（二）酒店合并的类型

酒店作为旅游企业，其合并类型的划分分为四类。

1. 按酒店合并的行为方式分类

（1）吸收合并，又称兼并，是指一家酒店吸收其他酒店，被吸收酒店解散的合并方式。兼并后，兼并酒店继续存在，其余酒店都丧失法律地位，兼并方接收和承担被兼并酒店的全部资产和负债，成为被兼并酒店新的所有者。

（2）新设合并，是指一家酒店与另外一家或多家酒店合并成立一家新的酒店，合并后原来的酒店均不再存在，且法人资格取消的合并方式。狭义的合并仅指新设合并。

（3）控股合并，又称收购，是指酒店用现金、债券或股票购买另一家酒店的部分或全部资产或股权，以获取该酒店控制权的合并方式。这种方式包括收购股权和收购资产两种方式。收购股权是购买目标酒店的具有表决权的股票，收购方将成为被收购方的股东，承担该酒店的债权和债务。股权收购可以通过与目标酒店管理层协商后达成一致进行，也可以绕开目标酒店管理层直接向目标酒店股东发出收购要约，进行公开收购，这时不需要召开股东大会，不需要进行投票表决。如果目标酒店股东不愿意接受该要约，他们有权拒绝出售其股票。收购资产是购买目标酒店的全部或部分资产，收购方无须承担其债务，被收购酒店的股东必须进行正式的投票表决，完成收购后，须办理资产过户手续。控股合并情况下，被收购酒店仍保留其法人资格，继续存在。

我国《公司法》中规定的合并包括吸收合并和新设合并两种，并要求：合并须由双方公司各自 2/3 以上的股东同意，由合并各方签订合并协议，并编制资产负债表和财产清单。公司应当自做出合并决议之日起 10 日内通知债权人，并于 30 日内在报纸上或者国家企业信用信息公示系统公告。债权人自接到通知书之日起 30 日内，未接到通知的自公告之日起 45 日内，可以要求公司清偿债务或者提供相应担保。公司合并时，合并各方的债权、债务，应当由合并后存续的企业或者新设的公司承继。我国《证券法》对公司的股权收购列示了要约收购或者协议收购两种方式。对要约收购要求：通过证券交易所的证券交易，投资者持有或者通过协议其他安排与他人共同持有一个上市公司已发行的有表决权股份达到 30%时，继续进行收购的，应当依法向该上市公司所有股东发出收购上市公司全部或者部分股份的要约。

2. 按合并双方的业务性质分类

（1）横向合并，即处在同一行业的两个或多个酒店所进行的合并，如两家饭店的合并等。横向合并可以消除重复设施，提供系列产品，有效地实现规模经营。

（2）混合合并，即处于不相关行业的企业所进行的合并，如酒店与房地产开发企业之间的合并。混合合并可以通过多元化投资，降低企业的经营风险。

3. 按合并的实现方式分类

（1）承担债务式合并，是指被合并酒店在资产、债务相等的情况下，合并酒店以承担其债务为条件，取得被合并方的资产所有权和经营权的合并方式。采用这种合并方式可以减少合并酒店在合并中的现金支出，但有可能影响合并酒店的资本结构。

（2）现金购买式合并，是指合并方以现金为代价取得被合并方的资产或股权的合并方式。采用这种合并方式将会加大酒店在合并中的现金支出，但一般不会影响合并酒店的资本结构。

（3）股权交易式合并，是指合并方以其股票为代价取得被合并方的股权或资产的合并方式，即合并酒店用其股权换取被合并酒店的股权或资产。其中，以股权交换股权是指合并酒店向被合并酒店的股东发行股票，以换取被合并酒店大部分或全部的股票，达到控制被合并酒店的目的；以股权交换资产是指合并酒店向被合并酒店股东发行其股票，以换取被合并酒店的资产，并在有选择的情况下承担被合并酒店的全部或部分债务。采用股权交易式合并虽然可以减少合并酒店的现金支出，但会稀释合并酒店的股权结构。

4. 按合并双方是否友好协商分类

（1）善意合并，即合并酒店与被合并酒店双方通过友好协商来确定相关事宜的合并。这种合并有利于降低合并的风险和额外支出，但不得不牺牲合并酒店的部分利益，以换取被合并酒店的合作。

（2）敌意合并，即在友好协商遭到拒绝时，合并酒店不顾被合并酒店的意愿而采取非协商性的手段，强行合并被合并酒店。这种合并方式会促使被合并酒店采取一切反合并措施，合并酒店需要付出较大的代价才能达到合并的目的。

二、酒店清算

（一）酒店清算的概念

酒店清算是指在酒店终止过程中，为保护债权人、所有者等利益相关者的合法权益，依法对酒店财产、债务等进行变卖、清理，以终止其经营活动，并依法取消其法人资格的行为。

酒店清算是商品经济发展的一个必不可少的重要调节机制，是市场竞争的必然结果，对维护商品正常的经济秩序，处理酒店与各方面的经济利益关系，促进酒店加强经营管理，提高经济效益，淘汰落后，鼓励竞争，有着重要意义。

（二）酒店清算的类型

1. 按清算原因可分为解散清算和破产清算

（1）解散清算是指因经营期满或者其他原因致使酒店不能继续经营下去而进行的清算。解散清算可分为期满清算和提前清算。期满清算是指酒店的经营期限已满，并决定不再延长经营期限而进行的清算。提前清算是指酒店尚未经营期满，而因其他原因致使酒店不宜或者不能继续经营时，自愿或被迫宣告解散而进行的清算。解散清算一般由酒店自行组成清算组，或者根据酒店主管机关的决定组成清算组，对酒店进行清算。

（2）破产清算是指酒店因经营管理不善造成严重亏损、不能偿还到期债务而由法院依法宣告破产而进行的清算。破产通常包括两种情况：事实上的破产和法律上的破产。前者指债务人负债超过资产，酒店资不抵债，事实上已经丧失了清偿到期债务的能力而处于破产状态。后者是指债务人因不能清偿到期债务而被法院依法宣告破产的状况。法院依法宣告破产时，债务人的资产可能低于负债，也可能等于或超过负债，但因债务人缺乏足够的现金或以债权人同意的其他方式偿还到期债务，而被法院依法宣告破产。如果债务人能够借新债还旧债或与债务人达成和解协议，尽管它已资不抵债，法院也不能宣告其破产。

2. 依据清算是否自行组织可以分为普通清算和特别清算

（1）普通清算是指酒店自行组织的清算。一般是由酒店内部人员组成清算机构自行清算，例如因酒店经营期满，投资方无意继续经营等原因进行的清算。

（2）特别清算是指酒店依据法院的命令，并且自始至终都在法院的严格监督之下进行的清算。在普通清算的过程中，如果发现酒店不能清偿到期债务，或酒店有资产不足清偿到期债务的嫌疑，或酒店无力自行组织清算工作，或董事会对清算事务达不成一致意见，或由债权人、股东、董事会中的任何一方申请等情况发生，这时法院依债权人或股东或董事会的请求，或者依职权命令实行特别清算。

任务实训

【实训项目】说一说酒店合并与清算的含义及分类。

【实训目标】了解酒店合并与清算的概念。

【实训时间】2 学时。

【实训步骤】

1. 在教师的引导下，将学生分组，每组 4～6 人。

2. 每个小组的学生利用所学知识，就酒店合并与清算的含义及分类展开讨论，充分发表自己的见解，并派代表进行发言。

3. 教师点评每个小组代表的发言，所有的小组发言完毕后由教师根据学生的发言进行总结。

【实训标准】

实训形式	以学生自由讨论和教师总结为主。
实训分工	每个小组的学生自行分工，确定一名学生代表小组发言，其余学生可以就讨论的观点进行记录。
实训重点	1. 学生需根据所学知识和查阅的资料踊跃发表自己的见解和想法。 2. 讨论的过程就是温故知新的过程，每个学生务必认真参与。

任务二 酒店合并的财务管理

一个酒店的发展既可以通过内部投资来扩大生产经营规模，促进酒店的成长，又可以通过与其他酒店的合并，利用其现成的设备、技术力量和其他有利条件，扩大酒店规模，实现优势互补，促进酒店迅速成长。这两种方式相比较，外部扩张具有投入少、见效快、风险小等特点，许多大酒店都是通过这种方式发展起来的。

一、酒店合并的动机

酒店合并的动机很多，但概括起来主要有财务性动机和非财务性动机两类。

（一）财务性动机

酒店合并的财务性动机主要表现在以下几个方面。

1. 实现多元投资组合，提高酒店价值

在经济的周期性波动中，企业产品结构（或收入来源结构）越是单一，其对波动就越敏感。实现投资的多元化组合，改善收入结构，可以降低酒店的经营风险，从而增加其销售或收益的稳定性。另外，由于在一定范围内，股东把收益不稳定与风险同等对待，通过合并来实行酒店多元化投资组合，降低酒店收益的不稳定性，必然对酒店的股票价格产生有利的影响。

2. 改善融资结构，实现财务互补

通过并购，可以扩大酒店的经营规模，增强酒店的竞争实力，进而更有利于酒店进入金融市场筹集所需资金。另外，如果目标酒店的资本结构效益较差，而收购酒店可以利用其多余资本或举债能力，则可获取机会，实现财务的互补。

3. 取得节税收益

如果一家利润较大的酒店并购一家亏损较多的酒店，则被并购酒店的亏损额就可以抵减应缴纳的所得税，从而少缴所得税。以甲酒店为例，兼并前后所得税缴纳情况见表 9-1 和表 9-2（假设企业所得税税率为 25%）。

表 9-1　甲酒店兼并前的财务状况表

单位：元

项目	2022 年	2023 年	2024 年	合计
税前利润	100 000	100 000	100 000	300 000
所得税	25 000	25 000	25 000	75 000
归属于普通股股东的利润	67 000	67 000	67 000	201 000

表 9-2　甲酒店兼并后的财务状况

单位：元

项目	2022 年	2023 年	2024 年	合计
税前利润	100 000	100 000	100 000	300 000
一亏损	100 000	100 000	20 000	220 000
应税利润净额	0	0	80 000	80 000
一所得税	0	0	20 000	20 000
归属于普通股股东的利润	0	0	60 000	60 000

从表 9-1 和表 9-2 可以看出，甲酒店的企业所得税由原来的 75 000 元降低到 20 000 元。

（二）非财务性动机

1. 实现快速增长

酒店发展可以通过内部扩展和外部扩张两个途径来实现，但在许多情况下，向外兼并扩张更能提高酒店的发展速度，而且具有代价小、风险小、速度快等特点。这是因为兼并现有酒店，可以充分利用被兼并酒店的设备、技术、人才和产品市场等，使其直接为兼并服务。而通过自己购买新设备、兴办新企业、开发产品等内部扩展，不仅投资大、周期长，而且有较大的风险。因此，一般情况下，酒店将兼并作为其提高发展速度的重要途径之一。

2. 创造协同优势

主要表现在以下几点：

（1）合并可以扩大酒店的经营规模，实现规模经济。这在同业合并中更为明显。同业合并不仅可以取消重复设施，还可以减少职能部门的重复活动，有利于提高生产效率，降低经营成本。

（2）合并可以消除竞争对手，扩大酒店的控制范围，提高酒店的经营优势和竞争优势。这在酒店的纵向兼并中表现得较为明显。

（3）实现兼并双方的优势互补，即联合体的价值要大于组成该实体的各部分之和。

二、酒店合并财务决策

（一）现金流量分析

合并双方的股东都希望合并能增加他们的投资价值，对合并酒店来说，只有预期经济效益和股东每股收益长期有所增加，合并才是可以接受的。同样，对被合并酒店及其股东来说，只有通过合并使收入的现金或股权（并购方发行的股票）较其被合并的资产净值为多，对他们才是有利的。因此，从财务角度进行决策时，必须先做出现金流量的分析，以决定即将实施的合并方案是否可行。

利用现金流量分析合并决策，只有当合并后增加的税后现金流量的现值大于合并时发生的初始现金流量的现值时，合并才是可取的。合并时发生的初始现金流量包括合并方向被合并方股东支付的购买价款和合并过程中发生的合并费用。其中，购买价款所包括的内容有两种情况：（1）合并方只取得被合并方的资产而不承担其负债；（2）合并方在取得被合并方资产的同时也承担其负债。

酒店在进行合并决策时，不能只看被合并方自身资产的价值有多大，还要看合并后对合并公司有多大的价值，因为用现金流量分析并购决策是否可行，是以长期观念对被合并方的经济价值进行较全面的分析。

（二）每股收益分析

以换发股票的方式进行合并，需要兼顾双方股东的股权利益。因为不论是合并方还是被合并方的股东，他们首先考虑的是通过合并能否立即给自己带来好处，即每股收益能否得以提高或至少不应下降。为此，要进行每股收益分析。

【例 9-1】甲酒店欲合并乙酒店，各自有关每股收益的财务资料如表 9-3 所示。

表 9-3 有关每股收益的财务资料

项目	甲酒店	乙酒店
年收益总额（元）	6 000 000	2 400 000
普通股股数（股）	4 800 000	3 000 000
每股收益（元）	1.25	0.8
每股市价（元）	20	8
市盈率	16	10

根据上述资料，分三种情况进行分析：

（1）若合并双方商定，乙酒店可按每股 10 元的兑价（兑换比率为 10/20＝0.5）换取甲酒店的股票，甲酒店共需增发 1 500 000（3 000 000×0.5）股。合并后甲酒店每股收益为 1.33 [(6 000 000＋2 400 000)/(4 800 000＋1 500 000)] 元。可见，合并给原股东带来了即时收益，其每股收益上升了 0.08 元。相反，原乙酒店的股东每股收益则由原来的 0.8 元降为 0.665（1.33×0.5）元，减少 0.135 元。

（2）若商定兑价为 15 元，即兑换比率为 0.75（15/20）时，甲酒店需增发 2 250 000 股方可合并乙酒店，此时甲酒店每股收益为 1.19 元，使原甲酒店股东因合并每股收益损失 0.06 元，而原乙酒店股东则获得合并收益，使每股收益由 0.8 元上升为 0.89 元。

（3）若商定兑价为 12.8 元，即兑换比率为 0.64（12.8/20）时，甲酒店需增发股票 1 920 000 股，此时双方股东各自原有的每股收益水平不变。

可见，在其他条件不变的情况下，决定酒店每股收益升降的关键是兑价或兑换比率的高低。兑换比率越低，对合并酒店越有利。其临界兑价等于被合并酒店每股市价乘以合并酒店与被合并酒店市盈率的比值。在本例中，甲酒店合并乙酒店，换发股票的临界兑价为每股 12.8[8×(16/10)] 元。

可见，合并活动并非都能直接提高合并酒店原有股东的每股收益，当对被合并酒店支付的市盈率超过并购公司原有的市盈率，即超过兑价临界点时，会使合并酒店每股收益减少。尽管出现了这种情况，也不能放弃合并的意图，因为酒店是各个股东利益的统一体，酒店利益并非等同于个别利益，它以持续经营假设为前提，谋求协调稳定的利益增长，实现股东财富最大化的共同目标。因此，作为酒店的决策者，决不能单纯依从个别股东的意见，把合并时期初每股收益的影响作为评价合并价值的唯一标准，还应同时分析、估算合并后收益增长能力。其原因在于：

（1）如果被合并酒店收益增长率高于并购公司，即使存续公司合并期初每股收益减少，随着合并后公司收益额的高速增长，最终也将使存续公司每股收益超过不进行合并的水平。

（2）由于合并的协同效应，合并后存续酒店的收益往往大于参加合并的酒店的收益直接相加之和，从而使未来收益的相对增加弥补了合并时的减少损失。

（三）酒店合并的风险分析

酒店合并是一项风险很大的活动，这些风险主要包括以下几个方面。

1. 营运风险

营运风险是指合并酒店在并购完成后，可能无法使整个酒店或酒店集团产生管理协同效应、经营协同效应、财务协同效应以及市场份额效应，难以实现规模经济或管理知识共享。通过合并形成的新酒店或酒店集团因规模过于庞大而产生规模不经济的现象也时有发生，甚至整个酒店或酒店集团的经营业绩都为被合并酒店所拖累。

2. 信息风险

在酒店合并中，信息是非常重要的，信息的充分与否决定着酒店合并成本的大小。及时与真实的信息可以降低酒店的并购成本，从而大大提高酒店并购的成功率。

3. 融资风险

酒店合并需要大量的资金，所以合并决策会对酒店资金规模和资本结构产生重大影响。与合并相关的融资风险主要包括：是否可以筹集到合并所需资金；融资后的财务风险是否可控；现金支付是否会影响酒店正常的经营。

4. 反合并风险

并不是所有的合并活动都能赢得目标酒店的合作，特别是当目标酒店不愿意被合并时，可能会不计一切代价实施反合并策略，其反合并行动就会对合并酒店构成相当大的风险。

5. 法律风险

各国有关合并的法律法规一般都通过增加合并成本而提高合并难度。例如，《中华人民共和国证券法》中关于上市公司收购的规定要求，收购企业持有一家上市企业5%的股票后即必须公告并暂停买卖，以后每增减5%，还要重复该过程；持有30%股票后还必须发出全面收购要约。这套程序给并购企业实现并购造成了相当大的风险。

6. 体制风险

在我国，国有企业资本运营过程中，相当一部分企业发生合并行为都是由政府部门撮合而实现的。尽管大规模的企业合并活动离不开政府的支持和引导，但合并行为毕竟是一种市场行为，如果政府依靠行政手段对企业合并进行干预，不仅背离市场原则，难以达到预期效果，而且往往还会给合并企业带来风险，使企业合并偏离资产最优组合目标。

三、酒店合并的财务问题

对合并双方的股东来说，都希望通过合并行为使财富得到增加。因此，判断一项合并活动是否可行的标准在于合并是否能增加股东的财富。对酒店合并的财务可行性进行分析时，需要站在不同的角度，结合合并价款的支付方式进行。

（一）现金收购方式

就合并方而言，酒店合并是一种投资行为，因而可参照资本预算方法进行决策。只有当合并活动所产生的净现值为正时，在经济上才是可行的，为此须估计合并后的现金流入量、现金流出量及贴现率。合并后的增量现金流入量包括收入上升、成本下降、税负减少等；合并的现金流出量涉及为合并而支付的收购款、合并的手续费及合并后的整合与营运成本；确定贴现率时需考虑合并后酒店的整体风险水平、资本结构等因素，以计算加权平均资本成本。

与一般资本预算决策不同，这里的关键是根据净现值原理，计算确定目标酒店的收购价。在现金购买方式下，这一价格可能高于目标酒店目前的市场价值，但如果并购方最终支付的现金低于这个价格，合并对双方股东而言都是有利可图的。对于目标酒店股东来说，由于现金可以立即用于消费或再投资，因此只要合并所得价款高于酒店市场价格就是可接受的，但须考虑到现金股利的所得税问题。

（二）股票互换方式

对于换股方式的合并来说，从收购方的角度来看，以其普通股兑换目标酒店的股票，不用支付现金，不用为此发行债券或增加其他负债，从而不受负债契约的约束而支付利息和偿还本金。对于目标酒店股东来说，他们以其持有的目标酒店的股票换取收购方的股票，目标酒店的股东变成了并购酒店的股东，其权益投资的实质并未改变。合并会给酒店的盈利和股票市价带来影响，合并的双方都不希望因合并而导致每股收益下降，进而影响股价。如果合并使每股收益及每股市价上升，则合并就是可行的。但因换股比率不同，使得合并后的股份总数不同，进而影响每股收益，因此换股比率及股价交换比率成为衡量合并是否可行的重要指标。股价交换比率是指对被并购酒店每股作价与被并购酒店每股市价的比率；对被并购酒店每股作价等于并购酒店每股市价与股票交换率的乘积。用公式表示为：

$$股价交换比率=\frac{对被并购酒店每股作价}{被并购酒店每股市价}=\frac{并购酒店每股市价\times股票交换率}{被并购酒店每股市价}$$

该比率若大于1，表示合并对被并购酒店有利；该比率若小于1，表示合并对被并购酒店不利；该比率若等于1，则表示两酒店的普通股以市价1：1的比率交换，对被并购酒店股东而言，这一比率缺乏吸引力。

四、反收购的措施

在敌意的收购中，被合并方常会采取各种积极的措施来进行反收购。常见的措施有以下几种。

（一）股票回购

酒店在受到收购威胁时可回购本酒店一定数量发行在外的股票。酒店以其手中的现金回购自己的股票，以减少发行在外的股票数量，提高每股的市价，使收购方收购难度增加。这时需注意，购回的股票可以注销，也可以再卖给稳定的股东，才能起到反收购的作用。如果形成库藏股，由于库藏股无表决权，回购后进攻酒店的持股比例仍会上升，难以起到反收购的目的。

（二）寻找“白衣骑士”

“白衣骑士”是指目标酒店为免遭敌意收购而寻找自己愿意与之合作的善意收购者。这样做的目的主要是避免落入敌意收购者手中。

（三）利用公司章程

为了防止敌意收购的发生，酒店可以事先在公司章程中对可能的收购行为进行限制，以增加酒店的收购难度。例如：通常同意收购的在册股东人数达2/3，就允许进行收购，为增加收购的难度，可以在公司章程中规定收购须有80%以上的股东同意方可进行；对公司董事会的更换做出某种严格的限制，如规定每年只能更换很小比例的董事，使合并者即使取得了较多的股权，也难以在短期内取得控制酒店所必需的公司董事席位；制定公平价格条款，要求所有股东在发生收购时必须接受统一的公平价格，以防止收购者用不同的价格收购酒店的股票等。

（四）利用“毒丸计划”

“毒丸计划”，又被称为“股东权益计划”，是指通过一系列安排，降低酒店被收购的吸引力，如负债“毒丸计划”和人员“毒丸计划”。前者是指通过增加酒店的负债，以提高兼并的财务风险；后者是指酒店大部分高级管理人员签订协议，当酒店被以不公平价格并购，并且这些人中有一个人在并购后被降职或解聘时，全体高级管理人员将集体辞职。

（五）利用“金色降落伞”

“金色降落伞”是指规定当酒店被收购时，要给予高层管理人员巨额补偿的一种反收购方法。这样做的目的是提高收购者的收购成本。

任务实训

【实训项目】说一说酒店反收购的主要措施有哪些。

【实训目标】了解酒店反收购的意义和措施。

【实训时间】2学时。

【实训步骤】

1. 在教师的引导下，将学生分组，每组4～6人。

2. 每个小组的学生通过互联网资源，查询一个酒店反收购的典型案例，并分析它们是采取哪些措施进行反收购的。

3. 每个小组利用所学知识，展开讨论，充分发表自己的见解，并派代表进行发言。

4. 教师点评每个小组代表的发言，所有的小组发言完毕后由教师根据学生的发言总结。

【实训标准】

实训形式	以学生自由讨论和教师总结为主。
实训分工	每个小组的学生自行分工，确定一名学生代表小组发言，其余学生可以就讨论的观点进行记录。
实训重点	1. 学生需根据所学知识和查阅的资料踊跃发表自己的见解和想法。 2. 讨论的过程就是温故知新的过程，每个学生务必认真参与。

任务三 酒店清算的财务管理

酒店清算是指酒店终止经营，对资产和负债进行清算和分配的过程。其意义在于结束亏损经营、保护利益相关方权益、释放资源，帮助酒店及时止损、清偿债务、维护信誉，促进资源有效配置。

一、解散清算的一般程序

（一）成立清算组

酒店宣告终止时，应按照国家有关法律和企业章程的规定成立清算组。由于酒店清算的性质不同，清算机构成立的方式和法律地位也不尽相同。根据《公司法》的有关规定，董事为公司清算义务人，应当在解散事由出现之日起十五日内组成清算组进行清算。清算组由董事组成，但是公司章程另有规定或者股东会决议另选他人的除外。清算义务人未及时履行清算义务，给公司或者债权人造成损失的，应当承担赔偿责任。逾期不成立清算组进行清算或者成立清算组后不清算的，利害关系人可以申请人民法院指定有关人员组成清算组进行清算。人民法院应当受理该申请，并及时组织清算组进行清算。清算组在清算期间行使下列职权：清理公司财产，分别编制资产负债表和财产清单；通知、公告债权人；处理与清算有关的公司未了结的业务；清缴所欠税款以及清算过程中产生的税款；清理债权、债务；分配公司清偿债务后的剩余财产；代表公司参与民事诉讼活动。

（二）发布清算公告

清算组应当自成立之日起十日内通知债权人，并于六十日内在报纸上或者国家企业信用信息公示系统公告。债权人应当自接到通知之日起三十日内，未接到通知的自公告之日起四十五日内，向清算组申报其债权。

债权人申报债权，应当说明债权的有关事项，并提供证明材料。清算组应当对债权进行登记。

在申报债权期间，清算组不得对债权人进行清偿。

（三）清理财产，编制资产负债表及财产清单

清算组在清理酒店财产、编制资产负债表和财产清单后，发现酒店财产不足以清偿债务的，应当依法向人民法院申请破产清算。

（四）制定清算方案

清算方案包括清算的程序和步骤、财产定价方法和估价结果、债权收回和财产变卖的具体方案、债务清偿顺序、剩余财产的分配以及对酒店遗留问题的处理等。清算财产包括宣布清算时酒店的全部财务以及清算期间取得的资产，其作价一般以账面净值为依据，也可以以重估价值或变现收入等为依据。

（五）执行清算方案

根据清算方案，清算组变现财产，收回债权后的清算财产，在支付清理费用后，应按下列顺序清偿债务：应付未付的职工工资、劳动保险等；应缴未缴国家的税金；尚未偿付的债务。酒店清算中发生的财产盘盈、财产变价净收入、因债权人原因确实无法归还的债务以及清算期间的经营收益等作为清算收益；发生的财产盘亏、确实无法收回的债权以及清算期间的经营损失等作为清算损失；发生的清算费用优先从现有财产中支付；清算终了，清算收益大于清算损失和清算费用的部分，依法缴纳所得税。酒店清偿债务后的剩余财产一般应按照合同、章程的有关条款处理，除公司章程另有规定外，应按投资者的出资比例或持股比例进行分配。

（六）办理清算的法律手续

清算结束后，清算组应当编制清算后的资产负债表和损益表等清算报告，清算报告经批准、审计后，向市场监督管理部门办理公司注销手续，向税务部门注销税务登记。

二、破产清算的一般程序

根据我国《破产法》的有关规定，企业破产清算的基本程序分为三个阶段：破产申请阶段、和解整顿阶段、破产清算阶段，具体程序如下所述。

（一）提出破产申请

当债务人不能清偿到期债务时，债权人可以向债务人所在地的人民法院申请宣告债务人破产。债务人提出破产申请时，应当提供关于债权数额、有无财产担保以及债务人不能清偿到期债务的有关证据，债务人不能清偿到期债务，经过上级主管部门同意，可以向当地人民法院自动申请破产。债务人在提出破产申请前，应对其资产进行全面清查，对债权、债务进行清理，然后由会计师事务所对其进行全面的审计，并出具报告。酒店向法院提出破产申请时，要提供如下材料：请求破产的书面申请，会计师事务所对酒店进行审计后出具的审计报告结论，上级主管部门同意破产的批准文件，酒店的会计报表，各项财产明细表，债权人名单、地址、金额，酒店对外投资情况，银行账户情况及法院认为需要的其他材料。

（二）法院受理申请

人民法院接到破产申请后立即进行受理与否的审查、鉴定。受理债权人破产申请案件10日内应通知债务人，并发布破产案件受理公告。受理债务人破产申请案件的，应在案件受理后10日内通知债权人申报债权或直接发布债权申报的公告。如果酒店是由债权人申请破产的，被申请破产的酒店上级主管部门可在法院受理案件后3个月内申请对该酒店进行和解整顿，整顿的期限不超过2年。

（三）债权人申报债权

债权人应当在收到通知后一个月内，未收到通知的债权人应当自公告之日起三个月内，向人民法院申报债权，说明债权数额和有无财产权保，并且提交有关证据材料。逾期未申报债权的，视为自动放弃债权。

（四）法院裁定、宣告破产

法院对于酒店的破产申请进行审理，符合企业破产法规定的情形的，由人民法院依法裁定并宣告该酒店破产。

凡有下列情况之一，由人民法院裁定宣告破产：（1）酒店因经营管理不善造成严重亏损，不能清偿债务的，依照规定宣告破产；（2）申请破产酒店在整顿期间，不执行和解协议或财务状况继续恶化的，债权人会议申请终结整顿或严重侵害债权人利益的，经人民法院裁定，终结酒店整顿，宣告其破产；（3）申请破产酒店整顿期满，不能按和解协议清偿债务的，依照规定宣告其破产。

（五）组建清算组，接管破产酒店

法院应当自宣告酒店破产之日起 15 日内成立清算组，接管破产酒店。清算组应接管破产酒店的一切财产、账册、文书、资料和印章等，负责破产酒店的财产保管、债权债务清理、财产估价、处理和分配等工作，依法进行必要的民事活动。

（六）编报、实施破产财产分配方案

清算组在清理、处置破产财产并验证破产债权后，应在确定酒店破产财产的基础上拟定破产财产的分配方案，经债权人会议通过，并报请法院裁定后，按一定的债务清偿顺序按比例进行分配。

（七）报告清算工作

清算组在破产财产分配完毕后，应编制有关清算工作的报告文件，向法院报告清算工作，并请求法院终结破产程序。破产程序的终结有三种情况：（1）债务人与债权人会议达成和解协议；（2）破产财产不足以支付破产费用；（3）破产财产已分配完毕。法院接到此报告后，应及时做出终结破产程序的裁定并予以公告。

（八）注销破产酒店

清算组在接到法院终结破产程序的裁定后，应及时办理破产酒店的注销登记手续。

三、酒店清算的财务问题

酒店清算涉及多方面的利益关系和法律关系，为维护各方面的合法权益，清算时要对酒店的财产、债权、债务进行全面清查，依法收取债权、偿还债务和分配剩余财产，结束酒店的债权、债务和所有者权益关系及酒店与各方面的法律关系。

（一）资产的清算

清算组要对酒店的全部财产和债权进行清理，在清理财产之前要编制营业终止日的资产负债表，进行财产盘点，核实各项财产的数量及金额。

1. 清算财产的范围

清算财产是指酒店在清算程序终结前拥有的全部财产，以及应当由酒店行使的其他财产权利，用于清偿酒店无担保债务和分配给投资者。清算财产由两部分构成：一是酒店在宣告清算时拥有的全部财产，包括各项流动资产、固定资产、无形资产、对外投资等；二是酒店宣告清算后至清算程序终结前所取得的财产（包括债权人放弃优先受偿权的清算财产转让价值超过其账面净值的差额部分；清算期间分回的投资收益和取得的其他收益；应当由酒店行使的其他财产权利）。

酒店的下列财产不应作为清算财产：

（1）相当于担保债务数额的担保财产。这部分财产已确定用于清偿有担保的债务，不能再作为清算财产用来清偿无担保债务，只有担保物的价款超过其所担保的债务数额的部分才属于清算财产。

（2）租入、借入、代外单位加工和代外单位销售存放在酒店的财产。

（3）长期待摊费用。这些费用已经发生，只能作为清算损失核销。

（4）酒店党、团、工会等组织的经费及所购置的财产。

（5）属于借款性质的职工集资款。

（6）公益福利性设施。酒店的福利性设施原则上不记入清算财产，但无须续办并能整体出让的，可记入清算财产。

这里需注意，担保财产的价款超过其所担保的债务数额的部分，属于清算财产；属于投资性质的职工集资款，属于清算财产；党、团、工会等组织占用清算酒店的财产，属于清算财产。

清算组按法律规定追回的下列财产，应作为酒店的清算财产：清算前隐匿、私分或者无偿转让的财产；非正常压价出售的财产；对原来没有财产担保的债务提供财产担保的财产；对未到期的债务提前清偿的财产；放弃的债权。

2. 清算财产的估价

酒店进行正常的经营时，其财产是以原始成本来计价的，但这种计价方法在清算阶段就不再适用了。这时，应对酒店清算财产进行重新估价以确定其变现价值。

清算财产的作价一般以清算价值为依据，同时参考账面净值和重估价值。清算酒店出卖的财产物资一般以现行市价估价法、按质论价估价法、招标作价估价法或协商估价法作为财产估价的依据。对于酒店的货币资金等应按其账面价值估价。

（1）现行市价估价法，即按该项财产现行市场可售价格来估价。在运用这一方法时，应充分考虑财产的新旧程度（财产净值）、币值因素及清算当时的市场供求情况等因素。一般说来，这种方法适用于允许酒店清算变卖的一切财产。

（2）按质论价估价法，即参照市场上的同类产品，根据清算财产的现时质量采取优质高价、低质低价、同质同价的分等论价方法。酒店采用这种估价方法时，应聘请专业技术人员和物价员参加技术鉴定，以确定该项财产的质量等级，然后参照该质量等级的市场同类产品的价格确定其出售价格。这种估价方法特别适用于酒店待处理物资的账面价值与实际出售价值差额较大的财产估价。

（3）招标作价估价法。这种方法主要是利用招标本身的吸引力和具有竞争性这一特点，发布清算财产的变卖广告，以吸引众多的买主，从而选择出价较高者，以提高财产的变现价值。招标估价法在确定标底时要考虑现行市价，但因投标者相互竞争的因素，所以估价较高，这对清算酒店来说是比较合算的方法。它特别适用于成套设备、大宗财产的估价。

（4）协商估价法。这种方法是由清算酒店与购买酒店在国家政策指导下，考虑清算财产的质量及市场供求状况，通过协商制定的价格。这种方法比较适用于酒店小件商品，如酒店客房的小件家具及小商品的估价。清算酒店在进行财产估价时，在国家政策允许的情况下，应尽可能选择使变现价值最大化的方法。一般来讲，由于清算酒店的财产各异，酒店往往需要选择多种方法完成估价工作，这就要求必须结合各项财产的特点，多方面考虑各项因素，选择最适宜的估价方法来实现最优的变现价格。

3. 清算财产的变现

为了清偿债务和分配剩余财产，清算组应采取措施加紧催收各种债权，收不回来的部分作为坏账损失。清算酒店的其他清算财产除现金和各种存款、抵销财产、不能变现或不需要变现的财产外，一般都需要变现，以收回现款。清算财产的变现方式有两种：一种是整体变现，另一种是单项变现。整体变现有利于发挥整体财产的效率，收回的现款要比单项变现多。

（二）负债及所有者权益的清算

1. 清算酒店的负债

清算债务是指经清算组确认的至酒店宣告破产或解散前清算酒店的各项债务，包括破产或解散宣告前设立的无财产担保债务；宣告时未到期的债务，视为已到期的债务减去未到期利息后的债务；债权人放弃优先受偿权利的有财产担保债务；有财产担保债务的数额超过担保物价款未受偿部分的债务；保证人代替酒店偿还债务后，其代替偿还款为酒店清算债务；清算组解除酒店未履行合同致使其他当事人受到损害的，其损害赔偿款为酒店清算债务。

有财产担保的债务，债权人享有就该担保物优先受偿的权利，不应列入清算债务。另外，根据法律规定：债权人参加清算程序按规定应自行负担的费用；债权人逾期未申报的债权；超过诉讼时效的债务及宣告日后的债务不得作为酒店清算债务，不能从清算财产中受偿。清算债务的最高额度为清算酒店的注册资本额。如果酒店的实收资本额低于注册资本额，且现有资本不足偿付债务的，有限责任公司的投资各方必须补足各自认缴的份额，使实收资本达到注册资本以清偿债务。

2. 所有者权益的清算

（1）清算费用是指酒店在清算期间为开展清算工作所支出的全部费用，包括：清算财产管理、变卖和分配所需费用；清算期间职工生活费；破产案件的诉讼费用；清算期间酒店设施和设备维护费用、审计评估费用；为债权人共同利益而支付的其他费用，包括债权人会议会务费、破产酒店催收债权的差旅费及其他费用。清算费用应当从清算财产中优先支付，一般随时发生、随时支付。清算财产不足以支付清算费用的，清算程序相应终结，未清偿的债务不再清偿。

（2）清算损益是指酒店清算过程中收益与损失的统称。酒店清算收益包括清算中发生的财产盘盈、财产变价净收入、因债权人原因确定无法归还的债务以及清算期间的经营收益等。清算损失包括财产盘亏、财产变现净损失、经营损失及坏账损失。清算收益大于清算损失、清算费用的部分为清算净收益。清算净收益应视同酒店利润依法缴纳所得税。

（3）剩余财产的分配。酒店清偿债务后剩余财产的分配，一般应按合同、章程的有关条款处理，充分体现公平、对等原则，均衡各方利益。清算后各项剩余财产净值，不论实物或现金，均应按投资各方的出资比例或者合同、章程的规定分配。其中，有限责任公司除公司章程另有规定外，按投资各方出资比例分配；股份有限公司按照优先股股份面值对优先股股东优先分配，剩余部分再按照普通股股东的股份比例进行分配。如果酒店剩余财产尚不足全额偿还优先股股金，则按照各优先股股东所持比例分配。如果酒店是国有企业，则其剩余财产应全部上缴财政部。

任务实训

【实训项目】说一说酒店清算中可能遇到的财务问题以及应对措施。

【实训目标】了解酒店清算的财务管理。

【实训时间】2学时。

【实训步骤】

1. 在教师的引导下，将学生分组，每组4～6人。

2. 每个小组的学生利用所学知识，就酒店清算中可能遇到的财务问题展开讨论，充分发表自己的见解，给出应对措施，并派代表进行发言。

3. 教师点评每个小组代表的发言，所有的小组发言完毕后由教师根据学生的发言进行总结。

【实训标准】

实训形式	以学生自由讨论和教师总结为主。
实训分工	每个小组的学生自行分工，确定一名学生代表小组发言，其余学生可以就讨论的观点进行记录。
实训重点	1. 学生需根据所学知识和查阅的资料踊跃发表自己的见解和想法。 2. 讨论的过程就是温故知新的过程，每个学生务必认真参与。

参考文献

[1] 蔡洪胜，贾晓龙．酒店服务技能与实训．北京：清华大学出版社，2012.

[2] 胡新桥．酒店管理与经营全案．北京：化学工业出版社，2019.

[3] 陈明．酒店管理概论．3版．北京：旅游教育出版社，2017.

[4] 李勇．互联网＋酒店：传统酒店的战略转型、营销变革与管理重构．北京：人民邮电出版社，2016.

[5] 魏卫．酒店管理概论．2版．武汉：华中科技大学出版社，2024.

[6] 杨春宇．特色酒店设计、经营与管理．北京：中国旅游出版社，2018.

[7] 刘胜涛．一本书读懂餐饮O2O．2版．北京：清华大学出版社，2019.

[8] 匡仲潇．餐饮运营与管理．北京：化学工业出版社，2019.

[9] 鹤九．互联网＋餐饮：一本书读懂餐饮互联网思维．北京：电子工业出版社，2016.

[10] 段正梁．酒店投资决策分析方法与应用．北京：中国水利水电出版社，2011.

[11] 孙佳成．酒店设计与策划．北京：中国建筑工业出版社，2010.

[12] 马英．饭店产品营销．北京：旅游教育出版社，2017.

[13] 蔡万坤．酒店财务管理．广州．广东旅游出版社，2013.

图书在版编目（CIP）数据

酒店财务管理 / 蔡洪胜主编. -- 北京 : 中国人民大学出版社，2025. 8. --（新编 21 世纪高等职业教育精品教材）. -- ISBN 978-7-300-33717-3

Ⅰ. F719.2

中国国家版本馆 CIP 数据核字第 2025G4025P 号

2024 年北京经济管理职业学院优质教材遴选培育与建设

新编 21 世纪高等职业教育精品教材 · 旅游大类

酒店财务管理

主　编　蔡洪胜

副主编　韩尔立　邓　英

Jiudian Caiwu Guanli

出版发行	中国人民大学出版社		
社　　址	北京中关村大街 31 号	**邮政编码**	100080
电　　话	010－62511242（总编室）		010－62511770（质管部）
	010－82501766（邮购部）		010－62514148（门市部）
	010－62511173（发行公司）		010－62515275（盗版举报）
网　　址	http://www.crup.com.cn		
经　　销	新华书店		
印　　刷	北京七色印务有限公司		
开　　本	787 mm×1092 mm　1/16	**版　　次**	2025 年 8 月第 1 版
印　　张	13	**印　　次**	2025 年 8 月第 1 次印刷
字　　数	293 000	**定　　价**	36.00 元

2024年北京经济管理职业学院优质教材遴选培育与建设
新编21世纪高等职业教育精品教材·旅游大类

酒店财务管理

主　编　蔡洪胜
副主编　韩尔立　邓　英

中国人民大学出版社
·北京·